中国百村调查丛书
『九五』国家社会科学基金重点项目
『十五』国家重点图书出版规划项目

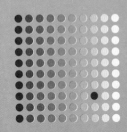

中国古村调查

中国百村调查丛书·黑井村

沧桑小镇黑井村

The Vicissitudinous
Small Town-heijing Village

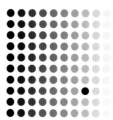

主　编／郑　凡
副主编／谢蕴秋
　　　　温　曼

社会科学文献出版社
SOCIAL SCIENCES ACADEMIC PRESS (CHINA)

主　　　编／郑　凡

副　主　编／谢蕴秋　温　曼

本 书 著 者／第一章　范　刚

　　　　　　第二章　秦　伟

　　　　　　第三章　周　睿

　　　　　　第四章　李明华

　　　　　　第五章　欧阳洁

　　　　　　第六章、第七章　谢蕴秋

　　　　　　第八章、第九章　温　曼

　　　　　　第十章　范　刚

　　　　　　第十一章　周　洁

　　　　　　第十二章、导论、附录　郑　凡

全 书 统 稿／郑　凡

全书所用图片，除少量注明了取自黑井镇《古盐坊》展览
的之外，基本为每一章著者实地拍摄

古盐井之一

慕名而来写生作画者

古老而沿用至今的栈道

黑井街一角,右为已停产的盐场烟囱,左为以古盐井为卖点的旅游业招牌"井兴"

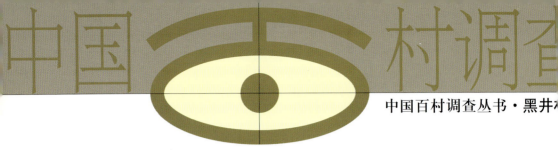

黑井"古盐坊"展室中
模拟的驮盐历史

泡菜盐

山村种植

总　序

  中国百村经济社会调查，是继全国百县市经济社会调查之后，又一项由中国社会科学院组织协调的大型社会调查研究项目。进行这项大规模调查研究的目的，同样是为了加深对我国国情的认识，特别是为了加深对我国现阶段农民仍占总人口 70% 的农村社会的认识。

  1988 年初，中共中央宣传领导小组提出，为了拓宽拓深对社会主义初级阶段理论的认识，要进行国情调查。中国社会科学院接受承担了这项工作，指派专业人员进行策划、拟订开展国情调查的方案，并于 1988 年 4 月在全国社科院院长联席会议上，向全国社会科学界发出了"开展县情市情调查"的倡议，得到了各省、市、自治区社会科学院、党校、高校和政策研究机构的响应和支持，并得到国家社会科学基金会的资助，被列为"七五"国家哲学社会科学重点课题（以后又列为"八五"国家哲学社会科学重点课题），从此，此项大规模的国情调查就在全国 31 个省、市、自治区开展起来。

  1988 年 8 月，在全国范围内选定了 41 个县市作为国情调查的第一批调查点。8 月在郑州召开了首次国情调查协调会议，会议主题是讨论如何开展此项调查、怎样选点、怎样调查、调查内容和调查方法，与会代表对此项国情调查的重要意义目标作了进一步的讨论，还就如何组建调查专业队伍等问题交流经验；会议还讨论修订了统一的县、市情调查提纲和调查问卷。

  1989 年 5 月 24 ~ 25 日，在南京召开了第二次国情调查协调会议。会议是在南京师范大学校园里开的，由当时中国社科院分管政法社会学片的副院长郑必坚同志主持，会议集中讨论了本次国情调查成果的编写方针问题，与会者结合已写成的《定州卷》等初稿，进行了热烈争论。最后确定，国情丛书的编写方针是，以描述一个县（市）1949年以来，特别是改革开放以来的政治、经济、社会、文化的发展状况为主的学术资料性专著。实事求是，以描述为主，要具有科学研究价值、实用价值。会议还决定，本丛书正式定名为《中国国情丛书——百县市经济社会调查》。

1990年8月，在北京西郊青龙桥军事科学院招待所召开了第三次国情调查协调会议。出席这次会议的有总编委会的主要成员和各地分课题组的负责人共80余人。会前，中国社科院党组决定了总编委会的组成人员，主编丁伟志，副主编陆学艺、石磊、何秉孟、李兰亭，何秉孟和谢曙光为正副秘书长。经过多方协商，丛书由中国大百科出版社出版，出版社总编辑梅益等领导同志给予了极大的支持，并于1991年成立以谢曙光同志为主任的中国国情丛书编辑部，专事于这套丛书的编辑出版工作。该编辑部后来成为总编委会事实上的日常办事机构。

本次会议的主题是研讨如何定稿。丁伟志同志在会上提出了这套丛书要在坚持正确的政治方向的同时，坚持严肃认真的科学态度，从实地调查到写作、定稿都要贯彻真实、准确、全面、深刻的方针，并为此作了详细的阐述。经过讨论，大家一致通过这个方针，认为这是实现这项大型经济社会调查既定目标的保证，也是检验每项调查、每本书稿的标准。为了保证丛书的质量，会议还确定，各地的书稿定稿后，先送总编委会，由总编委会指定专家进行审阅，通过后再交出版社编辑出版。本次会议还就第二批调查点的布点问题作了认真部署。

青龙桥会议以后，各课题组对初稿按总编委会的要求进行了认真的修改，第一批书稿陆续送到北京。经何秉孟同志为首的专家审稿组的认真审阅，丛书编辑部编辑加工，第一本《中国国情丛书——百县市经济社会调查·定州卷》在1991年4月正式出版。20世纪30年代，社会学家李景汉教授曾写过《定县社会概况调查》，定州卷则是描述了30年代以来特别是1949年以后40多年的经济社会的变迁状况。

1991年4月，总编委会在河北省香河县中国科学院大气物理所的工作站召开了第四次国情调查协调会议。其时，国情调查的第二批点 21 个县市的调查已在各地展开，会上总结了国情调查 3 年来的经验和教训，对第一批点还未定稿的几个县市作了如何扫尾的安排，对第二批点的调查和写作提出了规范化的要求，特别强调从第二批点开始，都要求对城乡居民进行 500 ~ 700 户的问卷调查，今后问卷由总编委会统一印制，抽样、调查方法由总编委会数据组统一规定。经过大家讨论，认为强调县市调查要有居民家庭问卷调查，这是使本项调查更加科学规范，并能获得更深层第一手资料的保证。大家一致同意，从第二批调查点起，没有城乡居民家庭问卷调查及其数据分析的，不能通过评审和出版。会议上总编委会对第三批调查作了部署。

1991 年 9 月总编委会在中国社会科学院报告厅举行了《中国国情丛书——百县市经济社会调查》定州卷、兴山卷、诸城卷、海林卷、常熟卷首批 5 卷成果发布会。丛书总编委会顾问邓力群、中国社科院副院长刘国光、著名学者陈翰笙等专家学者与上述 5 卷的主编和调查点的党政负责同志共百余人出席了会议。著名经济学家董辅礽、文献专家孙越生等学者对丛书首批成果作了评述。专家们对这项大型国情调查首批出版的成果都表示了充分的肯定和赞赏。从此，这套丛书就在国内外公开发行。

1993 年 7 月，总编委员会在中央党校召开了第六次国情调查协调会议。在会前，考虑到此项国情调查已经进行了 6 年，各地涌现了一批从事此项调查的专业骨干，他们都有继续长期进行国情调查，并作进一步研究的希望和要求，为了便于交流和研讨问题，经过酝酿并得到中国社会科学院的批准，决定成立中国社会科学院国情调查研究中心，由陆学艺任主任，何秉孟、谢曙光为副主任，北京和各地的一部分专家（多数是从事此项调查的）为研究员，聘请丁伟志、邢贲思为顾问。在协调会议期间国情调研中心举行了成立大会。此次协调会主要是研究讨论并解决调查点的调研、写作中的问题。考虑到前两批点，调查已经完成，但由于研究分析和写作、统稿等方面的原因，有些卷的质量达不到要求（有连续三次退回修改的），而调查的材料已有 3 ~ 4 年了，所以会议要求，第一、第二批点未完成写作任务的，都要求再做新的调查，要把近几年的变化写进去。会议还布置了第四批点的调查。

到1994年底，有约50个县市完成了调研和写作，出版了30余卷。就全国范围说，100个县市调查的布点工作已经结束，但各地的课题组仍在继续进行调研和审稿工作。开始时总编委会商定，每个省市自治区根据人口区划的不同，部署2~5个调查点，要求选取不同经济发展程度，不同类型（山区、丘陵、平原等）和有各种代表性的县市，以求全面、准确地反映整体国情。1995年以后，总编委会根据各地调研的实际情况，又陆续批准了一些新调查点，以求填平补齐，使布点尽可能达到合理。另外还有一些是由于丛书出版以后，社会反响很好，有些市、县的领导主动要求列为调查点，如新疆的吐鲁番市、广东的珠海市等，总编委会根据总的布局平衡，也批准了一些新点，所以到最后全国一共布点108个。

1994年以后，总编委会的几位同志曾先后到湖北、新疆、广西、辽宁、山东、广东、江苏、云南、江西、海南、黑龙江等省区，同当地社科院、党校的同志一起走访了这些省区被调查点县市的领导和群众，听取他们对丛书的意见，也参加一部分书稿的评审会或出版后的发布会。各地对本丛书调研、写作和出版都很重视，给予了很高的评价，有不少卷被当地评为社会科学优秀著作，得了奖。

从1988年2月，中国社会科学院开始酝酿组织这项大型国情调查时起，直到1998年10月到最后一卷出版，历时10年零8个月，终于完成了这项国情调查任务，这是中国自1949年以来进行的少数几次大规模经济社会调查之一。先后共出版了105卷，总数4000多万字。后来，经过总编委会和国情丛书编辑部的同志开会评议、协商，从中减去了五本。所以，最后送交全国社会科学基金会作为最终成果的是一百本。当时预定的目标，是希望通过对100个县市经济社会政治文化等方面的调查，对1949年以后特别是改革开放以来所取得的成就以及现代化建设中面临的各种矛盾、问题进行全面系统的调查研究，从多种角度，各个层面来提供第一手的真实准确的资料和数据，以便进一步摸准摸清我国的基本国情，拓宽加深对于社会主义初级阶段理论的认识。可以说，这个目标是基本实现了。这 100 本国情丛书，每一本都是以描述一个县（或市）的历史和现实发展状况为主的学术资料性专著，它既可以作为制定政策和发展战略的依据，也可以作为全面研究基本国情或研究社会科学某一方面专题的资料，亦可作为进行国情教育的基础参考书，所以这套丛书既具有实用价值，又有科学研究价值。因为它是在 20 世纪 80 ~ 90 年代真实记录分布在全国 31 个省市自治区的各种类型，各种发展水平的 100 个县（市）的实际状况和发展轨迹，这些资料来之不易，十分珍贵，所以这套丛书又具有保存价值，历史愈悠久，其价值愈可贵。

国情丛书出版以后，受到国内外学术界的欢迎，认为这是社会科学界的一项很重要的学术资料基本建设，具有十分重要的学术价值。广东省社科院的一位领导说，将来这套丛书的资料和数据能培训一大批博士、硕士出来。实际工作部门的同志也很欣赏，诸城市委的领导，在读了《诸城卷》之后，认为这部书是诸城的百科全书，应该是诸城干部特别是市委市府的领导干部必读的书，对熟悉市情，对做好工作，以及对外交流都很有意义。中国社会科学院在建院 20 周年，评选建院以来优秀成果时，给《中国国情丛书——百县市经济社会调查》颁发了特别荣誉奖。

国情丛书总编委会原来有个设想，在 100 个县市情调查告一段落以后，要组织相应的课题组，对这 100 个县市调查提供的资料和数据，分门别类，进行纵向的专题研究，写出如农业、工业、社会、文化、教育、科技等专题研究专著，最后进行综合研究，写出集大成的国情分析报告。90 年代中期曾经启动过几项专题研究，但因人力、财力等各方面的原因，此项研究计划并没有付诸实施，这是美中不足的一个方面，有待以后弥补。

1996 年当百县市调查基本告一段落的时候，课题组内外的一部分专家提出，百县市经济社会调查是一项重大的学术成果，对认识国情有很重要的价值。但一个县市，上千、几千平方公里，几十万、上百万人口，所以，对县市经济社会的调查，总体上属于中观层次的调查。对农村基层情况的调查还是比较少。而中国是一个农民占绝大多数的大国，改革开放以后，农村率先改革，这20年，农民变化最大，农村基层社会变化最深刻，这是决定中国社会主义现代化命运的基础，是弄清国情必不可少的。如能在百县市情调查的基础上，再做100个村的调查，从微观层次上对这些村、乃至村里的每个农户在改革开放以来的变化状况加以调查，经过分析，全面系统地加以描述，形成村户调查的著作，这就更有意义了。百村调查是百县市经济社会调查的姊妹篇，两者结合起来研究，将相得益彰，对加深认识中国的基本国情，就更加完整了。对此建议，总编委会的几位同志经过几次研究，认为这个意见很好，而且很及时。于是做了两件工作：一是组织一个课题组，到河北省三河市行仁庄进行试点调查，形成村的调查提纲、调查问卷和写作方案，以便为将来开展此项调查作准备；二是在1997年7月写出了《中国国情丛书——百村经济社会调查》的课题报告，向国家社科基金会申请立项，基金会的领导同志认为这个创意很好，很有价值。但因为此时国家社科基金"九五"重点课题都已在1996年评审结束，立项时间已过，不好再单独立项。后来经过总编委会同国家社科基金会反复协商，基金会考虑到百县市经济社会调查课题组很好地完成了任务，考虑到再作一次百村调查是百县市国情调查的继续，很有必要。所以，于1998年10月特殊批准了百村经济社会调查这个课题，补列为国家社科基金"九五"重点项目，并专门下批文确认，批文为98ASH001号。

"百村经济社会调查"立项后，就受到各地社会科学界，特别是原来进行百县市经济社会调查的单位和专业工作者们的欢迎，至今已经有30多个单位组织了课题组，并已陆续选点、进点，开展了村情的调查。

"百村经济社会调查"的目的，同样还是为了加深对全国基本国情的认识，特别是要对全国农村、农民、农业的现状和发展有一个科学的认识。"不了解中国农民，就不了解中国社会"至今仍不失为至理名言。现阶段的农民境况到底怎样？他们在做什么？想什么？特别是他们将来会怎样变化？中国的农村将怎样实现社会主义现代化？不同地区的状况是不同的。我们要通过对不同地区、不同类型、不同发展程度的农村进行调查研究，来描述反映中国50年来农村、农业、农民变化的状况。

行政村是中国农民世世代代繁衍生息的最基本的地域单元，也是构成中国农村社会最基础层次的政治单元。80 年代中期以后，农村实行了村民自治，由全体村民直接选举村长和委员，组成村民自治委员会。实行民主选举、民主决策、民主管理、民主监督。十多年来，中国的村民自治已经做出了很大的成绩，积累了很多经验，造就了农村社会安定有序的政治局面，所以，党的十五届三中全会称赞村民自治是中国农民的又一个伟大创造。

　　行政村还是一个事实上的经济实体。它的前身是人民公社下属的生产大队。原来在政社合一体制下，既有组织生产经营的经济功能，又有行政功能。改革以后，农村实行家庭联产承包责任制，在生产大队一级组织村民自治委员会。法律规定，村委会是土地集体所有的承担者，是土地的发包单位。这些年实践的结果有多种情况，一种是有些集体经济比较雄厚的村，在村民自治委员会以外，还组建有农工商公司或（合作）经济委员会，同受村党支部（或党委）领导，村是一个比较完整的经济实体，但这类村是少数。现在全国绝大多数村的状况，村已不是完整的集体经济、生产经营单位，村作为集体所有土地的发包单位，把土地（包括山林等）分包给农户，农民家庭成为自主生产经营的实体。其中的一部分行政村，还有一部分经济职能，对农业生产实行统一灌水排水、统一机耕、统一供种、统一植保等社会服务。而在经济不发达和边缘山区，行政村连这类社会化服务也办不到，只是一个基层的行政单位和土地发包单位。

　　农村实行家庭承包责任制以后，已经 20 多年了，总的发展是好的，农村有了很大的变化，但各地区村庄的发展过程和发展状况千差万别，农户分化的状况也是千差万别。我们这项百村经济社会调查，就是要通过对这 100 个村及其农户的调查，对这些村自 1949 年以来，特别是改革开放以来的政治、经济、社会、文化的变化过程、变化状况"摸准、摸清"，经过综合分析，通过文字、数据、图表把这个村过去和现在的状况如实地加以描述，既能通过这个村的发展展示农村 50 年、20 年来发展的一般规律，也能展示这个村特有的发展轨迹。

现在展示在大家面前的是一套与《中国国情丛书——百县市经济社会调查》有着天然联系的关于现实中国农村的调查研究成果，经与出版社反复酝酿，最后定名为《中国百村》丛书，后缀所调查的村名。每本书有一个能概括该村庄内在特质的书名，如行仁庄是一个内发型村庄为基本特质的村落类型，我们就把这一卷定名为《内发的村庄》。

　　《中国国情丛书——百村经济调查》同样是一项集体创作、集体成果。参加这项大型国情社会调查的，有国家和各省、市、自治区的社会科学院、大学、党校以及党政研究机构的社会科学工作者，同被调查地区的党政领导干部相结合，并得到他们的支持和帮助，并且要由被调查行政村的干部和群众的积极配合，实行专业工作者，党政部门的实际工作者和农民群众三结合，才能共同完成这项科学系统的调查任务。

《中国百村经济社会调查》

总编辑委员会

2000 年 12 月

目　录

目　录

目　录

目　录

导　　论

一　村庄实际与理论参照

1. 背景性说明：意向和口误的含义

带一点哲学意味讲，村庄调查者的意向和受访者的口误，都不是偶然的。

黑井行政村位于我国西南的云南省楚雄州禄丰县，村委会与同名的镇政府和集市街区合处一地，其所辖的 4 个街区及 11 个自然村分别体现河谷坝区、半山区和山区特点，人口结构相对复杂，产业以传统的农副业为主，兼具以历史上兴盛过的盐业文化为资源的新兴旅游业。对这样一个村庄，本课题组把它作为农村研究的个案来对待。通过人员集中的短期调查，以调查人次弥补时间的不足，以社会学为主，多学科投入，以定性兼定量的方式方法，尝试全景式地描述这个村庄。

当然，全景式描述是内含难点的，农村调研的"老"学科社会学、人类学、农村学或农民学等，在方法论疑难方面总有说不完的话题，更直接的是在调查现场实感与"方法"的碰撞。"你们来主要是调查黑井村的哪方面情况？"聪明的村民看到我们东问西问，反过来要揣摸我们的调查目的。寂静的山村未见得沉默，同样在分门别类的"哪方面"思考和谋划着它自身。而我们似乎并不容易向村民解释清楚，社会学调查要讲求一定的完整性，然后再借助理论的参照去分析它、理解它，乃至把它作为一个实例来理解我国农村面貌的若干现状。

1

究其实，村民与我们的问答已经标志了此次调研特征：既要求全，又要有重点。全面性由比较鉴别和理论参照中的个案描述来体现，而把握重点的含义之一是同村庄一起思考它的发展，只有虑及发展，才算顾及了动态的全面。

在比较和参照方面，先要说明，我们的调研是按《中国百村调查丛书》的总体要求进行的，丛书组织者的框架设计和丛书中先行问世的若干调研成果，给予我们课题组很好的参考作用。另一方面，本项子课题的调查时间集中在 2007 年内，比起整个大课题策划实施之初的 1998 年，转眼过去了近十年时间，而就在这些年间，我国农业、农村和农民问题的影响因素已经在国家方针政策层面经历了重要的发展变化，最明显的是一度繁杂的农村税费减免殆尽，涉及农业、林业、农村的医疗、教育和最低生活保障等方面的政府投入得到逐项落实；甚至针对老大难的城乡二元结构问题，2007 年 10 月末在我们对同时包含农村户口和非农户口的这一特殊个案进行调研报告撰写时，传来了正式消息：黑井所在的云南省将于 2008 年 1 月 1 日实行一元制的户籍登记管理模式，以准入条件取代人口控制指标，以利于逐步落实城乡居民在社会生活中的公平待遇。总之，国家和地方的发展大势与速度，意味着我们课题的理论参照点（例如有关我国"三农"问题的学界探讨和社会讨论）也在快速转换和深化。这些都影响到我们对于自己研究个案的认识和描述。

丛书率先出版的范本《内发的村庄》，[①] 在导论中总结了世纪之交有关中国农村调研的学术成果积累，随之主要从社会学角度阐述了一系列值得重视的观点。例如，"把握中国农村的社会结构，分析和判断中国农村所处的历史地位，一个有效的手段就是对 73 万个中国行政村作出类型划分（理念的理想型），研究各种类型的社会结构形成的文化因素。""研究中国农村社会结构的类型、认识村落社会结构的目的，在于揭示农村未来发展的方向。中国村落的社会结构呈现出不同的形态，但是农村的现代化应该有共同的价值标准。我们首先要根据研究者的价值取向明确什么样的村落社会结构是未

---

① 陆学艺主编《内发的村庄》，《中国百村调查丛书·行仁庄》，社会科学文献出版社，2001。关于我国行政村的数量，一直有不同说法，较新的数据是全国共有 60 余万个行政村。

来的中国农村的理想形态，以此分析和评价各种类型村落的性质，从而确定中国农村目前所处的历史位置。"按我们的理解，这种观点不仅关注了作为研究对象的村庄类型及其未来走势所具有的复杂性，而且似乎还显现出农村研究中的一些新姿态，特别是在方法论层次明确了必要的研究预设——动态观、开放的尺度、对学科范式的有意识选择（例如关于类型研究和理想型方法），以及现代化或现代性价值观的嵌入。

　　我们课题组的调查实践也表明，无论自我反思到的意识有多么清晰，上述几点，对动态和开放的村庄的感触，对一定学科范式和价值观的侧重，它们都好比行囊一样伴随我们驻足村镇实地。行囊是旅行者的必需，但有时候也可能是累赘，需要承认，有的实际感触与理论侧重点会出现抵牾，带有一定价值观的意向如果过于强烈、过于主观，也会演变成我们在一定调查阶段牵强地寻觅"考察主题"那种困惑。实际情况就是这样，所以调研中的两方面关键是，对于村庄个案的冷静深入和对于理论参照的尽可能充分弃取。

　　作为中国现有的数十万个行政村之一，按理说——按我国"三农"问题的一般现状来看，黑井村的基本面貌是普通无奇的。然而在实际中考察，这个村庄自有它值得细究的特殊性。如从交通问题说起，包夹在当地东西两面大山中的这个村落，生存环境算得上闭塞，山道上的古老驿道不仅旧迹依然，而且至今还在社区内部交往中发挥作用。但另一方面，近40年前这里"机缘碰巧"地沾了国家修筑战备铁道的光，成昆线运输大动脉从村境中穿过，并且设立了停靠站，近年来铁路快车、慢车车次的增加和乡级公路的改善，使得村镇外部交通进一步便捷。就此而言，影响本地村民走出大山闯市场的因素，与其说是困扰我国西部许多山村的"僻壤"现象，不如说在这里主要体现为"穷乡"的问题，在村民基本温饱有了保障的今天，进一步的发展仍受制于农副业的产业化和农户经济的组织化等一般难题。

　　背景之一应该是我国广大农村最为基本的人地矛盾。学者们一直这样讨论，农村基层干部也这样感慨。拿一桩趣事来说，这个村的党支部书记在向我们介绍过全村人均约0.5亩耕地后，闲谈中却几次下意识地出现口误，把0.5亩即5分地"夸张"成了"人均就只有0.5分地啊！"我们把这种下意

图 1　黑井村的外部交通

识看作对于农户耕地稀少的焦虑和麻木，焦虑到了不计实数的地步，而解决土地问题至少在短期内无望，就可能要急得人变得麻木了（这个词用得重一点，但好像更准确）。

再说背景之二，黑井个案中，农副业的难以规模化、产业化，除了人多地少、水利条件差、产量产值低而不易流转土地这些基本制约，还有市场待开拓和农户经济的组织化缺位问题。据我们调查，人地矛盾在全村范围内并不是均匀呈现的，其相对穷困的山区自然村，人均占有土地却也相对的多，接近人均 2 亩。在多种经营的口号和措施里，其山区、半山区不适宜种粮的贫瘠旱地，适宜发展种植若干类水果和干果。其半山区的一个自然村，已经在近年来推广的小枣种植中获得明显收益，户均年收入高达万元以上。然而，正如我国许多地方的农村，特别是西部广大农村共有的一种困惑——在家庭承包经营 20 多年后的今天，由于各地农村的路径依赖条件依然千差万别，"农民专业经济合作组织"往往还停留于政策口号宣传阶段，黑井村的"小枣种植协会"就只是官样文章地挂了个牌。村民的小枣销售要么就近卖到集市，要么坐等外来收购者按行情给价。这样的产销个体化、市场信息不对称，影响到若干旧有品种的改良、水肥条件的改善，以及规模化种植、加工增值和进入更大市场的一系列环节。

面对特殊性与普遍性形影相随的这些村庄实情，我们需要更加尊重广义的学科范式，即在广义的中国农村研究或"三农"问题研究中积累起来的基本共识，并且要密切关注其中出现的新型困惑和新思路。如果学者们不是落后于村庄实际的，那么，新型的困惑有时来得更诚实，更容易体现学术意义上的问题意识。

图2　在自家小枣园里劳动的老汉

2. 悄然间的转向：市场主体成疑

作为较新的理论参考之一，我们注意到农村学者温铁军表达了一种对于农村人地矛盾相关问题的基本判断，说的是："我们曾经在'试验'中大力推进土地流转，搞了10年还是只有1％的农户转让土地。这说明我们这种内生的制度与'市场经济'不相适应，农业经济科学立论的市场前提和微观研究所追求的目标——'效率原则'，在中国农村还没有条件作为第一原则来体现，除非人地关系这个制约条件彻底改变。正是因为资源禀赋制约，中国历来并无类似于西方的纯粹'农业'经济问题；我们历来面对的其实主要是农民问题、农村问题和农业问题这'三农'问题。"① 琢磨一下，这些议论似乎包含新的或重新明晰化的理论和价值取向，而且不只是个别学者的取向。简言之，这种取向可能是对单纯寄希望于市场经济救农村、救个体农户，对于从"内生制度"简单延伸出"内发发展"，表达了新的质疑。在同一篇文章里温铁军还说到："与农村改革有关的学界人士大多知道，我们十多年来在各地试验区身体力行的，就是按照新古典的基本理论追求市场化，按照新制度学派的理论推进产权清晰化……无论什么外来思想、内生理论，都不得不在能否解释农村、农民和农业这'三农'问题上受检验。"

对于市场经济自发进程与中国农村实际能否相符的质疑，可以转换出一个简单明了的问题：现在，是谁——是农村里的什么人物或阶层群体，能够成为市场主体——例如来牵头把农民合作组织做实做强，带动人们走上市场之路？

简单问题，却有复杂背景。温铁军的观点之所以不是孤立的，举一例而言，它们很容易使我们联系到黄宗智先生有关过密化中国农业——大致就是人地矛盾高度紧张状态下的中国农业那一套论证模式。同样以面对现实的理论反思态度，黄宗智论述道："在中国80年代的改革中，具有长期的最大意义的农村变化是随着农村经济多样化而来的农业生产的反过密化，而不是广泛设想的市场化农业生产。关于市场化的设想并非仅是那些在各方面诋毁社会主义的人独有的。事实上，对集体化农业的失望使改革派退回到经典模式的市场道路。他们争辩说集体化农业削弱了农民的创造性和事业心。市场刺激下的家庭生产会通过质的变化而释放出这些创造的能量，最好的代表就是'万元户'。""纵观1350年以来的全部历史过程，我希望说明长江三角洲的经历与我们许多的设想相反。一些人设想商品化能够改造小农经济，但历史记载表明商品化的质变潜力会被过密化所覆盖。另一些人设想小规模的小农生产会被大规模的农场所取代，但是历史记载表明这一推动会被过密化的小家庭农场的充分完善化而湮没。一些人认为集体化农业是改造小农经济的方

---

① 温铁军：《"三农问题"的世纪反思》，见叶子选编《从减负到发展：中国三农问题剖析》，中央编译出版社，2006。

式，但是历史记载表明过密化的糊口农业能在集体制下持续。最后，一些人寄希望于随着市场扩展而来的农村资产阶级的上升，但是历史记载表明，真正的质变性的发展是通过大多是集体所有的乡村工业和副业的发展而实现的农业的反过密化……长江三角洲乡村需要，并且正在形成一条不同于任何预言的发展道路。要掌握长江三角洲历史上的乡村不发展与近年来乡村发展的根源，我们应该抛弃我们以往的许多认识。"①

黄宗智有关过密化（内卷化）的观点，从人类学家吉尔兹同样针对发展中国家农业状况的描述中引申而来，但它一旦形成有关中国近代经济史和发展理论的模式，却在西方引起新斯密学派人物带有意识形态意味的指责，在我国国内也遭遇了带有"主义"痕迹的一些争论，尔后渐渐契合了近年来悄然出现的一种研究动向——既不再在意识形态的意义上纠缠"姓社姓资"，又离不开对于市场经济规律与农村发展相互关系的基本判断。由此越来越多的学者悟出，说计划（经济）已经失败而市场并不万能，关键仍然是把握基本国情，超越村庄来谈村庄，从政治、经济、乡村与城市的更大牵涉面反观农村的社会和经济结构。这种理论动向仿佛是悄然而至的，但我们应该察觉到它带给当下农村调研的影响力。具体的一点就是，面对黑井村现实中不够可靠和不够清晰的社会分层现象，我们不得不暂时放弃某种社会学性质的假设。好比黄宗智对于当年的"万元户"政策宣传、对于"农村资产阶级的上升"前景感到失望，至少在我国西部欠发达地区的许多村庄，实际情况仍类似于学者们所说的传统中国农村人口的"大贫小贫之分"，因此对于农村社会阶层的简单划分意义不大，主观寻觅村庄里的"致富带头人"也不可靠。我们在这方面的调查所得和思考包含如下几点。

（1）黑井地区历史上独特的盐业兴衰遗留下一定的人口流动惯性，这使得当地广义的"村民"中不仅有大量务农者，还有数量相当的外出谋生后回乡养老的居民、近年来外来开设店铺的小生意人、外来企业的经营人员，以及现任职于镇政府及其附属机构的干部群体（干部、家属作为特殊角色的居民值得关注）。这些因素合成了在行政村这一级比较特殊的人口结构。在全

---

① 黄宗智：《长江三角洲小农家庭与乡村发展·导论》，中华书局，2000。

村户籍人口 600 余户中，城镇居民占到约 26% 的高比例；在去除了流动性因素的常住人口中，仍占到 14% 以上。按户籍单元看，这个行政村还同时包含了街区、街道附近平坝区，以及半山区和山区的自然村。"城乡"户口不同、居住单元不同的这些居民，在生产生活方式和收入水平的诸多方面保持着差异，其中一些差异似乎暗含了社会分层的意义。但是同臆想的不一样，村民们的财产和地位并不与户口及其所属的居住地自然条件完全对等，近年来通过家庭财产继承或亲友集资方式在街区开设店铺的小康人家，恰恰以山村居民为多（约占六七成）；而早就属于非农户口的一部分街区居民，恰恰包含着依赖退休金、子女赡养和城镇最低生活保障等经济来源的不少困难家庭（约占街区居民的 1/3）。这些现象表明，现有的社会分层在黑井这样的地方基础条件并不恒定，总体上拉不开距离，所以仍只呈现过渡状态，要设想由少量精英人物或小康家庭来带动社区的发展，还不可靠。

禄丰县城市居民最低生活保障审批汇

2007 年一、二季度

保障对象人数	家庭住址	人均月收入	月保障金额	保障对象按家庭成员分类						保障地 国有企业
				在职职工	在"中心"下岗职工	离岗人员	离退休人员	失业人员	三无人员	其它人员 中央 地
1	黑井一街	80.-	99.-							✓
1	黑井石龙	52.-	127.-							✓
2	黑井一街	26.-	208.-							✓
1	黑井石龙二柱	75.-	104.-							✓
1	黑井三街	60.-	119.-							✓
	黑井一街72号	83.-	238							✓
	黑井一街68号	100	158							✓

图 3　部分城市户口居民的最低生活保障登记表

（2）除了因气候、土壤适宜，又沾了国家"退耕还林"政策的光。黑井有一个自然村，全村 18 户一起改种小枣，其余的村落至今没有完整意义的种植、养殖、运销专业户。这也同改革初年对于农村专业户带动发展的宣传不相吻合。

（3）我们课题组原计划在问卷调查中包含有关家庭收入和社会流动现象的项目，结果由于对农户收入的调查有较大难度，致使家庭收入和开支项填答混乱，基本失效；至于社会流动问题，在难以获取父辈和子辈职业及收入等方面完整资料的情况下，我们考虑，类似黑井这样变化加快而不稳定的山村，也许现在还不是分析其社会流动的最佳时机。事实上如今遍及全国大多数乡村的，就是规模巨大的农民工现象，即对乡村发展本身的作用还并不确定的人口流动现象。黑井村无论街区和山区自然村都有大量外出务工者，总数达到约半数人口，但其中除了一部分季节性短工，即使长期在外的也属于单纯的外出谋生，未能返回本村牵动什么发展项目。换言之，大规模的农村人口和职业的流动，如今按全社会状况看还属于平面性质的或上升幅度不够大的流动，它或许终将促成其中一部分人的经济实力积蓄和地位声望提高，促成在整体上有利于社区发展的垂直社会流动，但在黑井村的现在这还不是现实。

3. 外来企业提示了乡村结构的什么

紧接着就应该说，既然有多达半数的人口外出谋生，前述的人地紧张基本矛盾岂不是有可能缓解吗？对此我们的调查所得仍然呈现出辩证的两面。在黑井全村承包有自家土地的大约86.4%的家庭中，至今因各种原因出租了土地的为数甚少，主要原因可能是租金很低。同西部的许多村庄相似，在青壮年大量外出谋生后，田地的耕种者就由所谓"3861部队"即妇女和老弱人口维持（黑井村的外出男女之比约为3∶1）。这样的村庄人口结构明显不利于现实的社区治理，但又"在理论上"吻合靠城市化解决农村人口问题的长远可能。

人口结构是村庄经济和社会结构的一种表征。我们认为，黄宗智观点的理论意义之一，是把人口学要素更具社会意义（"国情"意义）地带入经济学，以过密化农业的单位劳动生产率必然下降这种内在规律，揭示改革前"集体农庄"式的农业最多只是"没有发展的增长"，同时也以此否定了中国农村改革中的绝对化市场取向。从学理上说，他的理论阐述至少是易于证伪的，即论点鲜明，贴近国情现实，易于引出有关中国农村发展的具体判断和对策的。我们的实地调研特别需要参考这种明确的判断。作为反过密化的经验总结之一，黄宗智倾向于"集体所有的乡村工业和副业的发展"，有时还强调是"新副业"①，这一点正好从"长江三角洲"的对比中，点中了西部农村发展滞后的要害。以我们考察的黑井村来看，现在谈不上任何集体所有的工业和副业，这不仅延缓着村庄经济的转型，还在村庄政治或社区治理的多方面造成影响。

图4 旅游招贴

就现状看，黑井传统的农业、副业，与势必规模化的新兴文化旅游业呈现并存局面，后者得益于黑井历史遗留的独特盐业文化资源，近年来又在基层政府着力于从农业之外进行"项目开发"的导向中得到政策、资金扶持和效益效应的放大。无论对农副业市场的就地开拓，闲置劳动力的就地消化，还是对基层政府财税收入增加都将给社区公共品提供带来好处，我们都很愿意相信这是黑井村发展的一种希望所在。仅就传统农业之外的产业嵌入而言，如有的学者所论述，"确定中国大陆农村的经济与社会发展战略，必须突破传统的思维定式，即就农业谈农业、就农村谈农村，在不改变农村基本格局的前提下去谋求农村有限的发展与进步。这种思路的根本缺陷是割裂了农业、农村、农民问题与社会其他单元的有机关联，把'三农'问题作为一个孤立的系统单独加以研究，因而实现不了农业与工业、农村与城市、农民与市民之间的良性转换与互动。"② 这种看法应该说是代表

---

① 近期，黄宗智提出了反过密化农业的一种新的可能性，主张"伴随国民经济发展和收入提高而出现的农产品消费转型，从'以粮为纲'转向粮食—蔬菜—肉鱼并重的农业结构……新的消费与生产结构能够容纳更多的劳动力，已使推广适度规模的小农场成为现实的可能。其关键在于做出能够激发农民牟利积极性的决策，其楷模应是新时代的因地制宜地结合粮食与蔬菜或水果，或结合种植与养殖的小农农场。当然，在具有一定领导条件和民众支持的村庄，可以以合作或集体组织作为行动主体。推广这样的农业可以提高其收入，借此扩大'内需'，促进城乡连锁性的互动以及国民经济的发展"。引见《读书》2006年第10期。

② 宫希魁：《中国"三农"问题的观察与思考》，见叶子选编《从减负到发展：中国三农问题剖析》，中央编译出版社，2006。

学界较为普遍的共识。

　　不过现在的新情况是，自 20 世纪 90 年代乡镇企业大规模改制之后，随着大范围经济发展动力的叠加（全球化因素、国家全局因素、地方因素等等），今天的乡村企业早已不只是 80 年代主要由本地精英人物创办的、"离土不离乡"的标准形式的乡镇企业，尤其在以矿产、原材料生产和民俗文化观光等有形或无形资源作为特色产业起点，吸引海外投资和东部、中部产业转移以及本地大型企业扩张的西部地区农村也是这样。不大的黑井村（镇）即是如此，它在近十年先后两次与大型企业签约，由企业以数千万元的协议投资前来做尝试性旅游开发。

　　然而据我们调查，经由外来企业与基层（镇）政府签约而来的新兴旅游产业，至少在嵌入当地经济的相当时段内，存在水土不服的状况。因为就经济角度看，它显然不属于村庄经济的线性"自然"发展进程，对于缓解人地矛盾、反过密化的农业，暂时显得是"贴膏药"似的外在状态；它今后能否真正带动村庄的内发式发展，例如带动村民依托旅游市场发展规模化的副食品产业和旅游小商品产业等，现在也还难说。我们问卷中的一项是询问村民"来黑井旅游的人多了，会不会增加您家的收入？"结果是填答"会的"约占 43.9%，填答"不会，只有少数人获得好处"的约占 50.0%，另有约 6.1% 的人填答"现在还不清楚"。如果说接近半数的人对于旅游业发展抱有期待，那么另外的两项——涉及村民知情与否和主动性的问题，意见分布就不那么集中了。

　　表 1 显示，累计有接近 80% 的村民，表示对地方有关政策不清楚。而表 2 表明仅有不足 1/3 的村民表示了积极主动的明确意愿。在社区治理的意义上思考，村民的这些意愿表达反映出，当地旅游业和小城镇发展的规划，目前还较少出于比较理想的村民自治，如民主协商、民主管理、社区动员过程。再加上旅游业的特殊产业属性，规划上难免"惊险跳跃"，市场定位则"眼光在外"（在外来游客），所以它至少在短期内顾及不到本地人力资源和货源的充分调动，反而分化出了村民的实际受益和受损群体，"屏蔽"了村民的发展主导作用。

　　不过立足长远来看现实，不能因为外来企业没有给村庄带来近期的明显

表 1　问卷：您了解有关黑井古镇保护和规划的政策吗

项　目	频　数	百分比	有效百分比	累计百分比
A 很了解	23	20.2	20.2	20.2
B 只听说过一点	33	28.9	28.9	49.1
C 不太清楚	58	50.9	50.9	100.0
总　计	114	100.0	100.0	

表 2　问卷：如果有机会，您愿意就黑井古镇保护和旅游规划提出自己的建议吗

项　目	频　数	百分比	有效百分比	累计百分比
其他填答	1	0.9	0.9	0.9
A 不愿意,我不关心	17	14.9	14.9	15.8
B 愿意,可是没有机会	48	42.1	42.1	57.9
C 提了也没用,那是政府的事	17	14.9	14.9	72.8
D 非常愿意	31	27.2	27.2	100.0
总　计	114	100.0	100.0	

效益，就否认它将在市场开拓、定向发展、资金和人力资源储备等方面改变村庄经济结构的可能性。在社会结构方面道理更简单，不能因为村委会里没有保管外来企业人员的户籍记录，也不能仅从企业人员的数量难以同原籍村民相比，而忽略它可能给予村庄人口和社会结构的重要改变。特别在人口素质与能量上看，这个问题牵连出更多。我们对黑井的自然村、行政村以至街区（镇）的相互关系应该怎么看，乡镇干部及其家属群体、外来的企业人员和小生意人在什么意义上进入了广义的村民构成……面对这些显得很具体的问题，我们可能会进一步触摸到黑井村和镇的模糊边界关系，传统产业和新兴产业的断续关系，等等。

二　从村到镇：村庄的过渡类型和实践定位

1. 小村对象在理论和实践上先天不足

不同的研究预设影响到课题组对黑井村受访对象的确定，例如课题组可以有如下的不同选择：①单一地或分别地考察黑井所属的那些自然村，这其实是假定它们相互独立、自成一体，并处于相对静态中；②只考察黑井户籍中以农村户口为主的自然村，而舍弃其行政归属中的镇区居民，但这样等于舍弃了黑井村的一部分历史构成因素，有人为分割之嫌；③只考察户籍上属于该村的全体居民，排除因职业、产业而"寄居"于此的镇政府及其附属机构干部和家属，以及外来的经商者和外来企业人员；④在一个合适的结构性说明中，考察上述所有群体，把它们作为历史与现实共同造成的黑井村多元发展主体来看待。

题中应有之意，课题组的调研倾向于做全面考察。因为在所有这些选择背后，我们想到了潜藏着的一个村庄定位问题：黑井村究竟是一个什么类型的村庄？这涉及怎样从社会结构、经济结构上看待我们面对的这一研究个案——云南黑井村的历史、现实和未来，需要参照农村研究中涉及的各种学科范式，多做思考。

在我国的农村调研中，村庄共同体的理论定义，起码是涉及其村域界线、村户规模、社区布局、内外交往结构及产业特征等基本面貌的实践定位，既是理解中国国情特殊性的学术问题，又具有农村调研方法论的意义。对此，许多年来间断地有国内外学者加以讨论。例如在《内发的村庄》一书导论中提到的，日本社会学界依据 20 世纪 40 年代"满铁资料"《中国农村惯行调查》，有过戒能通孝与平野义太郎的论战。一方认为中国村落并不存在强有力的共同体关系，村民与村落的结合关系极为松散；而另一方依据同一批资料，强调以村庙为中心形成的村落和村民凝聚作用。其他还有美国的中国社会经济史学家施坚雅和美籍印度裔学者杜赞奇等人的研究，前者主要瞄准农村集市贸易体系，认为村落经济社会结构是由基层市场共同体，而不是范围和含义狭窄的村落共同体来维系的；后者以"权力的文化网络"概念说明国家政权与乡村社会之间的互动关系。这些都经常被国内学术界提到。

课题组的一点想法是，鉴于数十年来国内外学者带着不尽相同的学科背景考察中国农村，也许还可以从不同的学科传统，琢磨其研究范式与农村实际的关系。回溯一下，在传统的人类学——民族志那里，面对多少世代"自然"聚居的自然村，对其完整社会结构的描述合理性似乎不证自明，要是以经典著作中曾经"典型"的大洋孤岛或其他偏僻部族为对象，描述的完整性就更显得可靠了。然而早有所论的是，此类描述的完整性和可靠性仍然是暗含理论预设和时代特征的。在曾经兴盛的线性进步观引导下，在新一波的全球化浪潮尚未冲决村庄篱笆的年代，经典作者们才容易整理出"野蛮"、"原始"与"文明"相对比那样的大类别，从而易于描写在低级社会分工形态下相对封闭和单纯的社会结构、文化风俗等等。但对于那些在学术史上起过重要作用的经典描述，通过课题组调查资料的比较鉴别，至少有一种极端情形是与之不相符的。

在中国西部，例如云贵高原的崇山峻岭中，由于地形地貌的制约，"三家村"一类的现象至今存在，孤零零的三两户人家攀附于一座高山，守望着巴掌大的山地，形成最小型的"自然村"，而与其邻接的其他农家距离再近也需要翻山越岭才能联系上。对这样的小村或小村系列，如何探究其"社会结构"，至今还少有重要的文献资料可考。假如这种比较极端的现象，能够用作村户规模过小和村庄结构松散的象征，在理论概括方面有秦晖的一种近似解答的说法，"……究其实，无论传统时代还是今天，农村中宗法伦理自治都是集中存在于平原的、东南沿海的、较发达的、商品经济较活跃的、开放并受'西化'影响较大的乃至城郊型的地区，而不是深山里、内地、贫困、封闭并属于古老中国文明发祥地的、自然经济的乃至远离城镇的地区。以宗族公产而论，旧中国农村宗族公产最多的是粤闽浙等沿海地带，长江流域次之，黄河流域最少……许多最'传统'的古文明地带恰恰是少宗族乃至近乎无宗族地区。而专制朝廷及其下延组织控制着一盘散沙般缺少自发社会组织的'编户齐民'，才是'传统社会'的典型景观。"[1]

假如理论的概括不够生动和精准，近年来西部农村开发中的易地扶贫思路也算一种旁注，它间接说明了山野里的那种"居民点"，不止在研究描述上，哪怕在发展实践中也难以为"村"。所以扶贫政策的实施者和建言者们注意到，针对这种极小型、极分散的村庄布局，原先在政策宣传上一律要做的基础设施水电路三通，其实是成本投入极不合理的设想，而相对可靠的长远之计，只能是整村搬迁，适当聚居，"适彼乐土"。当然，这在实际过程中

---

① 秦晖：《农民问题：什么"农民"什么"问题"？》，引见东亚经济评论网站，2006 年 6 月 22 日。

也不断碰到启动资金有限、搬迁面过大，以及村民的生态适应和人类学意义上的"文化休克"等难题。

图5　黑井平坝区与山区自然村的交通

　　课题组调查所及的黑井山区几个自然村，同样在研究上不足以供人"发挥"，换言之，若孤立地看，其发展余地都不大。它们每一个单元的户数在30户左右，生计主要靠传统农业，相互间的交通至今还依赖人行和驴驮，崎岖的山路耗时最多达到两小时以上。说实话课题组在调查之初对此还感惊讶，毕竟经过了新中国成立以来的几十年，那些小山村仍只有羊肠小道吗？连手扶拖拉机什么的也不能通行？行政村干部回答说就是这样，他们每次下村就靠两只脚，爬山往返以天数计算。等到我们亲身去尝试了，疑问是没有了，心中还是为近乎"原始"的社区内部交通而感慨。似乎除了几年不遇的婚嫁和偶尔走亲戚，这些山村之间再没有了其他联系。无论就生产生活方式或历史文化而言（人口主体为汉族），它们就整个行政村而言的状况相反，人口的同质性都很高，而村落相互间的刚性联系却很弱。

　　涉及这一类小自然村和人类学的某种研究传统，引入施坚雅的观点就有了针对性。施坚雅明确指出："研究中国社会的人类学著作，由于几乎把注意力完全集中于村庄，除了很少的以外，都歪曲了农村社会结构的实际。如果可以说农民是生活在一个自给自足的社会中，那么这个社会不是村庄而是基层市场社区。我要论证的是，农民的实际社会区域的边界不是由他所住村庄的狭窄的范围决定，而是由他的基层市场区域的边界决定。"① 类似的，对于以人类学功能主义学派嫁接出的我国社会学早期农村社区分析范例，国内也有学者提出了异议："……以小型社区窥视中国社会，从功能的角度解释中国乡村社会及社会变迁的动力。然而，功能主义的文本范式在 20 世纪 80 年代初受到了强烈批评，批评者提出了几点意见，其中一点认为，功能主义文本把文化或社会作横切面的切割，然后用功能关系的理论把它们联系起来，其研究是在时空上十分局限的社会中展开的，并总是强调把具体的事例推向具有理论意义的结论，这种做法使文本成为与作者和社区无关的论述。"②

在此不宜做理论展开，我们有一个实例间接涉及施坚雅的农村基层市场共同体假设：黑井的自然村之一寇家山，距离黑井镇集市比属于另一个行政村的集市更远、路更难走，所以村民们日常的交易是两边集市都去，属于另一行政村的那个集市去得还更多。这种情况表明，传统的自然形成的市场联结，与行政因素硬性归属的共同体呈分离状态，这就是施坚雅指出的农村人民公社的失败原因之一。即使就今天的一部分遗迹看，地理与人为的因素交织，仍然提示我们村庄结构中的经济与政治是相交织的。如施坚雅所说："任何一种对于传统中国社会结构的观察，只要它把与相关联的市场体系进行比较作为重点，就必然会随着层次的提高越来越注意到行政体系。早期的分析，受中国学者官方偏见的影响，假定行政体系最为重要。我详尽论证一种有点儿非正统的观点的目的，与其说是要反驳这种分析，倒不如说是要推进平衡在今后的研究中取得一种共识，即传统中国社会中处于中间地位的社会结构，既是行政体系和市场体系这两个各具特色的等级体系的派生物，又纠缠在这两个体系之中。"我们的考察将会进一步检验这种观点，它涉及小型自然村究竟怎样相互联结，联结的要素，以及联结是否稳定和"有前途"。

---

① 施坚雅：《中国农村的市场和社会结构》，史建云、徐秀丽译，中国社会科学出版社，1998，第 40、50、55 页。

② 胡不飞：《国家权力与乡村社会——一个村落的社会史考察》，引见 http：//blog. sociology. org. cn/bowarwho/archive/2005/03/15/929. aspx。

2. 大型村庄的建构特征与发展观相吻合

国内学术界对施坚雅的观点和理论体系存在争议。对本课题来说，只要明确回答相关的两个问题，施坚雅的观点就是值得我们参考的。这两个问题，一是设想"中国百村调查"总体方案为什么选择以行政村而不是自然村作为基本单位？二是在客观状况与主观价值选择结合的意义上，设问我国的村庄发展是不是必然具有一定的规模特征？

第一个问题，《内发的村庄》一书导论表述得比较清楚了，"行政村在中国农村具有基础的社会地位，是我们寻找村落发展条件的基础单位。行政村不同于在一定相对独立的地理空间内自然发生的、由村民自己组成的聚落即人们通常所说的自然村，而是具有社会统一性的组织化的村落，是中央和地方政府用来作为政治统治的基本单位。以行政村作为调查对象，主要原因是在行政村范围内才能够把握村落的经济、政治和日常生活等村落社会活动主要领域的完整特征。"对于总课题的这种设计思想，我们是赞同的，这也就延伸出我们对第二个问题的看法：历史地和合乎逻辑地看，我国的村庄发展确实要求具备逐步整合的适当规模，这其实是我国东部发达地区和大城市周边农村早已存在的趋势。

这一类大型村庄，是在平原或平坝地区由真正相互毗邻的若干自然村所组成，我们曾调研过的大城市城郊农村多属此例。它们在历史上经历过较为频繁的战乱、动荡和人口聚散，家族性的聚居和族裔的分家分支，再经过近几十年来的行政化经济干预，最终以相对稳定的经济和人口结构组成了上千户人口的大型行政村。这类村庄在传统和现实变化的诸多方面都不同于前述的小村落，但是其中有一点基本特征可以同此次调研的黑井相比较。这个基本特征涉及半个多世纪以来的行政下乡历程，即自民国初年开始的国家权力向乡村社会的扩张，直至20世纪晚期再重新尝试推行村民自治。这一历史过程极大地扰动和改变了中国乡村社会的内部结构。说到扰动，众所周知以20世纪50~70年代为最，通过公社、大队和生产小队"三级所有、队为基础"的政社合一的人民公社体制，以及农村基层党组织，实施了学术界所称的国家权力在乡村社会中的全面渗透，政治行政化，控制网络逐级传递，农村干部的国家"经纪人"角色至今饱受议论。

图6 村庄机构和宣传口号的变化

不过，有关今天怎样看待过去那数十年行政主导的村庄社会变化，参考学术界已有的大量研究，我们认为不必再是单一视角的回顾与批判。在承认村庄政治的路径依赖这种意义上，不妨反过来看问题——看行政渗透怎样合理和不合理地建构了村庄规模。我们所曾考察的城郊大村表明，在一般所知的互助组、合作社（低级社、高级社）、人民公社（及其生产大队、生产小队）直至乡镇（及其行政村）这一系列管理的变迁中，还曾经穿插过大区、小区（管理区）、大乡和小乡等种种名目，名目本身对村庄无关紧要，但大小不一的管理辖区、划来划去的村庄归属，加上纷纷扰扰的政治动员（还不算在一定时代成了家常便饭的驻村工作队），这些早已通过干部和政策的频繁变动影响到村庄、村民。最近的是近三五年间，还有撤乡并镇的行政变更间接影响到村庄，我们考察的黑井行政村 2003 年还有邻近的另一个原单列行政村并入。

　　既成事实的合理和不合理，只能辩证地具体地看。黑井行政村代表的是一个方面，由于经济发展水平低，自然村一级的同质人口多，传统文化纽带在相当程度上萎缩，行政系属的分与合与村庄和村民关系不大。这样的现状可比喻为"生计下沉，权力上漂"，好比俗语所说的"漂汤油"，沉下去的"菜"是村民家庭和个人近乎原子化的谋生方式，而漂浮着的"油"则是在开发大计方面集中到镇、县以上的决策安排。但我们也注意到，站在不同的角度，不一定像一些村民抱怨的那样，得出"村委会不干事"的结论。事实上村委会的日常工作用他们自己的话叫做"忙死了"。我们根据定性了解，在抽样调查中有一项询问村民，"您最记得村委会做过的什么事（只选其中二项）"，选择的是"A 催交税费；B 管计划生育；C 管种植和收缴草烟；D 核查和发放低保款；E 栽秧时管水；F 管调解纠纷；G 管其他事情（请具体说说）"，填答结果的简单统计是：作为"国策"的最为刚性的"管计划生育"一项，回答"容易理解"达到选择率 42.1%，除此之外，其他对每一项的选择都均衡在 17.5% ～23.7% 之间，这表明村委会的繁杂事务都属实务，都给村民留下了印象。其中值得说明的是"管种植和收缴草烟"和"栽秧时管水"两项，前者具有特殊的国有企业配套产业性质，既是高产值，又控制种植的性质，至今还把极严格的"计划性"一直体现到乡村农户，没有管理似乎不行；而后者，只要熟悉许多乡村在耕种时节历来存在的"抢水"之惨烈就明白那是乡村社区治理，哪怕"还原"到底——困乏无为到底，也不得不为之的公共管理，在黑井村委会收费的记录中，如今唯一留下的也就是为此而设的"水亩费"。

需要注意，黑井村委会的这些日常事务是在每月工作经费微薄到难以想象的数百元，基本上依靠党支部书记（兼主任）、副主任加上文书这么区区几个人手，并且每人月平均补贴都仅有数百元的"惨状"下完成的或者叫勉力维持的！

我们大致可以说，黑井村委会代表的是欠发达地区农村"整"而未"合"的普遍现状，即在行政单元意义上虽已按国家统一布局整合成较大型村庄，但经济生活与社会生活的实质却仍然是半自然状态、内部群体分散、上下层级断裂的。就此可以说，其现状主要代表的是行政下乡尚不合理的一面。这其中的一个重要原因如前所述，需要有集体所有的工业和副业，农村社区治理才能掌握起码的经济和社会（权威）资源。比较我们在另一个城郊大村的调查资料，道理就更明白。

那个大村 L 村，是自改革开放前形成的"社队企业"，把集体企业的传统或多或少地保留下来。其资料中描述道："乡镇企业的发展经历了一条由工副业——社队工业——乡镇企业的路子，由弱到强，发展壮大。乡镇企业的职工主要来自本乡、本村的剩余劳动力。1958 年大办工业时，一部分农业人口被招收进工厂，后来工业下马，有的工人返回农村，这些人中有的从事五金机械、冶炼、铸造等专业，他们成了大办乡镇企业的技术骨干……乡镇企业的前身是农业合作时期的工副业组（队）。人民公社化后，在国民经济调整期间，社队为了解决生产队的部分开支，组织有一技之长的社员去搞副业而形成了社队企业。"

有了那样的家底，我们看 L 村的"村官们"甚至都不屑于为自己总结婆婆妈妈的日常事务，而是把重点放在村庄工商业近年来的大发展方面——村委会为加快企业的发展，为新办企业办理营业执照手续，办理工商税务手续，协调信贷，在企业用水、用电方面都给予支持。1997 年度按乡政府下达任务，企业营业总收入是 19736 万元，其中个体企业营业收入 15611 万元，集体企业营业收入 4125 万元，实际完成数：全年乡镇企业总收入 15713.64 万元，其中，集体企业总收入 3137.13 万元，个体企业 1256.4 万元。完成乡政府下达任务数的 79.7%。新办集体企业为 11 个，其中，工业企业 5 个，

图7　城郊大型村庄状况

商业企业 1 个，服务饮食企业 3 个，养殖业 2 个。1998 年年产值上千万元的企业有 1 个。按照乡党委、乡政府对产业结构调整的部分由原来的"二、三、一"向"三、二、一"转变，大力发展第三产业。2001 年有集体、个体企业共 252 家，其中挂靠集体企业有 17 家，个体企业 235 家，其中商业个体企业有 112 个，工业个体企业 90 个，另外还有其他的养殖业、运输业等企业……

　　同样由 7 个村民组即自然村组合而成的 L 村，如果我们说它代表了由行政到产业、也即从政治到经济的较好整合，它也就大体代表了我们笼统而言的行政下乡的合理一面。

　　近期有学者提出："中国社会是在与西方社会截然不同的历史路径中发展的，有其独特的社会——历史——文化条件，它不可能完成像西方社会那样一个由乡村社会向工业社会的自然转型。从本质上说，中国的现代化进程是外源型的，而非内生的。它要求以政治发展来推动社会发展。也就是说，政府要在乡村发展中扮演主导角色。"[①] 对这种观点能否认同，或许有待于

---

① 潘伟杰、吴从环：《政府质量：乡村政治发展的生长点》，《学习与探索》1998 年第 4 期。

把政府角色与村民自治的关系分解为若干的环节，但我们想借此表达：以行政村为基础或为标志，数十年来国家政治发展给予乡村政治的影响，无论正面与否都已经是不可逆的，不仅在既往历史的意义上说，在着眼我国农村现实发展需要的时候尤其如此。准于此理，当我们设问究竟什么是中国农村的"标准"村庄面貌——规模、界线、层级、产业结构等等，可能的解答是：一定的结构整合需要一定的规模效应，缺少这种效应可能是贫困的原因之一。就此还值得引证一则适合用作比较的最新信息，"小岗村农民大包干后摸索通向富裕道路"①，作为名声在外的我国农村改革发源地的这个小村，竟也存在同类问题。

> ……多年来，小岗村农民的致富梦想就是这样起起落落。他们虽然没能走进富裕门，但却一直在致富的路上不断求索。现任村主任关友江认为，小岗这么多年没富起来，抛开其他各种因素，小岗村太小不成规模，无法发展企业是一个重要原因——小岗 1978 年时只有 20 户，115 口人，1999 年和大严队合并后，也仅仅是 112 户，487 口人。如此小规模的村子，外面企业即便进来也很难发展。令人欣喜的是，现在凤阳县正计划着将周围几个村并入小岗，规划将小岗建成一个人口 1 万人左右的大村。记者在采访期间见到了崭新的"凤阳县小岗村新农村村庄建设规划"，这份由安徽城乡规划设计研究院于 2007 年 10 月刚刚设计完成的小岗村未来发展蓝图展示，小岗村即将变成一个人口 1 万左右、拥有各种配套设施的大村子。

以上所述，应该不只是为既定的行政村设置和我们自己的调研对象作一种多余注脚。我们可以由这样的思路，引出划分村庄类型的一种方式，即规模不足的小村，规模适当的大村，以及处于过渡状态中的村庄。后者指的就是黑井行政村这样的"整"而未"合"现状。以人类学、社会学研究范式同我们国情实际的结合来看，我们认为，过渡型的村庄可能是更"真实"、

---

① 参见《人物》杂志，http://www.sina.com.cn，2008 年 2 月 15 日。

更值得探究的村庄。

3. 村与镇的关系——历史既断裂又持续

联系到施坚雅的农村——市场共同体模式，它引起争议的原因之一是那种形式化的抽象几何模型，即有关抽象六边形、内环和外环、平均分布18个村庄的农村市场区域假设。我们这样理解，施坚雅的价值所在应该是以形式化模型提示出实体的"溢出"，例如他据此对人民公社体制超出了传统基层市场范围所作的批判。不过施坚雅后来也承认，市场体系和社会结构并不完全重合，需要有更具说服力的叙述框架研究中国乡村社会。所以，更重要的一点是他将村庄与市场体系和社会结构相联系的思路，拓宽了我们考察村庄的眼界。这两点结合，我们认为关键是以动态眼光取代静态的村庄界定习惯。其中有一个似乎不成问题的问题：乡镇行政机构所在地——往往也是施坚雅所看重的农村中心市场所在地，当它与某个行政村村委会的所在地相重合时，这种"中心"行政村是否有一定的特质区别于就地理距离而言的"外围"行政村？它的发展主体和动力是不是较为复杂，而发展的前景是不是较为有利呢？如果大体是这样的，那么中心村和外围村，好比前文所述的小村、大村，同样属于在形式上即可以成立的村庄分类。作一种比方，我们对于当代中国城市的常识之一是：首都、首府乃至市、县政府机构所在的区或乡，必有一些经济、社会结构不同于其他城市，诸如工商业较集中、行政机构和人员及其运作程序较复杂、人口异质性或社会群体间的差异较大等等。乡村大概也在一定程度上类似于此。

我们已经提到，黑井村委会与同名的镇政府和集市街区合处一地（1913～1958年间还在此设置过盐兴县），最基本的动因和背景就是其历史上曾经兴盛的地方产业——盐业。阅读本书后面部分，可以较详细地了解作为"逝去的盐都"，黑井盐业的由来，曾经达到的经济地位，也就是在生产、交易和税收规模上的显赫。有关这一点，我们调查组一行人在调查的路途上说：今天时代的人，好像对食盐在生活里的重要性感受不强烈了，甚至追求"低盐"含量的食品了。所以不如建议小镇的旅游开发者，让游客来到这里先体会完全无盐的食品，然后才知道盐的重要。当地干部则从另一个角度比喻说，从前的食盐就好比如今的烟草产销，曾经是怎样的高利润、垄断性产业！这种比喻之贴切，让我们想到了黑井镇和黑井村的传统面貌，的确与历史上几千年的盐务、盐政有关。

史载中国早在公元前 119 年就实行了朝廷的盐铁专卖。由于海盐、湖盐、岩盐、井盐这四种形式的盐产地有限，中央朝廷必须以专卖制抑制地方势力的财富积累，防止像汉朝初年的宗室吴王刘濞那样以制盐同朝廷分庭抗礼。汉武帝时，同实行"均输"（运输与贸易由国家专营）和"平准"（统一定价）等政策一起，推行了盐铁和酒类官营，加强了中央集权，提高了财政收入，配合了对匈奴的军事行动。后来随着官商垄断中盐铁的质量下降，徇私舞弊，物价上扬和流通不畅等弊端出现，汉武帝死后，在汉昭帝治下出现了史上少有的一次"参政议政"，汇集全国各地六十多位非当权者的"文学、贤良"知识分子，与当权大夫桑弘羊等举行辩论。由桓宽记录和编辑成册的《盐铁论》，成为留传后世的国政辩论名篇。这以后两千多年来的中国，围绕加强中央集权还是还商贸于民，既是争议不止，而又以前者占据主导。直到近代，孙中山《建国方略》中仍是给予正面的评价："桑弘羊起而行均输、平准之法，尽笼天下之货，卖贵买贱，以均民用，而利国家，若弘羊者，可谓知钱之为用者也。"

黑井镇的盐业约在唐代正式开发利用，此后历经各朝各代，直到民国后期由于生产成本等多种因素逐步衰落。黑井镇的盐业繁荣史，可供我们管窥传统集镇对于周边农村的辐射和凝聚作用。当然这种作用包含着封建时代盐业生产的特殊性，一方面是在当时当地受到官府特殊限制的较大规模私营生产（如颁发制盐执照等），另一方面是运输和销售上措施严厉的官营，例如常年设置的护盐民团武装。在盐政的历史沿革方面，记载上有元代设立的盐课提举司、明代的盐运司、云南盐课提举司，以及直属于其下的黑盐井盐课提举司，民国时期改设黑盐井督煎总局、督销总局，隶属云南盐运使署的黑井场务公署……这一系列的管制体制，在旧时代条件下保证了黑井盐业和小镇的兴盛，乃至于繁华。据老年村民介绍，在盐业兴盛的一定年代，这个小镇每天出产多达 40 吨盐、消耗薪柴 120 吨，全镇煮盐户多达七八十家，烟熏火燎以至于每日下午就见不到天。当时全镇常住人口两万多人，是今日的10 倍之数，而流动人口也高达万人，驮盐的马匹上千。

　　听着老人们不无落寞感的回忆，我们感受到一种历史的断裂。黑井盐业在 1945 年间衰落后，新中国成立后仍以稍小的规模断续存在，并在制盐技术上逐步提高为烧煤、真空制盐等，然而由于"一大二公"式的产权变更，作为"县办企业"的盐厂已经在很大程度上脱离乡土，变成了在改革（和改制）之前众所周知的那种只向国家提供利润或税收，除了少量的就地招工外再也不能扶助本乡经济的"寄生"角色！这种局面持续到 2006 年 10 月间，盐厂因为市场饱和而自身生产上不了规模，得到强制性关闭的最终结局。

　　从一种支柱产业的兴衰对于地方的影响来说，盐业兴盛的一去不复返给整个黑井的历史造成了断裂，这在生产生活和人口、习俗的各方面都或多或少地体现出来。然而相反的一面也明显，正是盐业时代遗留下来的民居建筑、街巷格局、寺庙和牌坊等等，给今天的文化旅游业备足了开发资源。这应该就是历史既断裂而又持续的特征。我们在调查中得知，在当地盐厂彻底关闭后，一些干部看着山间白白流掉的卤水（盐水）很是心疼，而外来的旅游公司已经开始策划提取地下的卤水，加入适当化学成分，做成"死海"式的休闲旅游项目。据说全国其他一些传统产盐地，已有成功的范例。

　　就黑井行政村与镇的关系来说，也正是历史的持续造成了村在镇上、镇在村中这样的边界模糊特点，后面的章节把它称作"村镇的互构"。黑井村辖区内，驻有州、县、镇所属国家机关、企事业单位 19 个，值得再说，镇是什么？镇在村中当然不只体现为若干的小机构和工作人员，作为国家体制的政权末梢，它的能量来自权力。这其中的程序和得失超出一般村民的了解，所以村民在填答"对镇上干部有什么印象"的时候，表示"印象不好"的占 10.5%，表示"印象很好"的占 35.1%，而 53.5% 的村民则表示"没有印象"。另一方面，镇干部对我们津津乐道其政绩，例如在村镇外部交通的改善方面，有的干部把铁路快车增加在黑井站经停，说成是自己几乎通过"私人关系"达成的，这虽然难言真假，但在所谓的国情背景中也属可以理解；更确切的是，涉及黑井旅游开发的长远大计，干部们纷纷证实说，他们怎样在 2007 年间接待上级交通部门的考察，"积极争取"改善本地与邻县的上等级公路，使黑井旅游点与符合市场需求的旅游线连通。事情涉及那样大规模的交通工程和国家投资，我们承认——对于黑井村镇一体的长远发展，其"主体"和动力必然要超越这个小社区的固定范围。

要言之，最终我们只能符合实际地在发展大背景中看待村庄，才更能理解它的产业的多样性、人口的多样性和发展动力的多样性，从而把握村庄发展多元主体的结构与其社会结构、经济结构的关系。

三　留待检验的研究预设

由于课题组的调研小组包含多种学科人员，在座谈中讨论过这样一段话："社会科学相比较医学等技术科学，属于'软科学'，它的一个简单道理和方法是，要更加尊重学术传统或社会讨论的环境，要在调研之前善于利用自己的旧有研究和参考文献'合成'基本理论假设（前提、预设），以及调研中无处不在的视角。不是一上手就陷入具体的方法规则，比如统计方法、诊断方法等，却忽略了'不证自明'、'心照不宣'的课题设计思想即基本假设。"这段话说得不一定完整，但是代表了我们在课题调研中思考的方法论问题。

出于类似的考虑，这里有必要对前文所述作适当概括，同时也对本书后面章节的一些要点略作提示，目的就是说明我们调研中潜在的一些预设。这些预设显然并不能由一个村庄个案来做完备的检验，只能算本书提供给学界人士的一点参考线索。

（1）我国广大农村最为基本的人地矛盾，过密化的农业，在我们的研究个案中同样是村庄发展的最大制约因素。在仍然缺乏内发性动力的村政体制下，以家庭经营格局为主的农业和副业依然是主导村域经济发展的经济样式。在我国西部欠发达地区的这一类村庄，实际情况是农村的社会分层不够明显、不够稳定，至今缺少能够成为市场主体的阶层群体。农户经济的组织化是一种可能的出路，然而它与农业的产业化和"致富带头人"形成循环式的难题（参看本书第六章）。

（2）以乡级公路的改善为主要标志，我国欠发达地区农村的村镇外部交通条件，近年来已有较明显改观。但与此同时，社区内部、即自然村之间的道路交通仍存在很多问题，甚至缺乏起码的公路交通（参看本书第一章）。

（3）村庄水资源匮乏、生态失衡的现实，成为制约社区农业经济发展的瓶颈（参看本书第三章）。

（4）大量青壮年外出务工后的村庄人口结构，不利于现实的农村社区治理，尽管它"在理论上"吻合靠城市化解决农村人口问题的长远可能（参看本书第九章）。

（5）缺乏集体经济的村庄，不仅制约着村庄经济的转型可能，还在村庄政治或社区治理的多方面造成影响。需要有集体所有的工业和副业，农村社区治理才能掌握起码的经济和社会（权威）资源，否则就缺乏实行统一管理和干预村民行为的能力（参看本书第七、第九章）。

（6）乡村企业改制之后，一部分西部地区农村已经不存在本土原生形态的乡镇企业。外来企业的多种形式的进入，有利于加快农村经济产业结构的优化和升级，同时对于转移农村富余劳动力，繁荣农村贸易，实现由粗放型向集约型的转变等方面具有推动作用。但它们在相当时段内存在真正嵌入社区的障碍。关键在于结合当地农村社区的建设，使农村社区与外来植入型产业开发的主体形成利益共同体（参看本书第八章）。

（7）正如就农业谈农业难觅出路，在小型的自然村范围内不足以完整看待"村庄发展"。我国的村庄发展要求具备逐步整合的适当规模，一定的结构整合需要一定的规模效应，缺少这种效应可能是贫困的原因之一。就现实而言，至少要在行政村的层次上看问题。

（8）我们的研究个案可能在一定意义上代表欠发达地区农村"整"而未"合"的普遍现状，即在行政单元意义上整合成了较大型村庄，但其经济生活与社会生活的实质却仍然是半自然状态和上下层级断裂的。由此可以对村庄类型作一种半形式化的划分，即规模不足的小村，规模适当的大村，以及处于过渡状态中的村庄。以一定研究范式同国情实际相结合，过渡型的村庄可能是更值得探究的村庄。

（9）乡镇行政机构所在地往往也是农村中心市场所在地，当它与某个行政村村委会的所在相重合时，往往形成乡镇和村二元互构的格局。其发展主体和动力可能较为复杂，而发展的前景也可能较为有利。作为形式上可以成立的村庄分类，我们把它看作"中心"行政村，区别于就地理距离而言的"外围"行政村。

（10）作为发展主体之一，目前农村妇女在村庄与家庭中的角色和作用，所具有的某些社会地位和受尊重程度，与其仍然承受的传统父权制性别文化形成矛盾的文化氛围。在以男性为主的青壮年农民大量外出务工局面下，矛盾更显突出（参看本书第五章）。

（11）由于农民教育投入达不到预期收益，教学质量、教学效果、就业前景达不到学生求学的期望值，对贫困生的救助力度不够，以及农村义务教育师资力量的流失，目前一些地方农村中小学生辍学比例有上升趋势，尤其初中学生辍学较严重（参看本书第十章）。

（12）在乡卫生院公办、村卫生所私办的前提下，乡与村形成两个独立的经济利益主体。由于其收入直接与医疗服务供给和药品销售挂钩，不再胜任一些具有社会目标的职能。原因在于，对利润的追求，既与群体预防和健康教育一类的公共保健活动目标不相容，又与村民对低价高效医疗技术的需求相冲突。必须有一个有效的制约机制实现乡对村的监督与指导，同时辅以动力机制（参看本书第十一章）。

（13）我们研究个案中的盐业兴衰历史，给当地村镇遗留下特定的手工业、商贸业传统习惯，儒、道、释等传统文化遗迹和习俗，这与其他村庄的传统文化状况具有一定的相通。农村文化的"复兴"成为当前新的议题，村庄里的新旧文化、民俗习惯与政治文化、消费主义的影响和人际关系的重建，都是值得深入调研的农村问题（参看本书第二章及结束语）。

（14）税费改革以后，乡村组织退出了农民生产事务的领域，但农民自己却很难组织起来形成有效的协作，从而导致农村公共品供给出现了严重不足的状况。欠发达地区农村基层干部人少事务重，而补贴过于微薄。乡镇干部更换过于频繁，短期行为或不作为现象突出。这些都是新农村建设中亟待解决的矛盾（参看本书第九章）。

（15）如果村镇的边界是伴随发展变化而趋于模糊的，发展主体是趋于多元的，那么，在什么意义上来谈社会科学界理论上设想的"内发的发展"？我们认为，"内发"属于理念、理想的层次，在操作层次则要全面看待治理层级的下与上、村庄社区的内与外关系问题，全面看待近期与远期发展的必然联系。

以上列举的本书各章参考点，很不完整，这也需要说明。

上篇

历史的断裂与持续

第一章　自然与人文一瞥

第一节　社区概况

黑井镇地处禄丰县西北部，位于县城 41.5 公里处龙川江峡谷之间。东经 101°41′，北纬 25°20′~25°28′，全镇总面积 133.6 平方公里，总人口 20028 人，居住着汉、回、彝、苗、白等民族，10 个办事处，96 个村。

黑井地区，是早期人类活动分布区域之一，又是盐文化之乡，据考古工作者在镇内法龙大田箐发现新石器时代遗址，发掘石器三十多件，这表明在新石器时代的晚期就有少数民族的祖先在此居住，劳动生息。汉代在安宁和姚安两地设过盐官。唐时属姚州都督府，元代属威楚路（今楚雄）素有盐城之称，明代属楚雄府定远县，清代属定远县。元、明、清均设专管盐务提举司为盐务行政机关。民国 2 年（1913 年）将产盐的黑、琅、元永合并设立盐兴县治，辖 4 区 88 个乡镇，民国 28 年（1939 年）改辖 3 乡 4 镇，1949 年成立盐兴县人民政府，1958 年合并禄丰县为黑井区，后改称黑井公社，辖 11 个大队，1984 年改区辖 9 乡 1 镇，现为黑井镇，辖赵元、黑井、伏龙、大树、法龙、青龙、银马、松平、三合、红石岩 10 个办事处。

黑井全地形东西窄，仅宽 7.8 公里，南北稍长约 18 公里，内有龙川江，源出洱海叶镜湖，经楚雄，过广通，汇入金沙江，人民沿河两岸而居。东倚高峰，南接妥安，西与牟定猫街接壤，北与元谋花桐毗连。形成"二山鼎立，一水穿流"，之势，海拔在 1680~2500 米之间。东边最高的石盐坡山海拔 2498 米，西边最高的何家山海拔 2434 米，最低的迤碧河口海拔仅 1320

图1-1　黑井村和黑井镇一角

米，河谷两岸气候随海拔降低霜期不到10天，数十年偶有下雪之年，5～10月为雨季，大部分地区能同时降雨，年均降水量964毫米。在群山起伏之间，箐沟凹地为主要农作物区，山区和龙川江两岸之间经济发展差别大。镇境内成昆铁路穿境而过，舍黑公路、广黑公路连接320国道，交通方便。

黑井是个因盐而发、盐废而衰的独特小镇，历史上以盛产食盐而声名远播。历史上的黑井曾经非常繁荣，居民也很富有。黑井盛产天然卤水，早已为先民发现和开发利用。依据当地出土的文物考证，早在公元前1200年以前的新石器时代晚期，黑井周围就有人类居住。根据史料记载，黑井盐业的正式开采始于唐代南诏时期。传说，黑井七局村有位叫李阿召的牧牛女，常把牛赶到龙川江边的山箐中放牧，一天她发现其中的一条黑牛非常肥壮，阿召大感奇怪，就寻着这头牛的足迹，发现了卤泉，于是上报南诏王室开凿生产。后来黑井人把这位阿召尊称为盐水龙王，把这口卤井称为黑牛井，后简称黑井，并以此为地名。

黑井始建于元代，元代曾经在黑井设黑盐井盐运使司，隶属于威楚提举盐使司。明、清时期设黑盐井盐课提举司，管辖范围包括定远县、广通县部分井盐生产区，即黑井和阿陋井，武定只旧、草溪等小井的盐务也长期由黑盐井盐课提举司管辖。1995 年，黑井被评定为云南省历史文化名镇。在 2006 年，又被评定为中国历史文化名镇。

黑井村委会办公楼设在主街区，与镇政府相邻，2004 年 3 月，黑井村委会第二届换届选举时，将原红石岩村并入黑井村。现黑井村由 11 个村民小组组成，分别是板桥一组、板桥二组、石龙一组、石龙二组、赵家山、丁家山、乌梢箐、斗把石、寇家山、河沙坝、红石岩。黑井村东临本镇三合、松平、法龙村委会，南临妥安乡妥安村委会，西与赵元村委会接壤，北与复隆村委会相望。最高海拔 2030 米，最低海拔 1540 米，黑井村所在地年平均气温 17℃，最热月均温 32℃，最冷月均温 7℃。无霜期长，光照充足，受峡谷地形和焚风效应的影响，具有中亚热带至南亚热带的热量水平，属亚热带干热河谷气候。这里雨季为每年的 5～10 月份，全年降水集中于这一时期，约占全年降雨量的 85%。11 月至第二年的 4 月为旱季，降雨少，蒸发强烈，光照充足。丰富的热量资源有利于植物的生长及农业的开发，是该地区一大优势。

黑井村辖区内，驻有州、县、镇所属国家机关、企事业单位 19 个。黑井村总共有 639 户人家，共 2291 人，其中非农业人口 441 人。在总人口中，男性为 1090 人，女性为 1201 人。黑井的荒山、荒坡面积为 7245 亩，耕地面积 950 亩，其中水田 284 亩，在水田中雷响田 85 亩；旱地 666 亩，其中水浇地 311 亩，人均有耕地 0.51 亩；森林面积 332 亩，经济林果 980 亩，主要为小枣园、石榴园。

来到黑井，一定要品尝一下当地美味饮食，黑井人历来有考究的饮食习惯，绝不将就。黑井最大气的吃是"八八席"和"六六席"。以前黑井月月有节，时时摆席，一摆就是大排场，人山人海。"八八席"是 64 道菜，席间全部使用瓷器、象牙筷。每 8 道菜一起上，要上 8 组才算完。"六六席"就是 36 道菜，分 6 次上完。这种吃法非一种菜系所能囊括，它有汉族的各种菜谱，还融合了蒙古族的饮食风格，完全是"满汉全席"的缩影。黑井农家传统的特色菜中，最有名的就是"灰豆腐"和"烧肤"了，黑井人把质量上乘的豆腐在油锅里炸黄，然后放到碱水中浸泡，再拿出来用水煮，放上辣椒、味精、盐，这样就做成了色香味俱全的"灰豆腐"。而"烧肤"是用五花肉为原料，先把肉洗干净，用水煮熟，然后加上蜂蜜、当地的小灶酒为佐料，放到油锅里爆炸后，拿出来切成长条状，再加上黑井特有的腌菜、盐、味精等调料煮成黑井专有的"烧肤"。除了这两道特色菜外，还有用黑井盐焖出来的土鸡，腌制的牛干巴，用淘米水泡开来的石榴花等，都是独具风味的特色菜。

据在黑井居住的老人讲，在改革开放以前，黑井一直有几家裁缝店，当时黑井人自己穿的衣服，好多都是自己买了布料，到裁缝店量身定做。改革开放后，中国逐步走向市场经济，黑井街上开起了越来越多的服装店，人们也逐渐到服装店购买衣服，裁缝店就被淘汰了。如今，黑井有点钱的人家，就会到周围元谋、禄丰、楚雄、昆明等地买自己想要的衣服，选择的范围也比较宽。而家境贫穷的人家，基本上都是在黑井街上就近购买。

第二节　地理和交通

一　黑井交通的历史与现状

现今黑井村属于楚雄彝族自治州禄丰县黑井镇，地处禄丰县境西北部，金沙江南岸支流龙川江中游的河谷地区，龙川江自南向北纵贯全境，因河流深度切割，形成两峰耸立，一江中流的地形特征。黑井境内山峦起伏，谷深河狭，给交通建设带来了极大的不便。但是在漫长的交通发展历史中，各族人民运用聪明才智克服艰难险阻，建造了木桥、石拱桥等。其工艺精良和建筑规模名扬全滇。始建于元代大德五年（1301 年）的黑井五马桥，是禄丰县境内现存建造最早的驿道桥，该桥石墩、木梁、石画体现了高超的建造工艺，五孔石墩从龙川江横跨而过，每孔跨径 6 米。石桥墩柱左右逢源，中间饱满结实，全用长方形条石砌成，结构清晰可见，被列为县级文物保护单位。战国时期，庄蹻入滇，打通了滇池经禄丰县境内至洱海的驿道，此驿道成为古代横贯滇西的一条通道。这一时期黑井境内就有驿道与之相通。自五代时的后汉，因黑井盐的开采，开始修筑黑井至易门、黑井至牟定、黑井至元谋、黑井至武定等驿道。元、明、清时期，黑井的盐运驿道已经四通八达。但这些驿道均因穿越崇山峻岭而道路艰险，仅能人和马通行。在新中国成立前，黑井的交通都是靠驿道与外界联通，当时主要的交通队伍就是有名的"马帮"，马帮把黑井的盐运到外地，换回大量的银元。

如今黑井对外的交通主要依靠铁路和公路。在 1956 年 12 月建成舍（资）黑（井）公路，为县境第一条县道，结束了黑井无公路的历史。从黑井经高峰、沙矣旧、舍资至一平浪 62 公里，与 320 国道相接。1992 年建成妥（安）黑（井）公路，由黑井经妥安、甸尾至广通 35.5 公里，现已经成为黑井对外交通的主要通道，用于公路运输的主要交通工具有汽车、拖拉机、马车等。早期的公路是比较差的乡村公路，如今都已修筑成柏油路。在黑井与广通、禄丰、楚雄之间，每天有 10 多班次客车往返，非常方便黑井人外出。1970 年 7 月，成昆铁路通车后，黑井的交通有了质的改善。成昆铁路在黑井境内长 39 公里，铁路线沿龙川江穿过全村，村民来往于黑井和广通、昆明等地更为快捷，为当地经济、社会发展提供了必要条件。现在黑井停靠的火车有 6161/6162 和 K145、2648 次车，其中 6161/6162 次车是昆明——攀枝花的列车，K145 次车是成都——昆明的列车，2648 是昆明——西昌的列车，这三次列车每天在黑井站停靠，成了黑井与外界交流的主要载体。下了火车后，要到黑井镇上，还要坐村民个体经营的马车，大概有 4 公里的路程。

表 1 - 1　与黑井有关的铁路交通

昆明——黑井列车停靠示意							
车次	始发	终点	列车类型	乘车时间	到达黑井时间	走行时间	距离
6162	昆明	攀枝花	普慢	07：43	13：34	5 小时 51 分钟	180 公里
2648	昆明	西昌	空调普快	07：31	10：52	3 小时 21 分钟	180 公里
黑井——昆明列车停靠示意							
车次	始发	终点	列车类型	乘车时间	到达黑井时间	到达昆明时间	距离
6161	攀枝花	昆明	普慢	08：00	12：12	17：58	180 公里
K145	成都	昆明	空调快速	16：10	07：53	11：10	180 公里

二 黑井村下属自然村之间的交通

在黑井，流传有这样一句老话："交通靠走，安全靠狗，通话靠吼"。黑井下属的 11 个自然村中，石龙一组、二组，板桥一组、二组，河沙坝，红石岩属于坝区，由于石龙、板桥和黑井古镇联为一片，故有公路通向石龙和板桥；而斗把石、赵家山、乌稍箐、丁家山、寇家山都属于山区，要到达这些山区自然村，只能靠走崎岖的山路。如果以火车站为中心，可以把黑井村内部的交通分为五条线。一条是：火车站——赵家山——乌稍箐。二条是：火车站——斗把石。三条是：火车站——红石岩——河沙坝。四条是：火车站——板桥——黑井古镇——石龙。五条是：火车站——红石岩——寇家山——丁家山——黑井。

第一条线路：火车站——赵家山——乌稍箐。

火车站背后的大山就是属于赵家山和乌稍箐，课题组在调查的时候，从火车站出发，开始登山，一路都是泥土山路，在不经意的谈笑间，就爬到了半山间，回头可以看见蜿蜒的铁路大桥。从火车站到赵家山约有两公里，步行上山要 30 多分钟。赵家山的村民几乎都是聚居在一起，所以村民之间相互的通话靠吼一声就能听见。翻过赵家山，继续向山上走约 1 公里，就到达乌稍箐，乌稍箐的村民也集居在一起，在乌稍箐，你可以深刻感受到当地村民的淳朴和热情。据当地村民讲，即使他们夜不闭户，也不会有偷盗的事情发生。

第二条线路：火车站——斗把石。

从火车站出发，沿着去妥安乡的公路走 2 公里左右，就可以看见在半山间的斗把石村，斗把石村离公路有一小段山路，大约 1 公里。斗把石村是著名的小枣村，村里的每家每户都种植有小枣，每家的经济收入主要来自于小枣的销售，在丰收的年度，有些家庭一年光小枣的收入就可以上万。

第三条线路：火车站——红石岩——河沙坝。

红石岩和河沙坝在黑井古镇的斜对岸，去红石岩和河沙坝，要跨过奔腾的龙川江。红石岩和河沙坝相距很近，就像两兄弟长大后，虽然各自分家，但仍然住得较近。从火车站去红石岩和河沙坝，走路 20 分钟就可到达。河沙坝紧紧地依偎在龙川江边，村民们灌溉田地用水倒是很方便，直接引用江水就可以灌溉。但遗憾的是，随着龙川江变得越来越浑浊，江水污染逐年加重后，以后江水就不能用于农田灌溉了。

第四条线路：火车站——板桥——黑井古镇——石龙。

这条线路是典型的黑井旅游线路，凡是来黑井旅游的游客，在火车站下车后，坐着黑井人的马车，途经板桥村，就到达目的地黑井古镇，这段公路长约4公里，全是新建的柏油路。从黑井古镇去旅游景点古盐坊的路上，就是石龙自然村。

第五条线路：火车站——红石岩——寇家山——丁家山——黑井。

火车站本身就在红石岩村的地界内，从火车站到红石岩村民居住地方约有1公里，红石岩村背后曲折的山路通往寇家山，红石岩到寇家山的山路全长约9公里，寇家山是离黑井最远的自然村，海拔也最高，爬到寇家山，步行至少要一个半小时，寇家山几乎已经在该座大山的顶端，在寇家山，颇有一览众山小之势。从寇家山往黑井方向下山，走约1公里，就到达丁家山，丁家山到黑井的山路有8公里左右，这段山路坡度大，路难走，沿山环绕直到黑井。

图1-2　小镇交通一角

三 黑井旅游开发中的交通规划

2007 年 4 月，云南省交通厅调研组到黑井考察，计划沿龙川江建立连接元谋县的柏油路，使到黑井来旅游的人群，不至于像到了一个死胡同似的，来了就出不去，只能从来程返回。将来把连接元谋的公路建好后，黑井就可以变成旅游线上的一个点，这就会使得到黑井来旅游的人越来越多。黑井到元谋相距 50 多公里，如今还有 30 多公里的路没通，由于到元谋的路计划沿龙川江走，公路又要绕过昆明至成都的铁路线，故施工难度较大，预计投入要 9000 万元。令人感到欣慰的是黑井至元谋的公路被列入了云南省的"通达工程"，希望在不久的将来，能看见"黑井——元谋"公路通车后，为黑井旅游业的发展注入新的活力。

第二章 黑井盐业的历史脉络

第一节 黑盐的由来和生产

一 盐井的发现

盐的发现在黑井的历史印迹中被赋予了传奇的色彩,《康熙黑盐井志》记载了黑井盐的发现过程中神话般的传说。"又南诏野史,蒙氏时,杨波远骑青牛,号神明大士,能知盐泉,黑井波远所开",杨波远为何许人也,至今已不可考,据此记载推断应该是一位见多识广的博学之士,骑着青牛云游四方,在黑井发现了盐。而另一则传说的记载更为详细,"有土人李阿召,牧牛山间,中一牛倍肥泽,后牛失,因迹之,至井处牛砥地出盐,后牛入井化为石,今井底有石如牛状"。此外《名胜志》也有类似记载,称"唐有李阿召者,牧黑牛饮于池水,皆卤,报蒙沼,开黑井"。《南沼野史》也称"盐井,滇共四十处,惟姚安白井、楚雄(府)黑井最佳。若狼井,黑井,因狼与黑牛舔地,故名之"。根据以上四则记载,大致可以推断盐业在唐代南诏时期才正式开发利用。但在《康熙黑盐井志》一篇序言中提到,盐井若开于南诏时期,则"彼鬌濮之人,数百年皆茹淡呼",据考古资料表明,三千年前黑井一带就有从事农业的原始社会居民,汉代曾在连然(安宁)、弄栋(姚安)等与黑井较近之地置过"盐官",说明当地劳动人民已掌握制盐技术。因此黑盐的发现可能早于唐代,但由于当时人烟稀少,交通不便,盐井没有成规模地开发,而是到了唐代南诏时期才逐步具有规模开发的条件。

图 2-1　黑牛井遗迹

　　至于井盐发现者的传说，已无从考证。今天的黑井人似乎更加认可李阿召牧牛寻井的传说，为纪念这位可敬的汉代彝族妇女，当地人在黑井镇背后的半山腰修建大龙祠，供奉这位"盐水女龙王"的塑像，让人们祭拜祈求盐业的丰收。传说是阿召的黑牛舔食了盐卤，致使她发现了涌出卤水的盐井，当地人便将该盐井命名为"黑牛井"，久而久之便有了今天的"黑井"。传说中像李阿召这样的普通农民，在河边谷底成年累月的放牧过程中发现了井盐是很有可能的，也肯定了当地群众在盐业生产中的历史地位。

二　黑盐的生产

　　黑盐意指黑井生产的盐巴，并非指黑色的盐巴。如今，盐巴的大规模生产在黑井已经不复存在，只有少量的盐作为旅游产品在街道上出售，盐业已经无法像从前那样直接地影响黑井人的生活。但盐毕竟是黑井历史中无法抹去的印记，只有了解了盐，人们才能更加透彻地理解黑井。因此我们还是得回到过去盐业时代，从盐的生产说起。人类最早寻获的食盐是地表盐泉，随着地表盐泉的开采，难免会发生水枯卤淡和泉眼堵塞的现象，因此人类不得不开挖更深的井硐以获取卤水资源。这样随着开挖范围及深度的拓展，一口一口的盐硐逐渐得以形成。黑井当地的数十口盐硐可能也是这一过程演化的结果。黑井范围内的盐硐位于今禄丰县西北部龙川江畔的黑井镇境内，明代至清初，场区有黑井（大井、西井）、东井、岩泉井（复隆井）、白石泉井、南山庙井等五井。清康熙年间，又开新井、尾井（桥井）为黑井的附井，雍正八年（1730 年）又开沙卤井为附井。道光五年（1825 年），暴雨成灾，河水猛涨，沙石把大、东、新、沙卤、复隆等井全部填塞。后经奋力抢救，除复隆井因受损严重被迫封闭外，其余盐井均已修复。此后盐井屡有兴废，至清末光绪年间，黑井场区的盐井有新井、大子井、东井、德洋井、龙泉井、底龙井、上洞天恩井、乾元井、元升井、新山上井、新山下井、中兴井等，尾井和沙卤井已在咸丰年间停废。

民国时期，据《续云南通志长编》记载："黑井井硐，属于大仓部分者有上硐、底龙井、大子井、新井、龙泉井、德洋井、东井均产卤，其制盐权系大仓七十七灶户共同享有；新山上井部分有上井一硐，产卤，制盐权系上井五灶户共同享有；新山下井部分有连升井、祝园井、新尖子岩泉井、天成井、六合井、外连升井，产卤、制盐权系下井七灶户共同享有；此外尚有小井如沙井、裕济井、坤元井（有天恩、坤元、乾元三硐）、同济井（有大窝路、小窝路两硐）、元升井等，其产卤、制盐权均归各该井开提人所有。"其后因生产萎缩，井硐废置，到 20 世纪 90 年代后，旧有井硐尚在使用的仅有大子井、上硐、德洋、底龙、新井、天恩六口井。

在盐业生产时期，每天都有数千桶卤水从黑井的盐硐里运送出来，供给黑井各家灶户作煎盐原料，因此汲卤成为黑盐生产过程中的第一个步骤。人工开凿的采卤井硐分为直井和斜井，黑井井硐主要以斜井为主，斜井汲卤主要则有竹（木）筒抽汲、人工背挑等两种。竹（木）筒抽汲的方法为按井的深浅安置相当数量的竹（木）筒和转卤箱，竹（木）筒俗称为"竹（木）龙"，龙也写作"竜"，转卤箱俗称"卤盆"或"水套"。每条"龙"配备一名拉卤工，也称龙工或龙夫，井浅者配置"龙"3~4 条，深者达 10 余条。黑井多用木龙，木龙的外壳不用竹筒而用木筒。木筒的制作方法为先以一圆木一剖两半，再将其分别挖空成半圆柱形开口槽，槽边分别作榫，再将两半槽的榫口穿透，外用藤条细索箍紧，即成木筒。抽汲卤水时龙夫将木龙斜置于硐内卤水中，手持末端作上下抽动，卤水因龙中真空之故，从龙底孔中被吸入，由龙口喷出。下面之龙，渐次抽汲卤水供给其上第二龙，依次拉送至井口。用"龙"汲卤的速度一般为每小时可抽送40次左右。

黑井也有部分井硐为直井，需要用滚龙提汲卤水。滚龙类似于辘轳，[①]但比一般的辘轳大。滚龙一般由四名龙工合力拉动，每次提卤都在百斤以上，如不慎失手，滚龙倒转，高速旋转的龙把可能将龙工打飞。现居黑井街道的大子井老挑夫就曾向笔者描述过这一情景，其现场景象惨不忍睹，可见直井龙夫的工作是具有相当危险性的。

在卤水抽汲上来以后，就需要按照丁份的多少将卤水分配给各家灶户煎制。丁份为灶户享有卤水份额的凭证，拥有丁份的灶户才有领取卤水煎制食盐的资格。灶户是专门负责煎制[②]食盐的生产者，自元代开始就有专门的户籍，不得随意迁徙和转行。随着制盐产业的发展，开凿和维护井硐需要多家多户共同出资出力，因此待井硐开凿成功后，就按照各户出资的比例分配卤水份额，由出资者煎盐并交官方设置的盐仓，并由官方为出资者颁发制盐执照，这样就形成了不同的灶户掌握着不同的丁份。丁份是子孙可以继承的权利，可以转卖、赠予、典当或出租。

灶户按丁份提取卤水后，雇工煎盐，交仓后由场署核发"制盐薪本"，从中获利。为了获取更多的利润，制盐工艺及技术的提高就显得尤为重要，因此我们有必要对黑井的制盐工艺有一个了解。清人张泓《滇南新语》对乾隆初期黑井的制盐方法有具体的记述："先注卤于前层各锅内，煮干三分，则转注后层，而前层复上新卤，迨转至极后锅内，水盐已相半。锅或沸，以竹枝钳产豕油蘸之即止。尾二锅盐先结，边实中虚，名曰盐垄。取出安骑墙各锅内，火足则中边皆实而盐成矣，余锅大小剩微卤耳，结成盐。各锅始俱染以清油，乃登灶受卤。及盐成，坚如石，犹锤凿始碗脱。每脱为一平，大锯解之，作五六十斤块，乃秤而加印记，载以归省局。"及至近两百年后的

---

① 楚雄州盐业志编纂委员会编《楚雄州盐业志》，云南民族出版社，2001，第53页。

② 《楚雄州盐业志》，第59、62、63、73页。

图2-2 黑牛"古盐坊"博物馆中模拟展示的盐灶

民国时期，黑盐井的盐平制作工艺仍基本沿袭乾隆时期的方法，即先用木桶将贮卤槽内经过过滤的卤水舀入前围桶锅内，煎煮成卤浆，然后用木瓢舀入滤甄，过滤后的卤浆进入后围桶锅加热浓缩，再入配堂的桶锅内蒸发成盐沙，将盐沙逐次并入结有"锅底"的大锅，待装满锅口，用木棍春紧，加盖灶户毛印，即筑成盐平。至次日早晨将盐平取出，用火烘干，锯成两半，背至盐仓过秤交仓。

在民国时期，黑井的每个灶房每天煮两平盐，也就是两锅盐，大约需卤水百桶。整个一上午，挑盐水的卤夫们川流不息地奔波于各个灶房，在灶房，卤夫每送来一桶水，灶上便发给他一个竹牌。收工时，卤夫凭竹牌领取工钱。灶房升火煮盐后，灶户也就是盐业资本家会时常来巡视一圈。一般来说，灶上有四个人，为首的是掌勺大师，他手下有两名助手，灶下还有一人烧火。掌勺大师的工作就是掌握火候，指挥助手不停地在十多口锅里舀来舀去。煮盐的锅分为生铁桶锅和大锅两种。生铁桶锅共24口，大锅两口，并排呈梯形排列。这种灶很有讲究，灶台与火道都呈梯形，火焰可顺势向上依次传递热量，而热度却又不同，前面大火猛煎，后面温火烘烤。在灶台上，掌勺大师根据火候、卤水浓淡和煎煮状况的不同，按照一套复杂的比例将不同的卤水在不同的锅里舀来舀去，桶锅卤水沸腾后逐渐结晶，掌勺大师再把它舀到大锅里，然后收工封槽。经过一夜的温火烘烤，第二天一早，一锅洁白如雪的盐就算熬成了。之所以一锅盐又叫一平盐，就是因为锅盐的上面平整如镜而有此称呼。一平盐过去为150斤重，从灶上搬下来还要费一番周折。因为长达十多个小时的烘烤，大铁锅被烤裂是常有的事。

从长时期的历史来看，木材是黑井盐业生产中必备的燃料。元永井作为黑井管辖下的盐井于1938年"移卤就煤"成功后采用一平浪的煤作为燃料，而黑井盐厂是到了1970年成昆铁路建成后才得以采用煤作为燃料。由于一直以木材作为燃料，黑井的盐业生产耗费了周围大面积的森林资源。根据《新纂云南通志》记载，黑盐井及其周围很多盐井每百斤耗柴量平均为300余斤。若按道光年间年产盐1013万斤计算，黑井年耗柴量在3000万斤左右，如此巨大的耗柴量可想对周围森林的破坏之巨大。据镇上的老盐工回忆，当年龙川江涨水的时候，整个江面上漂满了木头，全是黑井灶户在龙川江沿岸购买砍伐的木料，涉及范围远到广通、牟定境内，以用作煎盐的燃料。于是随着运输路途的越来越远，运费越来越高，柴薪价格也就高涨起来，这严重影响了灶户的资金周转。自清朝康熙时起，各盐井就由官方预先

图 2-3　黑井清末运盐马帮情况（取自《古盐坊》展览中心老照片）

支付官银给灶户，垫支薪柴费用，据《新纂云南通志·盐务考》记载："康熙三十八年（1699年），题准黑、白等井每年柴米役食六万两，预于拨饷项动支，发各井煎盐，办课补还拨饷。"进入民国时期，仍然保留有薪本制度，薪本借贷在州境内一直存在到新中国成立后的1953年。[①]

三　张冲[②]的盐政改革

民国初年的黑井盐业生产已经开始有了逐步下滑的迹象，销量锐减，财政税收受到严重影响。滇盐在1918年和1919年两年销量均达8000万市斤以上，而到1929年，仅销4900万市斤，与1918年、1919年两年相比，减少3500万斤之多。另外盐价高昂，影响了普通百姓的日常生活。滇盐在1911年，每百市斤仅售滇币7元左右，及至1928年竟涨到每百斤170~180元，比1911年上涨24倍以上。海盐及外国私盐的进入，也对云南的盐业生产造成了巨大的冲击。在云南盐政的重重危机中，张冲奉调成为云南盐运使，展开了对云南盐政的改革。

上任伊始，张冲就对盐场、灶户、盐商和缉私队四个方面存在的弊端进行了深入的调查了解，并就盐场和盐商两方面提出了改革措施，但灶户方面存在的问题颇为复杂，张冲觉得需要亲自实地考察才能制定相应的改革措施。于是1931年10月，张冲由昆明起程，亲赴黑井区，深入巡查黑井、元永井、阿陋井和琅井四个盐场的状况，历时一个月才回到昆明。

根据这次盐务考察，张冲了解到更为详细的盐场生产状况。元永井、黑井和阿陋井等场，每天到井购盐的骡马多达千余匹，而各场所产盐多的时候能供两百驮，少的时候仅能供数十驮，致使很多前来贩盐的马帮不得不等待多日，才能购到盐。此种状况表明了盐业生产的严重滞后，产量亟待提高。

张冲经过考察后发现，传统的丁份制成为眼下产量减少的制度性因素。丁份制使生产组织不断分化变小，导致生产能力下降，成本升高，经营者的意志也出现衰退，产量因而下降。从封建时代延续下来的丁份制度，主要内容为灶

---

① 《楚雄州盐业志》，第72页。
② 张冲（1901~1980年），字星鹏，彝族，云南泸西县小布坎人。新中国成立后历任云南省副省长、全国政协副主席等职。

户按照丁份的多少领取卤水，获得煎盐的权力。丁份为一种可以转让的产权标志，可以由儿女继承，因此随着岁月的推移，每个灶户手上所拥有的丁份越来越少，即可获得的卤水越来越少，间接导致了生产成本的上升，浪费的增加。

鉴于以上种种情形，张冲开始痛下决心予以改革，在进一步弄清了盐务中存在的问题后，提出了一系列的改革措施。其中最为核心的措施就是取消传统的丁份制，实行碱卤国有，即取消了灶户数百年来延续下来的权力，彻底地触动了当地灶户的利益，自然引起了不小的风波。时任黑井缉私队官的段林发，曾经做过张冲的警卫营长，自恃在战场上立下过汗马功劳，任职期间稽查不利，任意放走私盐中饱私囊，经张冲查实后遭到撤职查办。但黑井反对盐政改革的灶户乘机纠集起来，推举段林发煽动旧属缉私队进行叛变。后在段组织下发动叛乱，打死税局查灶员周明刚、场长王树华，打伤常署科长何若夫，绑架盐兴县县长，税局局长因公到昆明办事才幸免于难。紧接着黑井全体灶户罢煎罢市，人为制造盐荒，反对张冲的改革。张冲后率一营军队去黑井处理善后，缉捕了段发林，同时为防止事态扩大，准许灶户暂缓合煎并灶，风波才渐趋平息。①

除取消丁份制之外，张冲还采取了其他多方面的措施改革盐政。其中主要措施有：①招收殷实商灶，组织成制盐团体，集中人力财力来合力经营生产；②规定"盐制造者"发给特许证券，负责专营；③增加童工"砂丁"，尽量采取碱卤，以充裕煎制原料；④制定督煎考成规则及短煎溢煎奖惩办法，促进生产；⑤添设场务所，管理包课各井，以考核各井灶。

当时的云南省政府主席龙云对张冲呈递的改革方案颇为重视，即交财政厅熟悉盐务的专业人士考察审核。在接到了肯定的审核意见之后，龙云就将该方案提请云南省务会议审议通过，于1932年5月以云南省政府训令颁布施行。

四 兴办盐厂

1949年12月新中国成立初期，黑井盐业生产由灶户雇工煎盐，官方经

---

① 云南省政协文史委员会编《云南文史集萃（5）》，云南人民出版社，2004，第126～127页。

营。1952 年国家废除"灶户"、"丁份制"私营，黑井盐业生产收归为盐兴国营黑井盐场，隶属于云南省盐务管理局领导。1955 年 7 月在全省盐业机构二次调整时改名为黑井盐厂，1956 年在第三次调整中交盐兴县办理。当时由于诸多因素黑井盐厂的生产被停。到 1957 年又由盐兴县政府主办恢复生产。在 1958 年"大跃进"中，政府机构精简，盐业系统也在其中，当时又逢盐兴县并入广通，盐厂遂交黑井公社办理为集体企业，原有职工全部被调到一平浪镇、罗川采煤。1963 年又由禄丰县收回地方国营禄丰县黑井盐厂，隶属于云南省盐务管理局（云南省盐业公司）、禄丰县工业交通局、禄丰县轻工公司、楚雄州轻纺化公司等领导。1990 年后，隶属于楚雄州轻纺化公司、禄丰县工业交通局，云南省盐业公司给予行业指导，自产自销。1996 年起国家实行食盐定点生产许可制度，黑井盐厂未获食盐生产许可证，但仍继续自产自销食用盐和工业盐。1998 年 1 月盐厂正式改制为"股份合作制禄丰县黑井盐厂"，由禄丰县工业交通局、楚雄州经贸委、云南盐业公司指导性主管，黑井盐厂独立自主生产经营、自负盈亏。

黑井盐厂在 1999 年拥有固定资产 710 万元，全厂职工总数 181 人，有专业技术人员 15 人，有制卤、制盐、锅炉、制砖等四个车间。黑井盐厂出产的盐巴具有广阔的市场，在腌制宣威火腿、肉类、咸菜等方面有着良好的声誉。①

随着国家盐业政策的调整，黑井盐厂最终于 2006 年底关闭停产。

第二节　盐业兴衰导致的经济结构变迁及启示

一　盐政沿革的变迁

黑井自古以来都是产盐之地，盐业生产是主要的收入来源。直至民国 2 年（1913 年）设立盐兴县，黑井是作为盐业生产区域而加以管理。自元朝设立盐课提举司之时起，黑井居民的日常劳作生活就正式与盐紧密地联系在

---

① 《楚雄州盐业志》，第 183 页。

一起。至元六年（1340 年）在万春山真觉禅寺置立天生碑，云南行省参政李道源撰写碑文《万春山真觉禅寺记》，文中记载了一位叫完者兀的盐课提举司提举，由此可以看出元代黑井应该已经有了盐务管理机构和相应的盐官。盐务机构的正式记载始于明朝，《明实录》记载明洪武十五年（1382年）正月，明军进驻威楚黑盐井，置盐运司管理黑盐井盐务。是年 11 月，置云南盐课提举司，黑盐井盐运司该置为黑盐井盐课提举司，直隶于云南盐课提举司，设正、副提举和吏目各 1 员。下辖黑井盐课司大使、阿陋猴井盐课司大使和琅盐井盐课司大使。清顺治十五年（1658 年）12 月，清军入滇。在云南建立政权后，清朝依然基本沿袭了明朝在黑井的管理体制。及至民国元年（1912 年）3 月，黑盐井盐课提举司改设黑盐井督煎总局、督销总局，各总局委派总办负责，行使盐务工商行政职能，并将煎盐和销售分开管理。是年，黑井设行政盐场公署，实行行政长官兼理司法制。民国 2 年（1913年），产盐的黑井、琅井、元永井（猴井）、阿陋井由牟定、广通划出，建盐兴县，设黑井镇，为县政府所在地。民国 3 年（1914 年）4 月，云南盐运使署成立，黑井设置场务公署，原黑井督煎督销总局改为场务总局，置局长。

新中国成立后的 1958 年 4 月，国务院通过决议撤销盐兴县，将其行政区域合并入广通县。1960 年又随广通并入禄丰县，设立黑井公社，1987 年撤销公社设黑井镇。黑井村委会为镇政府所在地，也是民国年间盐兴县县政府所在地，是历史上黑井这一盐业开发区域的中心所在。因此今天谈到的"黑井"是一个经历了近千年沧桑演变的区域名称，如今提到"黑井"一词，有可能是指当初阿召牧牛时发现的那口古盐井，也可能指现在的黑井镇或是黑井村，还可能指历史上的黑盐井盐课提举司的所辖范围，包括黑井、元永井、琅井、阿陋井等盐井，而笔者在本章提到的"黑井"在一般意义上都是指黑井村委会范围内的区域，但因为涉及历史上的盐业生产，所以不可避免地会产生地域空间和时间维度里的重叠，故在此不做过于明晰的区分。在 2004 年以前，黑井村仅包括街区、板桥和石龙，这个范围都是历史上盐业生产兴盛时期的中心区域，而在 2004 年后黑井村才与相邻的红石岩村委会进行合并，成为现在拥有山区、半山区、坝区及街区等区域的黑井村委会，形成一个以农业生产为主、兼有旅游经济的村落。

通过黑井盐政沿革的历史变迁，我们可以初步了解黑井由盛而衰的过程。黑井在明朝设立的盐课提举司在很大程度上是一个生产机构，也有管理功能，和计划经济时代的油田管理局类似。

二 明清及民国年间的黑井盐业生产

黑井的盐业开发至今已有上千年的时间，盐业一直是黑井地区发展的主线，黑井的历史其实就是一部盐业史。虽然盐业的生产历史源远流长，但真正的详细记载却始于明朝。明洪武十五年（1382年），明军进驻黑井，开始正式管理黑井的盐务。从这时起黑井的盐业经济进入了历史上一段鼎盛的时期，直至民国后期由于海盐的大量涌入及制盐成本的提高造成衰落。因此明朝初期成为黑井盐业迅速发展的历史起点，从明初开始，大量的外来移民开始涌入黑井，带来了先进的盐业生产及农业技术，也给偏僻的山沟带进了中原文化。据记载明洪武二十六年（1393年），奉旨从内地谪迁往黑盐井的灶丁64人，这其中有官员、医生、举人、民户等，这是有记载的第一次较大规模移民，据说现在盛产于黑井的石榴就是那个时候由这些移民带入的。①

随着移民及军队向边疆地区的不断进入，对盐业生产有重要影响的盐业运销体系也开始发生变化。明朝中期"开中法"开始推行，成为朝廷、商人与盐业灶户相连接的一座桥梁，也为黑井与外界的贸易打开了通道。明王朝建立前推行的是商税制，盐货按照一定比率征缴盐税。随着王朝统一战争的胜利，北边地区于明洪武三年（1370年）提出实行开中盐粮的方案，以解决军队的军需供应问题。随后云南也开始推行开中法，《明太祖实录》卷142载洪武十五年（1382年）记载"上以大军征南，兵食不继，命户部令商人往云南中纳盐粮以给之"。明洪武二十二年（1389年）云南普安军民指挥使周冀在奏疏中写道："自中盐之法兴，虽边陲远在万里，商人图利，运粮时至，于边陲不为无补。"② 由此可知即使远离中原的云南也从开中法的

---

① 《楚雄州盐业志》，第5页。

② 刘淼：《明代盐业经济研究》，汕头大学出版社，1996，第223页。

施行中促进了与外界的商贸往来，黑井靠丰富的盐业资源逐步加强了对外贸易，对外贸易的兴盛又反过来促进了黑井的盐业生产。按照《诸司职掌》中的记载，明初云南盐课总额为 9139.385 小引，每小引为 200 斤，总重 1827877 斤，其中黑井岁办 2861.7 小引，共 572340 斤，占到了云南盐课总额的31%。[①] 按照《明史·食货志》里对明洪武、弘治、万历年间的岁办盐课额的记载，云南洪武、万历年间的岁办盐课额均为 35600 小引，共 7120000 斤，若按黑井占整个云南盐课额的 30% 估计，黑井年盐课额应该在 2373333 斤左右。因为盐课额仅仅反映朝廷每年应征收的额赋，而并不是盐的实际产量和行销总额，所以照此估计黑井的盐产量可能更高，说明明朝时期的黑井盐业开始在云南盐业经济中成为举足轻重的力量。

及至明末清初，黑井盐业在产量数字上有了较细致的记载。康熙年间黑井盐课提举沈懋阶编修的《康熙黑盐井志·盐法》载："丁亥（1645 年），流贼据滇，伪提举张逢嘉迎合流贼，压令灶户每月煎盐六十万斤，以官四灶六起科，官抽二十四万斤运省变卖作课，灶存三十六万在井变卖作本。"按此记载，黑井盐月产量 60 万斤，每年 720 万斤，由于有军费开支可能较往常产量有所增加，不过由此可知黑井盐年产量还是较明初有了不少增长，比《诸司职掌》中记载的 572340 斤增加了 26%，查同时代的农业生产增长数据，黑井的盐业生产在封建时代还是属于增长较快的产业。

随着南明王朝在云南的终结，清朝统治势力进入云南范围后，黑井盐产量有了比较完整的记录。《康熙黑盐井志》记载了黑盐井提举司辖区在清初顺治至康熙年间若干阶段的产盐量。

从表 2-1 中可以看出，康熙四至七年是清初黑井盐产量较高的时期。当时由于吴三桂统治云南期间财政吃紧，每月要求加煎盐 12.5 万斤，全年共加煎盐 150 万斤，造成产量比以往有大幅增加，应该接近于当时生产的极限水平。除此之外整个清初期黑井的盐产量基本维持在一个稳定水平。

---

① 《明代盐业经济研究》，第 195 页。

表 2 - 1　明末清初黑井盐产量

单位：万斤

年　　代	平 年 产 量	闰 年 产 量
顺治四年至十七年	720	780
顺治十八年至康熙四年	600	650
康熙四年至七年	750	815.5
康熙九年至二十年	630	682.5
康熙二十一年至二十三年	600	650
康熙二十六年	620.4	672.1

资料来源：本表数字转摘于《楚雄州盐业志》，第 77～79 页。

　　此后的《新纂云南通志·盐务考》对黑井在清中后期的盐产量也有记载。根据书中记载的黑井及楚雄境内盐产量数字来看，在清中后期黑井的盐产量占整个楚雄地区盐总产量的 40% 以上，而整个楚雄的盐产量历来在云南省内占有重要的地位，"所产食盐历来占全省总量的 50% 以上，在清代甚至超过 80%"[1]，据此估计黑井在云南省内的盐业经济中至少占到了 20% 以上的份额。清中后期也是黑井的盐业生产力提高较快的一段时间，从雍正年间至道光年间的近 120 年中，黑井盐产量从 823 万斤提高到了 1013 万斤（参见表2－2），共增长 25%，接近黑井在整个明朝期间 26% 的盐产量增长率。由此看来，在清朝年间黑井的盐业生产已经在楚雄地区乃至云南省内占据了重要的地位，黑井步入了盐业生产的鼎盛时期。

表 2 - 2　清中后期黑井及楚雄盐产量

单位：万斤，%

年　　代	黑井盐产量	楚雄境内盐产量	黑井所占比例
雍正年间	823	1792	46
乾隆年间	978	2513	39
嘉庆年间	978	2505	39
道光年间	1013	3020	34
清末光绪、宣统年间*	1836	2552	72

* 清末光绪、宣统年间的盐产量包括元兴、永济二井。

资料来源：本表数字转摘于《楚雄州盐业志》，第 77～79 页。

---

[1]　楚雄州盐业志编纂委员会编《楚雄州盐业志》，云南民族出版社，2001，《概论》，第 2 页。

表 2 - 3   1925～1931 年黑井择年盐产量

单位：司马秤斤

年 份	元永井	黑 井	阿陋井	琅 井	白 井	合 计
1925	9931400	6300000	2600000	1700000	2600000	23131400
1927	8906285	7036500	3011000	880185	2700000	22533970
1928	4501116	7520000	2854096	1399843	3921330	20196435
1930	3150860	7848343	4646629	1189210	6379040	24204082
1931	4574600	6678180	4149200	1324600	7831020	24557600

资料来源：本表数据取自《楚雄州盐业志》，第 79 页。

　　民国年间，楚雄境内盐井分属元永井、黑井、阿陋井、白井四个盐场，琅井属于黑井盐场管理。元永井单设盐场后，盐产量逐步超过黑井，成为楚雄境内第一大的盐业生产区，而白井的产量也逐年攀升，使得黑井在整个楚雄境内盐业生产的地位逐步下降。根据表 2 - 3 数据所示，黑井盐产量在 1925 年、1927 年、1928 年、1930 年和 1931 年整个楚雄境内所占比例分别为 27%、31%、37%、32% 和 27%。黑井盐场的产量在全楚雄地区所占的分量比起其在清朝时期的分量有所下降，整个民国中期的产量基本保持在 700 万司马秤斤，应该接近于黑井当时产量的极限。在全国盐业行业激烈的竞争中，黑井的盐业生产开始转入下滑。

表 2 - 4   1934～1945 年黑井择年盐产量

单位：市担

年份	元永井	黑井	阿陋井	琅井	白井	合计
1934	74503	113920	42813	7071	96892	335169
1937	196097	140527	29028	12243	96210	474105
1940	317705	127554	19432	14988	84982	564661
1943	313087	94349	22246	14442	82737	526861
1945	171069	39637	9345	5917	31730	257698

资料来源：本表数据取自《楚雄州盐业志》，第 80 页。

　　按表 2 - 4 中的数字计算可知 1934 年、1937 年、1940 年、1943 年、1945 年黑井盐业在全楚雄盐业生产中所占比例为 33%、29%、22%、17%

和 15%，和明清时期相比有较明显的下降，并在进入 20 世纪 40 年代后下降得更为厉害。这里的部分原因可能应归于元永井产量在 1940 年以后的大幅度提高，逐步取代了黑井的领先地位。元永井产量的大幅提高很大原因可能归于"移卤就煤"工程的顺利实施。民国 26 年（1937 年）该工程基本竣工，第二年 9 月 1 日正式由元永井输卤到一平浪，开始以煤煎盐。① 而同时期黑井的盐产量却大大减少，1937～1945 年产量将近减少了 72%，黑井的盐业生产开始由盛转衰，千年来的边疆盐业小镇艰难地踏上向农业社区的转变道路。

三　盐业时代的农业经济

黑井位于龙川江傍的河谷地带，两岸是陡峭的山峰，农业耕地面积狭小，农业自古以来在黑井的发展就受到自然条件的极大限制，农业经济的比例较低。明清时期的黑井史料对盐业生产有较详细的记载，但对农业生产的记载却难以查到，这也间接反映出明清时期的农业生产在黑井的经济中占有较小分量。较详细的农业数据出现在民国时期的《民国盐兴县志》中，我们可以利用这些文献对黑井盐业时代的农业经济有一个大体了解。现黑井所在的禄丰县由民国年间的盐兴、罗次、广通和禄丰四县组成，黑井村即以前的盐兴县政府所在地。由于黑井村历史上特殊的地理核心位置，我们以盐兴县的农业数据作为黑井农业情况的参照。按现今的说法，黑井村是民国时期盐兴县城的主城区，人口密集，耕地较少，属于农业基础资源相对较差的区域，因此用盐兴县的农业数据作为比对，会相应放大人均耕地面积及人均粮食产量等农业指标，但得出的结论依然可以有大的参考价值。下面先就民国四县的基本农业生产状况作一个比较，对黑井的农业状况有一个大体的了解。表 2－5 是盐兴及相邻三个县的农业基本状况表。表中的数字摘编自《民国罗次县志》、《民国禄丰县志》、《民国广通县志》、《民国盐兴县志》等文献资料。

对应表 2－5 中的数据，我们可以做初步的农业状况考察比较。民国 8 年

---

① 楚雄州盐业志编纂委员会编《楚雄州盐业志》，云南民族出版社，2001，第 80 页。

表 2-5　盐兴县及相邻地区农业基本状况表（民国 8 年）

县　名	面　积	人　口	农业人口	耕地面积
罗　次	7800 方里	7691 户 40704 人	2 万余人	5 百余倾（估计 8 万余亩）
广　通	23750 方里	5746 户 39621 人	5400 余户	57900 亩、荒地 1000 亩
禄　丰	—	7072 户 35360 人	—	60856 亩（水田 43560 亩、山田地 11296 亩）
盐　兴	500 方里	23780 人	775 户	2130 亩

（1919 年），罗次耕地面积 8 万余亩，人口 4 万余人，人均耕地面积 2 亩左右。广通耕地面积 57900 亩，人口近 4 万人，人均耕地面积近 1.5 亩。禄丰耕地面积 6 万余亩，人口在志书中仅有户数资料，如果根据每户平均 5 人进行估计，应有人口 35360 人，人均耕地面积 1.7 亩左右。盐兴的整个区域面积与邻近地区相比要小很多，大概只有罗次的 1/15，广通的近 1/50，由于区域面积狭小，耕地也相应最少，仅为 2130 亩，而人口却有 23780 人，人均耕地面积 1 分都不到，仅为 0.8 分，如此拥挤的耕地根本不可能养活全县的人口，也不可能容纳所有人从事农业生产，所以盐兴仅有 775 户农业户，按每户 5 人估算，有农业人口 3875 人，仅占总人口的 16%。同时罗次的农业人口比例为 50%，广通的农业人口比例为 68%（按每户 5 人估算），禄丰的农业人口在县志里没有具体记载，但民国禄丰县志有这样的描述，"县属地方，平原下湿，土质膏沃，农业者 9/10"，由此可以看出，禄丰的农业人口比例应该是四县中最高的，可以占到 90%，农业生产在禄丰的社会经济生活中占有无可替代的重要作用。通过以上分析，我们可以明显地发现，盐兴是一个农业生产比重极低的地区，而黑井作为盐兴的核心区域，具有很高的城镇化水平，农业在经济中的比重应该更低于全县水平，因此可以说黑井在民国年间就已经不是一个以农业生产为主的地区，这种经济模式在当时中国的沿海地区都是一个罕见的现象，在内陆经济落后地区更是独一无二。根据费孝通先生所著的《江村经济》记载，民国年间的江苏开弦弓村拥有较为发达的蚕丝业，起到了分流部分农业人口的作用，而这个沿海发达地区的农村的农业人口比例却依然高达 76%。在云南腹地的农村，农业条件更是远远胜于当时的黑井。费孝通先生在《禄村农田》里描述的云南禄村，距离黑井较近，按当时的路程估计距离应

该在 60 公里左右，全村有 122 户共 611 人，经营 1120 亩耕地，人均耕地面积达到 1.83 亩，远高于民国盐兴县的全县人均 0.8 分耕地。而就在这个农业条件已经远好于黑井的禄村，费孝通先生在书的《序言》中依然记述道："在禄村，我们可以看到一个差不多完全以农业为主要生产事业的内地农村结构，它的特色是在众多的人口挤在一狭小的地面上。"由此横向比较可以得知，黑井的耕地条件与同时代的相邻社区相比有着巨大的差距，而这种农业生产最基本要素的缺乏成为无法逾越的障碍，致使黑井在农业生产上完全落后于相邻的农业社区。民国年间的盐兴县志对当时的农业产品生产有了比较详细的描述。下面将用农业产品中占最大份额的大米、豆类、麦子估算各县的农业产值。表 2 – 6 中记录了民国 8 年（1919 年）的农产品生产状况。

表 2 – 6　云南省盐兴县农产品表（民国 8 年）

类　别	种植亩数	收获石数	每石价目	出口石数	运销何处
稻	900 余亩	1000 石	京石 3 元 5 角，县石 4 元 5 角，井石 10 元	无	本县内地
麦	70 余亩	75 石	40 余元	无	本县内地
豆	80 余亩	80 石	腐豆 50 余元，豌豆、科豆均系 30 余元	无	本县内地
玉蜀黍	80 余亩	80 石	40 余元	无	本县内地
高粱	40 余亩	42 石	13 元	无	本县内地

从表 2 – 6 可以看出，民国 8 年，盐兴由于地理环境等自然因素的限制，农业发展十分困难，人多地少矛盾极为突出，农作物产量很低，根本无法对外输出，甚至都无法满足当地人口的粮食需求。志书中所载的（稻）米产量没有详细划分京石、县石和井石，所以只能根据正态分布规律，取京石和井石各 300 石，县石 400 石进行估算，得出（稻）米的产值为 5850 元。豆类分为腐豆和豌豆科豆两大类，但产量也没有细分，只有根据一样一半做出估计，总计为 3200 元。其他产值均按志书记载数字进行计算。盐兴所产的这五种主要农作物总产值计算为 15796 元，因记载的很多产量价格数字都去除了零头，所以真实的产值会更高一些，在 16000 元左右应该是一个合理的数字，全县每人平均为 0.67 元。

表 2 – 7　黑井周边四县年人均农产表（民国 8 年）

单位：人，石，石/人

县　名	人口数量	稻　谷		豆　类		麦　子	
		产量	人均	产量	人均	产量	人均
罗　次	40704	50000	1.23	4000	0.1	9000	0.22
广　通	39621	11820	0.3	1699	0.04	813	0.02
禄　丰	35360	—	—	—	—	—	—
盐　兴	23780	1000	0.04	80	0.003	75	0.003

说明：禄丰人口为估算数字，其余数字缺数据；广通豆类产量为蚕豆、黄豆、豌豆产量相加值；凡文献中数字记录如 4 万余石，均处理为 4 万石。

　　下面再利用表 2 – 7 考察罗次、广通的农业经济规模。罗次的稻谷产量为 5 万石，按 70% 的出米率进行估计，共可打大米 3.5 万石，米价平均 10 元左右，大米产值为 350000 元。豆类产量 4000 石，按每石 8.5 元计算（罗次县志上记载的豆类价格为八九元，此处取折中值用于计算），产值为 34000 元。麦子按每石 8 元计算，产值为 72000 元。上述各项相加产值为 456000 元，全县人均 11.2 元。按同样的步骤计算广通的主要农产品产值，稻谷为每石 8 元，蚕豆、黄豆、豌豆每石价格分别为 12 元、20 元、14 元，麦子每石价格为 20 元，蚕豆、黄豆、豌豆的产量分别为 1176 石、124 石、399 石，共计产值 132998 元，全县人均 3.36 元。盐兴的主要农产品人均产值仅为广通的 20%、罗次的 6%，总产值则为广通的 12%、罗次的 3%。以上计算的价格还是取自于每县县域范围内的物价水平，如罗次、广通等农业县区，其农产品价格水平就明显低于盐兴，如麦子在盐兴价格为每石 40 元，在罗次却仅为 8 元，相差有 5 倍之多，所以如果统一物价计算，盐兴与罗次、广通的差距还会扩大。这也反映出盐兴的农业产生相当薄弱，农产品供给严重缺乏，不得不从外地大量购进，导致价格水平奇高。另外从粮食自给的角度考虑，广通的农业生产恰好在自给自足且略微有所剩余的水平，而盐兴主要农产品人均产值仅为广通的 1/5，即 5 个人中有 4 个需要到外面购买粮食，可见粮食在盐兴根本不可能自给，作为县城驻地的黑井，由于人口密集、耕地稀少等原因，其粮食自给率更加低，在通过贸易获取粮食及其他商品的过程中，发达的盐业生产为黑井及盐兴的贸易经济提供了重要动力。

四　盐业时代的黑井盐业经济及其对贸易、文化带来的影响

盐业是民国时期盐兴县当之无愧的支柱产业，全年盐的出口量在 4000 余万斤，而盐兴县当时盐的年产量为 41567200 斤，出口的盐占到了总产量的 96% 以上，盐业收入超过 200 万元。而同时进口米、布、油、酒、糖、烟叶和铁锅等商品所花销的费用不过 10 万余元，所以盐的生产贸易为当年的盐兴县带来了巨大的贸易盈余，也给当地政府创造了大量的财政收入。如单按盐业一项收入来看，民国 8 年的盐兴县人均收入可以达到 84 元，远超过农业大县罗次的主要农产品人均产值 11.2 元，接近于 8 倍的人均产值差距。而黑井处于盐兴县城的中心位置，又是盐井的主要聚集地，人均产值应该较全县水平更高。由此处的估计我们已经可以看到当年黑井经济的初步轮廓，在民国年间黑井由于有兴盛的盐业生产，其经济发展水平远远超越邻近的以农业生产为主的地区，应该属于当时楚雄乃至云南省内的经济发达地区。当时的黑井大户们在靠盐生意富裕起来后，纷纷拿着积累的资本到邻近地区购置地产。

"……黑盐井、元永井，开采食盐的历史十分悠久，产生了一批经营盐业的灶户……如黑井的李氏兄弟，其兄曾在江西任率金督办，主管江西省税务数年。其弟为国民党旅长、师长、副军长。在昆明市、禄丰县城都买了房子，又在禄村购买了农田 300 多工。"①

由于有发达的盐产业作为支持，民国年间的黑井与周边地区的贸易往来相当兴盛。据说当时黑井的街道上每天都有来来往往的马帮，背柴来卖的村民，做小买卖的商贩，街道两边商铺林立，饭馆、旅社、马店遍布在黑井的各条街道，一片繁华热闹的景象。民国时期的盐兴县志详细记载了当时的贸易状况，从中可以看出，除了盐能够有出口，其他所有生活资料基本需要从外面引进（参见表 2－8）。据黑井的郝老先生回忆，以前黑井可以买到来自省内各地甚至省外的商品，有昆明的香烟、布匹，元谋的红糖，祥云、双柏

---

①　"工"为当地面积计量单位，按劳动力工作量进行计算。

的香油，大姚的大米，牟定的盐锅，宾川的橘子，甚至是四川会理的草烟。一队队的马帮每天穿梭于黑井的街道上，拉来外面的各种商品物资，然后驮着大袋的黑井盐巴往四周散去。

表 2-8　云南省盐兴县商品表（民国 8 年）

类别	进　　口		出　　口	
	数　　量	价　　值	数　　量	价　　值
米	全年约计 900 余石	每石值洋 60 余元	全年 4000 余万斤	每百斤值洋五元有零
盐				
布	全年约计 900 余驮	每驮约值洋 150 元		
油	全年约计 13 万余斤	每百斤值洋 26 元		
酒	每年约计 3600 余驮	每驮值洋 7 元		
糖	每年约计 70 余万斤	每百斤约值洋 3 元		
烟叶	全年约计 1 万余斤	每百斤值洋 20 余元		
铁锅	全年约计 2700 余口	每口约值洋 3 元		
总计	—	109000 元	—	2000000 元

　　盐业生产积累的大量资本，以及贸易往来的兴盛，带来了文化的繁荣，而文化的繁荣间接反映出当地雄厚的经济基础。以耍龙灯这项民间文化活动为例，据镇上老人介绍，"（耍龙灯）花的钱主要有两种来源，一种由灶户出面来办，另一种是由官家来办，官家办的是他们拨出一些交税前的盐给承办的'龙头'，由他把盐卖掉来筹钱。那阵子，黑井人个个都爱玩，除了官家办，灶户也争着办，一家比一家办得热闹。"①

　　在 20 世纪初期，由于经济繁荣、盐运发达，往来客商无数，每天至少有 3000 匹马到黑井小镇运盐，几乎挤破了这个弹丸之地，黑井人气旺盛，商贾云集，人流如织，使一些剧团在这里也找到了发财之路，一年中有十个月天天唱着滇戏，演奏着洞经，据说兴盛时竟有大小 6 座戏台。

　　此外，一年之间黑井要举办数十次民间文化活动，规模较大的有农历正月初八的庙会、五月十三的太平会、六月的火把节、洞经会等 8 种，这期间，耍龙灯、耍狮子、跳花灯、跳脚（彝族舞）都热闹异常。

---

　　① 郭辉军、范建华主编《云南生态环境、民族文化与经济社会协调发展研究》，云南科技出版社，2004，第 254 页。

五　黑井街区、板桥、石龙——曾经繁茂的城镇

历史上的黑井镇区由板桥、黑井街区、石龙三个社区组成，这三个社区依次排列在龙川江傍的河谷地带，地貌类型为深切割高山峡谷。按照龙川江水的流向来看，板桥位于上游，街区是中游，石龙处于最下游地带，三个社区就组成了自古以来黑井古镇最为繁茂的区域，也是民国年间设立的盐兴县的主体部分，但如今这三个社区仅为黑井镇黑井村委会的一部分。不同之处是街区居民为城镇户口，属于城市人口，可以享受国家固定的最低生活保障，计划经济时代可以有到工厂机关工作的权利。而板桥和石龙的居民属于完全的农村户口，可以承包土地，和其他地方的农民一样，过着忙碌的耕作生活。现在的板桥、石龙两个农业社区与黑井街区的联系远没有它们之间的距离那么近，板桥、石龙的农户最多就是将自己耕作的蔬菜、水果等农产品拿到街区市场上贩卖，用以贴补日常生活。而街区居民除了日常的粮食、蔬菜购买之外，几乎也无其他更多的机会与相邻的农民往来。由于传统计划经济时代的烙印，城乡的二元结构在黑井表现得相当明显，但随着时代变迁也出现了打破这种结构的现象。现在的一个明显趋势是街区的城镇人口逐步向外面转移，年轻人出外工作、学习，甚至老年人也纷纷迁出古镇去和子女居住，留下一排排房门紧锁的空屋，笔者在黑井调查期间就看到镇区街道上很多年久失修的老房子，一看就知道是很长时间没人居住，有一些甚至都粘贴了出售的信息。而黑井周围的一些农户在旅游业的带动下，开始到镇区街道购置房产，开饭馆、商店、旅社等旅游设施，在问及一些在镇上经营生意的农户是否愿意转为城镇居民时，绝大部分都坦言不愿意。在镇上经营古董生意的袁先生家就是从附近村庄迁入镇区的农户，他说：现在的城镇居民已经得不到像以前那么多的好处，相反面临着下岗失业等危机，而作为农民至少还有自己的田地，实在不行回去种地也有口饭吃。

黑井街区目前除了旅游季节稍有游客走动外，平时大多时候冷冷清清，很难想象这里曾经是一个发达县城的主城区。《民国盐兴县志》中曾记载到"盐兴县治在黑井，无城，周围计十里，有东、北两门。闹市以新大街为最。人口计七千五百五十二口。"而根据民间流传的说法，民国时期的黑井是最

为繁华时期，人口曾达到 3 万人之多，房屋和学校都已经建到了半山腰。而根据黑井村委会 2006 年的统计材料，街区目前人口仅为 400 余人。人口的骤然减少与黑井盐业生产的衰落有着直接的关系，资源型的城市如果不能利用资源开发积累必要的资本，实现产业的转变，那么伴随着资源枯竭的到来，资源型城市的衰落是不可避免的，这是我国目前许多资源型城市开发留下的启示和经验。黑井就没有为盐业产业的转变做好充分的准备，导致技术落后，产量锐减，无法与海盐等外来盐竞争，盐业产业逐渐衰亡。除了经济方面的主要原因外，"政治运动的扩大化"也是人口骤减的重要原因。原黑井文化站站长说，由于"政治运动的扩大化"，黑井灶户遭到了全面清洗，灶户子女们也被迫选择了背井离乡。1958 年，黑井的居民只有 2600 人。代表着黑盐制造技术的灶户阶层消亡，黑盐的东山再起显得缺乏人文基础。一心想走出山外去的镇上才女李 XX 感慨道："只有逢年过节的时候，两三千在外乡各有成就的黑井子民回到家乡，才显出黑井曾经有过的人文之盛。"

1. 石龙的变迁

石龙村现有两个村民小组，位于黑井镇区的北部，与黑井古镇紧紧相连，中间仅隔一条排洪用的龙沟河。据村上老人介绍，石龙村在汉代时期叫做汉王村，在明洪武年间从安徽、江西、湖南和江苏等省迁移了不少移民到当地居住，并由此带来了当地的一个特产——黑井石榴。1949 年前，石龙有 89 户 329 人，广大村民靠种 70 亩田地为生，其中种植石榴 52 亩，种植蔬菜 18 亩，人均 2 分左右的耕地面积，[①] 大大低于其他县市的农业耕地人均水平。由于耕地面积的制约，石龙的农业发展受到了很大限制，农业生产不可能容纳所有的劳动力，按照历史的现实来看，其实当地之所以能够在如此困难的农业生产条件下，容纳了众多的人口，关键还是靠与石龙村仅有一沟之隔的黑井镇区。据村中的老盐工介绍，1949 年前的石龙是一个极有商业气息的村落社区，在短短两百多米长的狭窄街道内，有五六家茶馆，一个马店，两家卖日常杂货的小商店，两三家可容纳十多人的小旅店，五家卖豆粉、豆花等特色小吃的小店，还有十五六人在镇上挑盐水。总之除了必要的农业耕

---

① 楚雄州政协文史资料委员会编《云南省楚雄彝族自治州文史资料选辑》（第 1 辑），第 71 页。

作之外，几乎所有的活计都与盐业生产有关。据说农业生产带来的收入平均仅占一户人家收入的一半左右，由此可以看出，盐业的兴盛为当地提供了较多的就业机会，为当地农业人口的转移带来了机会。

石龙的变迁是明显的，时至今日该村已经成为了一个基本上以农业生产为主的农村社区。石龙目前分为第一、第二两个小组，总人口560人，农业从业人员370人，占总人口的66%，其他人口以从事建筑业为主。

2. 板桥的变迁

板桥村地处黑井古镇的南部，现在是游客到黑井旅游的必经之地，龙川江水、成昆铁路、镇区公路平行地穿过村庄，使该村有着全黑井较好的交通条件。由于板桥地处河谷地带，村庄两边都是高山，所以农业耕地面积比较狭小。新中国成立前板桥的耕地被现在河道所淹没，而以前的河道变成了现在的耕地。不过农业在新中国成立前或许并不是主要收入来源，据镇上老人郝坤估计，新中国成立前板桥至多有1/3的人口专门从事农业生产，其他都从事各类与盐有关的行业。由于新中国成立后盐业生产的迅速衰落，加上"以粮为纲"的政策指引，新开垦的田地超过了新中国成立前所有田地面积的一倍还多。郝老先生就曾经参加过当年的开荒劳动，盐厂挑盐水的工人早上到盐井挑卤，下午必须参加板桥村的开荒劳动，开荒劳动属于义务性质的，没有报酬，当然如果有人头一天下午没有参加劳动的话，第二天早上挑盐水自然也没有他的份。开荒是相当辛苦的工作，据说当年荒地里满是大块的石头，工人需要将这些大石砸碎投入江水中，然后才开始清除杂草平整土地。依靠当地居民的辛苦劳作，开出了大量的田地，硬是容纳了板桥因盐业衰落而失业的人口。

盐业的发展带来了盐巴运输行业的发展，盐运业为地方要政，因此形成了人道、马道相辅的盐运路线。在黑井通往外地的这些运盐路线千百年来就形成了一条条马帮驿道，人背马驮成为各条驿道上传统的运输方式，因为驿道沿途的马店也随着黑井盐业生产的发展逐渐密集起来。黑井板桥的马店在民国时期就相当的兴盛，据说至少有10户人家经营马店生意，常年为运输盐巴及其他物资的马帮提供住宿休息等服务。现居板桥的李大爷家新中国成立前就曾经营马店生意，兴隆生意所带来的收入甚至可供全家在村外购置几亩土地，供养着全家十多口人衣食无忧的生活，为此后来还被划为工商业兼地主，即又经营生意又有土地田产，可见板桥马店给当地居民生活带来的富足。盐业的兴盛不仅带动了黑井的马店生意，就连运盐的古驿道旁的村庄都纷纷开起了大量的马店。费孝通先生在《云南三村》里用了大量的篇幅描述了禄村（今禄丰县金山镇大厂村）除农业外的最大收入来源。

"……我们可以看出在禄村最重要的职业是开马店。这项职业自从抗战军兴之后，更是发达。原因是禄村在区位上所处的地位很合于这种职业。禄村正是处于从产盐中心的猴井到禄丰运盐的大道上。从猴井赶一批马，驮了盐块，走到天快黑时，刚到禄村，若是要赶一阵可以当晚到禄丰城里，可是天太晚了，也交不得货，所以在禄村歇一晚，明天一早进城是一样的。

驮马到了店里，店主供给草和寄宿的地方。赶马的人也就宿在店里，每匹马依一九三九年市价每晚二角，赶马的不用另付宿费。豆料由马主自备。店主在收取寄宿费以外，还得到马粪，可以下田作肥料，或是把肥料去换草。四十背粪（一槽）换一大堆草，一大堆草有八小堆，每小堆有四十把，每把有十多棵稻。依当时市价四角一背，一九三八年只值四分，一年中涨了十倍。每天一匹马要吃三把草，所以一大堆草可以供给一百匹马的食料，相当于一百匹马的粪，马店主人不必贴钱买草。

每家马店，据几个马店主人和我们说在普通情形下，一个月里总有十天有马歇，每天平均二十四，一个月有两百匹马住店，店主可以收得四十元国币。赶马的时常向店主买豆料。一九三八年豆料便宜时只值一角八分一升，到一九三九年涨到了一元一升。所以店主们凡是囤积着豆料的，这一年真是发财的机会。一个月卖出两组豆料（每匹马每天吃一升蚕豆，玉米或黄豆），可以赚一百六十多元。这当然是特殊的机会，只有几家有资本的店主享受这种利益。今年盐价也涨，赶马的人多，所以每店每月可以超过两百匹马。我们在村时，除了那一个多星期下雨之外，差不多天天每家马店都住满。有好几次，赶马的在禄村找不到空店，天黑了还要向城里去赶路。"

根据费孝通先生的这段描述，普通的马店月均收入可以达到 40 元，年均收入应该为 480 元，如果遇上特殊的机会，加上店主资本充裕，年收入上千也是可以达到的。这还只是离黑井 60 公里外的一个村子，黑井板桥的马店生意自然就更加兴隆，收入更丰厚也是可能的情况。

六　从工商业社区到农业社区的变迁启示

黑井的盐业经济曾经在历史上兴旺过较长的一段时期，造就了一个山沟河谷小镇辉煌的过去，但毕竟由于资源型经济开发的特点，造成了黑井由辉煌的顶峰滑落到原始的农业生产谷底仅数十年时间，其中的各种原因也值得进行深入的分析。首先，经济发展模式过于单一，造成了"盐兴则兴，盐衰亦衰"的局面。在明清时期，黑井的居民仅仅依靠盐业资源开发就可以过上富足的生活，因此当地也就失去了向多元化经济发展的动力，人们积攒下来的资本多用于丰富当地的文化生活及其他一些消费活动，真正用于再生产投入的比例并不高，民国盐兴县志记载有"盐兴地方无大商之可言………每号仅只数万元之基金，逐为盐兴最大之商号"，因此黑井真正产生的大商户并不多。由此在较低资本积累的情况下，自然也就不可能有更多资金投入多元化的产业开发，由此造成过分依赖于盐业生产的开发模式，导致盐业的衰落带动整个黑井经济走向衰落。其次，黑井在盐业资源开发过程中有掠夺式开发的倾向，忽视了生态环境对经济发展的重要影响，造成薪柴价格的迅速上涨，最终致使黑盐失去竞争能力。由于黑井的盐业生产一般是依靠用灶煎制卤水，必须使用大量的木材作为燃料，然而由于没有能够处理好森林资源开发与使用的关系，造成历史上很多次的泥石流灾害，龙沟河泛滥的河水冲毁了黑井多家灶房，填塞了盐井或使井内卤水质量下降，严重影响了盐业生产。而到了民国后期，更是已经把木材砍伐到了周围的县区，抬高了木材的运输成本，盐的成本自然也就提高，完全无法和沿海地区的海盐及四川的自流井盐相竞争，衰败之势无法避免。第三，黑井除盐业资源外，基本无其他可以开发的资源，农业自然条件也比较差，这也是造成今天黑井经济难以得到发展的客观原因。

第三章　社区历史的生态杠杆

第一节　社区生态印象

在那些记载着黑井历史的古迹中，"庆安堤"是不能不提的。这座始建于清康熙年间的堤防位于黑井镇北侧的龙沟河两岸。在它旁边有一块雕镂精美、造型端丽的石碑赫然矗立，上书"庆安堤"三个楷书大字，字迹浑厚有力，左右还镌刻着这样的对联："富贵等浮云，为官但求民有济；讴歌留片碣，考工应信职无亏"。在人们寻访历史的时候，常常流连于这座歌颂官声政绩的石碑，却容易忘记"庆安堤"本身就是一座蕴藏更丰富内涵的碑，它记载了黑井的自然、社会、民生。

龙沟河是四街背后的一条山沟，曾经一段时期，每逢夏季，经过暴雨或长时间的雨水冲刷会导致黑井周边山上形成洪水和泥石流。作为一条冲刷形成的山沟，龙沟河是这些洪水和泥石流的重要倾泻通道。可以想见，翻腾着泥浆、石块的红色激流沿着这条小山沟奔腾而下，汹涌澎湃，势不可挡，抵达沟底相对平缓的黑井镇后，没有了束缚的激流四散奔腾，将这个小村落当作了泄洪场，一时间冲毁街道房屋，夷平盐灶商社。据查，由元代至今，共发生特大洪灾 17 次。最早有记载的是元至正十六年（1356 年），"黑盐井水溢损民居"。在明成化年间，有洪水泛滥淹没盐井的记载，当时的同提举①吴永采取黄河治水的老办法，命人铸了 5 头大铁牛投入水中，迫使水流改道

---

① 同提举：官职名。见黄晓萍：《失落的盐都》，云南民族出版社，2001。

绕过村镇，才使黑井得以暂时喘息。清康熙五十五年（1716年），黑井人不堪忍受洪水和泥石流带来的侵害，镇里集中财力、人力，在龙沟河两岸修筑了一座大石堤，用于阻挡洪流。庆安堤全部使用巨型条石整齐镶砌，堤长385米，宽7米，高11米。其施工精细，石与石的衔接部分均有一对燕尾槽式的接榫，榫中以铁水浇铸，将块块巨石牢牢地连接为一个整体，并用糯米、石灰、豆浆、胶泥土混合作为黏合材料，黑井人都自豪地称之为"小长城"。人们以为，这一浩大工程可以一劳永逸地给全镇带来安宁，于是欢欣庆贺，更将堤坝起名为"庆安堤"以表达期望。

图 3 - 1　黑井的庆安堤

然而，这美好的愿望没能实现，进入近代泥石流灾害更加频繁，当雨季来临，洪水和泥石流仍然倾泻而下甚至冲毁堤坝，"庆安堤"无力抗拒自然的伟力，一任天灾肆虐，龙沟河连带龙川江一道被迫改道，再度淹没农田、村寨。据史料记载，"清光绪二十七年（1901年）五月二十一日，黑井龙沟河洪水暴涨，冲决石堤68丈，淹塞龙泉井、新井，冲坏文庙、财神庙及灶房、民房数千间。"[①] 是年，朝廷拨巨款重修了被冲毁的庆安堤上段，至

---

① 黑井历史资料辑录，见（清）沈懋价纂订《康熙黑盐井志》，李希林点校，云南大学出版社，2003。

1937 年又曾续修下段。为何这样坚固的建筑依旧不能抵挡自然的灾害？为何旧堤依旧，新水却另辟蹊径？

其实答案很简单——堤坝，可以挡水，却不能阻止洪水和泥石流的形成。那么造成黑井自然灾害频发的原因又何在？是否可以从根本上消除这一灾害呢？黑井地质灾害的发生与当地不良的地质条件有密切关系。黑井处于川滇南北向构造带上，地质条件相对软弱，碎屑物质十分丰富，在溶蚀及淋滤作用下，土壤含盐地层表面部分的可溶盐会被溶蚀带走，残存的岩体呈现出蜂窝状松散结构，使岩石的强度大为降低，这种地质状况在暴雨激发下极易发生崩塌、滑坡等，为泥石流提供了固体物质。另外，从地形地貌上看，黑井位于深度切割的龙川江峡谷之中，两侧谷坡陡峭，坡度可达 30° ~ 40°，为泥石流的发生提供了有利的地形条件。同时，黑井年内大部分降水主要集中在雨季，这一时期的降水量达到全年降水量的 85%。加上山区地形对气候的影响，容易形成大暴雨或特大暴雨，加速了土壤侵蚀，从而激发洪水和泥石流。在这样的自然条件下，庆安堤的一次次溃决似乎情有可原，可是洪水和泥石流就真的无可避免吗？答案却是否定的。我们知道，洪水和泥石流的发生发展取决于以上所述的地质、地形、土壤、降水等诸多因素，同时它也与地表覆盖状况密切相关。成熟的森林以及良好的植被可以起到涵养水源、削洪补枯的作用，在暴雨来临之际，植物的枝叶、根系可以截留、保存住部分降水，同时植被的覆盖可以使土壤免遭直接冲刷，便能够减轻上述所说的溶蚀和淋滤作用。也就是说，洪水和泥石流频发与森林生态环境恶化有密切的关系，如果有森林，有较多的植被覆盖于周围山地，就可以有效地减轻、削弱和抑制泥石流的发生发展。

然而当我们将目光投向山峦期望能找到一片绿色时，看到的状况却不容乐观。从卫星影像上可以看出黑井周边的山体多呈黄色，这说明该地区大量土地缺少植被覆盖而直接裸露，这与临近区域因植被覆盖度高而呈现出绿色的山体形成鲜明对照（见黑井植被卫星图像）。

当我们踏在黑井大地上的时候，眼前的景象为卫星影像做出了具体阐释——周边的山体绝大部分覆盖着灌丛和草丛，河谷里零零星星的石榴园和山上寺庙里稀疏的几棵树，就是这里全部的树木组成，不要说森林，就连树丛都算不上。听当地人说，到了冬季，山上就几乎是光秃秃的，红红的裸土一直持续到来年春末，才有草慢慢长出。即便是植物生长最好的盛夏，依然可以看到山上裸露的红土和泥石流、滑坡留下的痕迹。在这样一个干热河谷中，这些裸露的红色，更为热辣的天气添加了几分焦躁。整个黑井村森林覆盖率不足1%，现存主要植被为南亚热带干旱稀树灌丛草地，总盖度30%～40%。部分植被破坏较严重的地段已退化为稀草草坡，总盖度不足5%。山地主要植被群落类型有坡柳—扭黄茅群落、苦刺花—扭黄茅群落、龙须草群落和龙舌兰群落。主要灌木种类有坡柳（车桑子）、苦刺、华南小石积等，草本有扭黄茅、龙须草、紫茎泽兰、酸模等。少数乔木如苦楝、红椿、木棉等散生于山坡、沟谷。肉质多刺植物如龙舌兰、霸王鞭、仙人掌等成小片状或零星生长。在箐沟下部，常有人工种植的小片状桉树生长。随着农副业的发展，又借助国家"退耕还林"的政策，很多地方种起了石榴树和小枣树，部分地区可小片成林，但破碎度极高，之间或有桃、杏、柿等果树分布于寺庙附近或农户庭院。整体植被状况勾勒出的是当地植被破坏、生态退化的特征。

我们将目光投向脚下的龙川江，它发端于楚雄，绕经元谋后注入金沙江。因河流深度切割，形成千峰耸峙、一水中流的地形特征。它为沿岸带来

图3－2 整个黑井村森林覆盖率不足1%

了独特的气候，美丽的风光。于黑井，它是经济、文明的纽带、基础，但它也因自己的暴虐、泛滥，给黑井人带来了痛苦。夏、秋季节来到黑井，龙川江总是翻滚着红色的浑浊激流——它告诉人们，水土流失仍在继续，人们赖以生存的土壤一再随着洪流奔腾而去。黑井镇现有泥石流沟 12 条，直接威胁黑井街道的有 4 条，即龙沟河、桃源箐、密席沟箐和三道河箐。1996 ~ 1998 年黑井连续 3 年发生大的泥石流灾害。1996 年 7 月 4 日，发生泥石流 37 处，滑坡 32 处，毁田地 287 亩，损粮 25 万千克，通讯、供电、公路中断，铁路中断 12 小时，毁房 22 间，18 人无家可归，家畜家禽被埋 119 头（只），农灌沟冲毁 35 条，直接经济损失近 1000 万元。1997 年的泥石流造成交通中断，冲毁农田护岸 96 米，损粮 3 万斤，民房倒塌 6 间，伤 2 人，直接经济损失 150 万元。1998 年 8 月，泥石流冲毁 3 户民房，2 户猪圈，死亡 4 人。

植被覆盖差加剧了洪水和泥石流的泛滥，而洪水和泥石流的强大冲击力，又对植物，尤其是草本、灌木一类根系较浅植物的生长造成危害，或者直接将这些植物冲走，或者带走植物赖以生存的土壤。这似乎成为一个难以克服的恶性循环。安庆堤屹立，却一次次看着灾害肆虐，这座记录了黑井人民与自然抗争的丰碑，保住了自己的完整，却还是无法令黑井人永远相庆平安。

第二节　历史回溯

大自然真的这么吝啬，不肯给黑井一个青山巍峨、绿水悠悠的美好的环境吗？这里的山从一开始就是这般荒芜吗？黑井人并不这么认为，在黑井，你常常会听到这样一种说法："我们黑井因盐而兴，因盐而衰，煮盐煮得把山都砍光了。"

我们无法退回到黑井开发伊始的时代，只能借助先人留下的典籍窥测这里原先的风貌。关于黑井的来历，传说众多，它们留给后人关于黑井原始风貌的一些印迹。黑井又名黑牛井，几个版本的传说均认为是因为黑牛舔食而发现了盐井。看来先民们曾牧牛于此，他们用来牧牛的地方应当是水草丰茂的吧？我们甚至可以想象得到那个叫做李阿召的彝族女子在林间、草地悠然放牧的田园风光。被奉为"盐水女龙王"的李阿召毕竟是传说中的人物，我们还是找些考古证据来看看先民的生存状态，黑井曾出土石器、陶器、铜器、兽骨等文物，它们的发现证明早在 3200 年前新石器时代晚期就有少数民族的祖先在这块古老的土地上生息劳作。新石器时代的一个显著标志是出现了农业和养畜业，那时先民们多是靠天吃饭，一般都会选择自然条件较好、土地丰饶的地方生活，我们有理由相信被先民们选择的黑井曾经是一片植被繁茂、物产丰富的地方。

远古的传说和遗迹似乎都在诉说这里曾经的锦绣风光，抬头望望现今的山峦，山巅的树木尽管稀疏，但似乎也在暗示我们，这里其实是具备树木生长的自然条件的。

通过仔细考察黑井的自然环境，我们的猜想得到了佐证。黑井位于云南省楚雄州禄丰县西北部玉碧山下。地处金沙江支流龙川江中游河谷地区，龙川江自南向北纵贯全境。地势东西窄，南北长。平均气温 18.7℃，海拔 1540 米，年平均降水量 857 毫米，年均最低温 9℃、最高月平均气温 27.6℃，全年无霜期三百余天，年日照数 1848 小时，积温 7774.8℃。因受峡谷地形和焚风效应的影响，具有中亚热带至南亚热带的热量水平，属亚热带半干热河谷气候。这样一种气候，比距此约 200 公里的昆明暖，又比典型的干热河谷如距黑井 40 余公里的元谋稍凉且降水稍多，应该说此地拥有较为适中的水热条件。

在这样的自然条件之下，从植被区划上来说，该地区属于滇中、东高原半湿润常绿阔叶林、云南松林区之中的滇中、北中山峡谷云南松林、硬叶栎类林亚区，其地带性植被为半湿润常绿阔叶林，具体来说是常绿阔叶栎类林，同时在一定海拔高度会出现以云南松林、松栎混交林为主的高原山地森林。看来，这里的确可以拥有山清水秀、风景旖旎的自然环境。

这样一个可以成林的地区为何连树木都如此稀少？我们将调查的目光转向黑井人口口相传的熬盐伐木说。

"曲径高山险，山峦欲接天，万山相与峙，一水送溪烟。"这是明代一位诗人经过黑井时即兴挥笔的杰作。在骚人墨客的笔下，黑井曾有一个颇具诗意的别号——"烟溪"。听老人讲，在黑井鼎盛时期，常常可以看到小镇上弥漫着浓浓白烟，这诗意的景象其实就来自非常现实的劳作过程——煮盐。

在工业文明并不发达的古代，技术落后的人们总是就地取材。就拿煮盐来说，四川自贡的盐矿毗邻天然气层，自贡盐就逐渐转变为靠天然气熬制；海边的先民则利用滩涂，就地晒盐。而黑井的先民们，没有天然气、煤矿之便，只能就地取材，用于熬盐的便是周边山上的树木。

土法熬制"黑井盐"所需的木材量是巨大的，每煎 1 吨盐，就需要耗柴 3 吨。黑井产盐历史悠久，在春秋时，其盐井资源任人取用，但当时人口较少，所取盐卤也多是居民自用，并未形成盐业经济，因此产量很小。至唐代黑井隶属于蜻蛉盐官，其盐业资源开始收归国有，由国家实行专卖，国家派员掌理煎销征课，不限销区，但产量也不大。南诏时，因为黑井盐洁白味美，仅供南诏王室一家食用，煎足后就停产，可以想象当时的产量是非常小的。至元代，国家在黑井设盐官，实行以口计盐，划定销区，实行灶煎、官运、官销的政策，黑井的盐业从此开始逐渐兴起，大肆砍伐树木用作薪柴也起源于此时。元代以后，黑井的盐业生产在云南占有重要地位，据估算，明初黑井盐课占到了云南盐课总额的 31%。清初，黑井年产盐约 700 万斤，至清中后期产量更增，至道光年间，黑井盐产量已提高到了 1013 万斤。[1] 据说鼎盛时期曾经达到每天出盐 4 万斤。在元、明、清 600 余年中，伴随黑井盐业增长的是巨大的薪柴消耗，以清代一般产量日产万余斤盐计算，日平均消耗薪柴就达 3 万余斤，加上本地居民、官府和外来的商户及驮盐的马帮每日消耗的生活用柴，黑井日平均用柴量就会达 5 万余斤。制盐时间如此之长，薪柴消耗量又如此巨大，灶户们的能源问题是如何解决的呢？

十年树木，百年树人。一棵小树从落地生根到生长成才需要很长时间，而整个森林的恢复更需经历上百年的时间。可以想见，熬盐伐木说并非空穴来风，巨大的薪柴消耗令黑井周边的山林很快就被砍光，并且没有足够的时间来进行森林植被恢复，阔叶硬叶栎类林受到破坏后，出现稀树灌木草丛，随着进一步的砍伐，出现灌木草丛或草丛景观。但灶户们不能因为等待小树

---

① 楚雄州盐业志编纂委员会编《楚雄州盐业志》，云南民族出版社，2001，第 77～79 页。

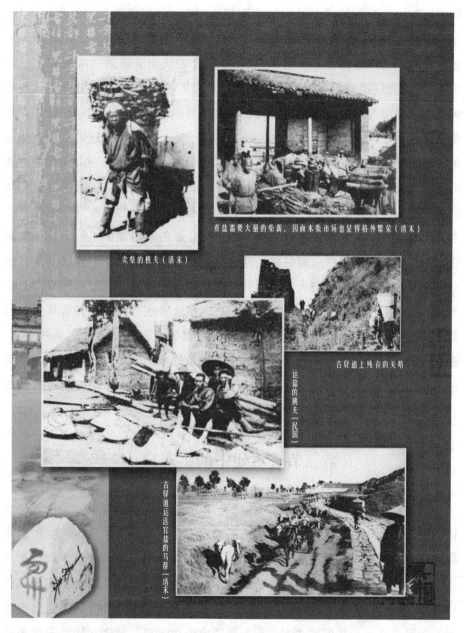

图 3-3　黑井"古盐坊"展室中的昔日驮薪驮盐情况

成长、森林恢复而不开工，既然这里没树那就去别的地方找。于是翻过山头到更远一些的地方，再砍光就再远一些，伐薪队就这样不断地向远处进发。

民国年间的张冲在"移卤就煤"工程报告中载:"职使前次视察黑区各场,有鉴于附近一带尽呈童山濯濯,所需柴薪,均远自数百里之外。而各地人民知识幼稚,只知砍伐,不知培养。"相传黑井的伐薪队曾到达昆明安宁一带(距黑井的直线距离近90公里),还有一些灶户将自己的林场置办到了楚雄的南华(距黑井直线距离约50公里)。南华是楚雄州境内自然条件较好森林覆盖率较高的地方,也是龙川江流经之地。于是一度出现这样的景观,伐木工在南华伐木之后将其投入龙川江,让木材顺水而下,另派专人在黑井周边负责收集这些木材,"烟溪"的雾气中好一派繁忙景象。但在南华拥有林场的毕竟少数,大多数的灶户是没有那么大资本的,他们的能源只能通过其他方式从外运入。薪炭资源的紧张为司职运盐任务的马帮提供了一份运柴的兼职,于是乎马锅头们在山间的路上背着柴进来,换作盐出去。除了马帮,也有很多是靠人挑肩扛将柴火运入黑井。由于交通不发达,人力和马帮的运输方式一直沿用到新中国成立初期,在一些老照片中还可以看到带着柴火的马帮和挑夫。现在的黑井居民中,还有很多人家的老人当年做过运柴的生意。随着伐薪队离黑井的距离越来越远,运送薪柴的费用越来越高,导致薪柴价格飞涨,这些越来越远的资源、越来越复杂的运输带来的是越来越高的成本,这将成为决定黑井命运的重要一环。

第三节　重建中的生态启示

黑井第一个砍柴熬盐的人不会想到,他的这一做法会与黑井的没落息息相关。总结黑井的衰落,有三个方面的原因不得不提:工艺落后、生产成本高以及交通闭塞。高昂的成本很大程度上源于其使用薪柴的工艺手段,与其他生产手段相比,民国时期黑井盐的成本约是川盐的2倍(川盐多用天然气和煤),是两淮一带海盐的数十倍(海盐都是通过天然晒制)。我们已经看到,在黑井这种制盐模式之下,很容易造成能源危机,随之而来的是能源价格的飞涨。加上交通闭塞带来的运输成本,使得黑井的制盐成本居高难下。所以当低成本的海盐大量在全国销售的时候,黑井的盐业就失去竞争力难以抵抗其冲击,逐渐衰落。

造成黑井盐最终衰落的原因其实很复杂，有历史、经济、政治、文化、自然等各个方面。但每每提起黑井的没落，黑井人最容易想到的，除了海盐的冲击外，就是感叹："要不是把柴砍光了，也不至于会那么快衰落！"的确，尽管海盐的冲击是不可避免的外部因素，然而若不是能源危机给黑井带来的内部问题，恐怕黑井的衰落也不至于那么快。大肆砍伐森林带来的能源危机和生态破坏似乎是压倒黑井这头"骆驼"的最后一根稻草。这样的结局源自黑井发展过程中对森林资源的掠夺性开发。

　　这样的模式让我们想起著名的"公地效应"。公地效应说的是在一片公共草地上，草场是公有的，而羊群是个人的，于是每个牧民都想多赚钱，无节制地增加牧羊的数量，结果草地很快就因为过度放牧而成了不毛之地。"公地"悲剧的表现形式多为对自然资源、公共环境的肆意掠夺式使用。"公地效应"的发生常源自资源产权的不明晰。那黑井历史上的林权是如何划分的呢？有正式记载的是明、清及民国时期，当地山林占有形式有六种：①公山。分别为区、乡、村所有，多属水源林、防护林以及区乡交界的荒山坡地。②族山。家族占有的世袭山林，如大北厂王姓的王家大山及其他望族的风水林、龙树、猎神树、祖公山等。③庙会、寺宇沟坝山。凡规模较大寺庙都有山场山林，大北厂的洞经会、大坝沟均有山场山林。④坟山。各村户族，有小面积山场山林，归户所有，作墓地。⑤私人山林。多属地方豪绅占有，少数为其他阶层所占有。⑥省办企业林地。民国 29 年（1940）云南人企公司一平浪盐煤厂在广通、盐兴两县购民山 20 多万亩。从上述情况看，黑井周边的林权是较为明晰的，除公山外，其他各类都有明确的权属关系。但从实际了解的情况看，公山的植被破坏并不严重，并且在当时的村规民约中，公山是绝对不允许砍伐的，当时的人们以朴素的生态观念，自觉地将水源涵养林和防护林作为保护对象。事实上，破坏最严重的是私人山林。这些私人山林多是灶户购买用于伐薪的薪柴林，可以说是他们的能源基地。

　　这似乎有悖于"公地效应"，但仔细考察一下"公地效应"的根本原因就会发现，黑井的状况其实也不出其右。"公地效应"的产生来自于外部不经济现象。外部性是一个经济机构对他人福利施加的一种未在市场交易中反映出来的影响。外部不经济（External diseconomies）指生产或消费给其他人造成损失而其他人却不能得到补偿的情况。例如，钢铁厂排放的烟雾及含硫气体损害当地人的财产和健康，但受害者并不能得到补偿。污染是一种外部不经济。黑井的灶户们看似为他们的能源支付了购买成本，但是这种成本并未完全体现资源的所有价值，而滥用资源对他人造成的损失也并未在成本中体现。当资源是不可分拨的，具有外部性时，市场就不能提供正确的信号。一般说来，对于外部不经济的产品，市场会生产过度，就黑井而言，就是过分地开发了森林资源，并造成严重破坏。

在对自然资源的开发利用中，常出现这种外部不经济现象。对于黑井的森林，这主要体现在灶户们砍树熬盐的过程中，对森林服务价值的损害及其造成的危害并没有得到市场化的体现，灶户们也就未对这种损失支付本应支付的补偿。健康的森林是具有自我调节能力，能够抵抗一定干扰和波动，能够保持动态平衡的生态系统。但过度地砍伐使得森林生态系统这一干扰调节功能遭到破坏。黑井人并不是全然没有保护资源的意识，除了将水源林和防护林进行特别保护之外，黑井人在砍柴时也有"三不砍"的规定，即树王不砍，生长在悬崖上的树不砍，小树不砍。这每一条规定都充满了生态智慧。不砍树王，能够保持群落的年龄结构，也能够保留住一些母树，同时过熟的树木有特殊的生态作用，生长在悬崖上的树木对于防止土壤流失有重要作用，而保留住小树才能够使群落正常更新。但是，尽管森林是由树木组成的，但仅保留下的几种树还是不能称为森林，也完全不能够实现森林的抗干扰能力，森林生态系统需要由一定数量、不同年龄结构、不同种类的树木组成，在森林自我更新的过程中，各个树种在演替阶段起到不同的作用，很多小树必须在有大树遮阴的情况下才能够正常发育，而对于防止水土流失来说，除了悬崖上的几棵树，森林中其他树木涵养水源的能力也是至关重要的。黑井人仅看到树木的作用，而没有意识到对森林生态系统的破坏，因此造成了外部不经济，森林资源本来是一种可以循环的资源，但在过度采伐、滥用的情况下，也会使其失去自我更新能力。这样一种损失在当时并未在市场中显示出来，但随着时间的增长，它的损害逐渐显露并进入了市场体系，即由于森林失去更新能力造成能源危机进而引发制盐成本的增加。早期灶户们破坏造成的损失由后期灶户成本增加的方式进行了体现。

薪柴成本的增加也仅是黑井人为早期生态破坏进行补偿的一部分。还有很多危害带来的损失不是由灶户来承担的。回头看看"庆安堤"，它的修建是为了抵御因生态破坏而加剧的洪水和泥石流，生态破坏的主要责任者是盐商和灶户，但遭受洪水和泥石流危害而造成经济、财产乃至生命损失的，是全体黑井人，承担"庆安堤"修筑的是国家和当地所有民众。所以说，薪柴价格的上升远远未能补偿破坏生态造成的损失，更无法体现森林生态系统服务价值的全部，这就是典型的外部不经济。

　　其实黑井人也并非完全没有生态环境保护意识，譬如"三不砍"等一类原始的生态保护原则已经出现，只是碍于当时的历史状况和认知水平，其理念、手段都较为落后，实际效果也很有限。在认识到森林的重要性，尤其是薪柴价格飞涨之后，当时的黑井人已经采取了一系列措施。制定了《镇区周围15里山地禁止砍树》的政策，更实施了很多植树造林工程。从民国28～30年（1939～1941年）元永井、阿陋井盐矿区造林载："盐区森林日益减少，薪柴昂贵，影响民食，唯有实行林区造林，不仅供给燃料，且可涵养水源汲卤煎盐，均蒙其利"。据滇省林务处统计1934～1936年盐兴县造林330亩2.3万株，其林种以松、栗、柏为多。民国23年（1934年）省造林场调查载：盐兴县有林场70个32260亩，所种树种多以松、柏、栗、桐、槐、楸、杉、栎、核桃、杂木、果木为主。民国26年（1937年）省建设厅拟定盐井造林暂行办法，成立黑井造林场，附苗圃一所设6个造林区，5年造林1.7万亩。在造林的同时也在当地建立苗圃采种育苗，民国年间黑井设有苗圃并行植树造林。民国26年（1937年）黑井设造林场，龙沟河边附设苗圃，盐管局年拨国币35万元购买籽种。民国31年（1942年）云南省建设厅分发由东北林木指导区引进的细叶桉33克，大叶桉15克给黑井林场栽培。民国38年（1949年）元永井、黑井造林场育苗96畦。

　　除人工造林之外，新中国成立后黑井还进行了飞机播种，这主要在国有、集体所有权属林地内进行。1971年首次在黑井播区飞播思茅松86042亩，有效74254亩。1984年检查有60467亩中长出幼树，由于管理不善，仅留下8580亩未成林地，每亩136株。另外，当地群众有在水旁、路旁、宅旁、村旁植树的传统，栽松、柏、竹、棕及各种果树。黑井七局村土主庙有一残碑，记载建寺时栽下百株翠柏，以备百年重修庙宇之用。1970年成昆铁路建成后，也陆续在线路两旁进行了植树。

1995年12月，云南省委、省政府做出《关于打好扶贫攻坚站确保"九五"基本脱贫的决定》。1996年8月，云南省林业厅计财处下发了《关于编制云南省506个扶贫攻坚乡绿色工程造林设计任务的通知》，从1997年开始到2000年，黑井进行了种植核桃、板栗、梨的绿色扶贫工程造林。随着国家退耕还林工程的实施，黑井村2002年划定了退耕还林面积共计641.83亩，在该工程的支持下，政府指导农民种植小枣、石榴、核桃、膏桐等经济林果。譬如红石岩地处龙川江峡谷中，土壤、气候特别适宜于金丝小枣、石榴等经济林果生长，现已连片种植。2007年6月，全面开展集体林权制度改革工作，2007年底基本完成主体改革。预计2008年完成配套改革，并用两年左右的时间，基本完成深化集体林权制度及其配套改革任务。

虽然从民国开始黑井就有了植树造林、恢复生态的一系列举措，但由于早期毁林过于严重，其干扰程度严重超过了自然的承受能力，很多地段不但由硬叶、阔叶栎类林退化为稀树灌草丛，更退化为灌木草丛、草丛，甚至是稀草草坡和裸岩。尽管新中国成立后在该地区进一步开展了植树造林活动，但大炼钢铁等历史事件又使本就脆弱的黑井生态遭受了严重打击。由于生态退化过于严重，加剧了水土流失，造成很多地方土层很薄、土壤肥力不足，土壤保水能力较差，又无森林涵养水源，导致现在很多绿化树木成活困难，绿化成功率不高。由此可见，外部不经济的后果：一方面是当时的公众来承担损失；另一方面，更影响到子孙后代。

著名历史学家汤因比曾指出，历史上衰落的特别是那些消亡了的人类文明，都直接或间接地与人与自然关系的不协调有关，由于人口膨胀、盲目开垦、过度砍伐森林等造成的对资源的破坏性使用是其中的主要原因。黑井，就是这样一个实例。

然而，今天我们依然可以在很多地方看到这类为眼前利益、为自身利益而不顾一切滥用资源的现象。黑井的实例应该让人们警醒，采取循环经济模式，走可持续发展之路才是可行之道。通过黑井，我们也可以看到，外部不经济的问题单靠市场是很难进行控制的，或者是滞后、或者是补偿不足，这一问题需要政府来进行调控，我们欣喜地看到，党的"十七大"提出了"生态文明"的理念。"建设生态文明，基本形成节约能源资源和保护生态环境的产业结构、增长方式、消费模式"。生态文明，是人类遵循人与自然和谐发展规律，推进社会、经济和文化发展所取得的物质与精神成果的总和；是指以人与自然、人与人和谐共生、全面发展、持续繁荣为基本宗旨的文化伦理形态。它是对人类长期以来主导人类社会的物质文明的反思，是对人与自然关系历史的总结和升华。党的"十七大"报告把"生态文明"作为全面建设小康社会目标的新要求，彰显出中国共产党推进科学发展观、构建社会主义和谐社会的执政新思维。

第四章 传统文化乡土化

第一节 儒家文化遗迹与宗教

一 儒家文化遗迹

黑井村镇一体，是一个因盐兴而发，盐废而衰的独特小镇，曾经因盛产食盐而著名。根据史料记载，黑井在历史上曾经非常繁荣，居民也非常富裕。据《云南省志盐业志》记载："旧称黑井，唐天宝年间（公元742~756年）所开。从元历代开始，明、清曾是滇中主要产盐区。"当时产盐的主要包含黑井、元永井、阿陋井、琅井及中心井。黑井盛产天然卤水，长期取卤煮盐。黑井产的盐，当时供应着滇中及川、黔的一部分地区。黑井的开发在清代达到了巅峰，成为一个淘金地。四方商客汇集黑井，万马归槽。围绕着盐卤的开发，黑井兴旺了上千年。

旧时的黑井人比较重视教育，出过不少官员和文人，曾建有三所书院——龙川书院、万春书院和南山书院。无论从历史记载还是调查结果中，都比较容易看出，黑井的儒家文化曾经相当兴盛，与此有关的教育也极受重视。其中的缘由是，黑井的灶户、盐商们，出则仆从如烟，骏马、轿子连成排，但在重农抑商的封建社会中，灶户、商人终是贱业，仍然要受到歧视。在黑井，据说最为富有的"灶户"上武家主人武康廷，他的妻子出身官宦家庭，父亲进士及第官至新疆塔城道兼外交使节。这武夫人觉得门不当户不对，挑剔武家发的是昧心财，所以常耍小姐脾气。在这样的背景下，黑井人

图 4 - 1　文庙（现黑井中心小学）

在炫耀自己的阔绰和不凡的同时，也非常重视下一代的教育，希望自己的后代谋得功名，步入仕途，从此改换门庭。所以随着移民的进入、盐业的兴盛，文庙、文昌宫、魁阁、龙川书院、万春书院相继设立，灶户、盐商、卤夫、龙工、樵夫、农人的子女云集书院。

弹丸之地黑井，每天伴随着袅袅的青烟还有那朗朗的读书声。如今，盐的咸腥味早已淡去，但小镇仍被浓烈的文化气氛所弥漫。这气氛发自一幢幢古老的建筑，发自一条条幽静曲折的石板路。在黑井，房屋堂上有匾、门旁有联，街上随意行走，抬头就可看到"祖武箕裘"、"画荻芳徽"等匾额，"贵富等浮云，做事但求民有济，讴歌留片碣，考功应信职无亏"，"黄叶落去换新裳，一炉清香敬上苍"……这样许多雅致的对联。黑井历史的厚重就这样让人不知不觉地感受到了。在锦绣坊的进士第刘家，至今还保存着红底金字描金溢彩的"进士匾"，此匾为清同治十年任云南学院翰林院编修的少进士刘绍曾所立，书法遒劲刚健而不张扬。

可以说，千百年来，中华传统儒家文化在黑井人的灵魂和血液里渗透，并物化在了古老的建筑中，既流动着儒家文化的灵魂，又散发着汉文化在云南多民族地区的气息。

黑井文庙建于明朝万历四十五年（1617 年），以后多次重修。现占地近六千平方米，坐北朝南沿中轴线布局，前有照壁，接着是大成门、石坊、泮池、明伦堂、奏衣所、祭品库、露台、天井、拜台、先师殿及东西两庑，一应中原旧制，保存较为完好。全石质太平坊始建于明崇祯年间，清嘉庆年间又重建。该坊为四柱三间式，高 5.7 米，宽 9 米。四柱前各有石雕狮子一只，坊额上用石雕斗拱加以装饰，坊上的文字已经被岁月和风雨侵蚀得模糊不清。泮池里碧水盈盈，周围是苍柏和修竹。主体建筑大成殿严谨而庄重，通间宽 15.4 米，通进深 17.2 米，高 12 米。单檐歇山顶，前檐由 6 层象鼻凤头斗拱支撑，须弥座上有四狮护基，四鼓拱卫，有浮雕 6 幅，布局精美，古朴别致。置身于雄浑威严的文庙，其中"九狮戏珠"图蕴涵着狮（师）中有我，我中有狮（师），深厚的儒家文化意蕴。斜阳风铃，古柏荫翳，油然而生肃穆之感。在琅井还存有明代建的魁阁，三层八角，雕梁画栋，只是因年代久远而已倾斜。文庙、魁阁是盐都人心中的圣地，不知有多少人在这里立下修身齐家治国平天下的梦想，手握书卷走向了更远的地方。

在黑井，举人、武举、进士不少。据说清康熙至光绪就出过进士 13 人，

图 4-2　文庙太平坊

清末，有官阶从二品者一人；民国年间，有将军 6 人。另外著名的革命烈士、中国共产党在云南的开拓者之一的张经辰，就来自琅井。抗战时期，见过世面、眼光长远的黑井灶绅们还将西南联大的教授请到盐兴中学（现禄丰四中）上课，并从上海购置了一套当时最先进的教学仪器和万有文库给黑井带来了清新的文化风气。

黑井教育文化的昌达还可以从数座文笔塔而知。黑井文笔塔建于明末清初，高约 15 米，屹立在玉碧山上，是方形的 9 层塔。摆衣巷塔建于清代，屹立在镇南摆衣巷村里，高约 15 米。通常塔是与佛教联系在一起的，但黑井的文笔塔却与佛教无关，它的含义应该是来自于"雁塔金板提名"的旧制。在唐代，曾经有一种习俗，就是新高中的进士要到雁塔留名，以留名千古。可见当时黑井非常重视文化教育。

在黑井五马桥头旁，有一座清代光绪年间的节孝总坊，高 6 米，宽 7 米，共有 4 柱 3 门，为红沙石建，石牌坊中门上方是"节孝总坊" 4 个大字，旁左门上方为"霜筠"，旁右门上方为"雪操"，牌坊有龙头、象鼻。浮雕中有"二十四孝"图，下面有石狮守护。这座牌坊是清光绪皇帝为了旌表黑井的数十位节妇孝子而钦赐的。按照旧的观点，黑井是"民风很正"的地方。黑井有烟馆，但找不到一家青楼、妓院，就是有万贯家私的大户也很少有纳妾的。而寡妇也极少再嫁。这个地方一直守着儒家三纲五常那一套旧的道德，这种风气甚至残留到现在。

二　宗教文化和民间文化活动

据有关资料，在黑井历史上更多的还是各种各样的庙宇道观，有过记载的共 56 座，此外还有多座石牌坊、石碑等。

黑井曾有 5 座龙王庙（祠）。《康熙黑盐井志》中对大井龙王庙、伏龙井龙王庙、东井龙王庙有过记载。"东井龙王庙：大门三间，上书龙门额，大殿三间，上额'万世永赖'，中塑龙王像，戴金冠，披铠，右手执杵，左手执鼠，服色尚黑"。"伏龙井龙王庙：在伏龙井卤出处，俗名源头，中塑龙王女像，旁塑龙女。""东井龙王庙：在贤者泉左"。黑井的盐不是从盐岩中产出的，而是从盐泉所出，称为卤水。在中国文化中，龙是主水的，水在五行中属北方，尚黑，有泉的地方往往有龙王庙。黑井的 5 个龙王庙有 4 个是建于卤水旁的。黑井有这么多的龙王庙不是偶然的，它与当地的经济支柱——盐的开发密不可分。黑井就是靠着地下冒出来的盐泉而兴盛起来，黑井的祖祖辈辈都是围绕着卤水来谋生，黑井人相信龙王是盐泉的主人，主管着盐泉的枯旺浓淡，影响着一方人生计。他们建成那么多的龙王庙，供奉祭祀龙王，实指望龙王保佑，让盐泉永不枯竭。

庙宇道观中以飞来寺、诸天寺、香山寺最为著名。在《康熙黑盐井志》中还记录了其他许多庙观，如城隍庙、关圣庙、文殊阁、玉皇阁等等，现还保留下来的有 12 座，其余的已经不存在了。自 20 世纪 80 年代以来，黑井重建了 5 座寺庙，分别是飞来寺、香山寺、万春山大寺、真武山和诸天寺。这几个寺庙里的香火至今依然比较旺；其建筑物数得上最好，周围的林木也是最茂盛的；其资金来源主要是信徒的捐募，其中包括现在散居于昆明等地的黑井籍人。5 座寺庙的现任主持年纪在 82～98 岁，均为女性，她们都会抽烟，其中一位还能吃荤。

进寺庙的人年龄不等，经常去进香的则以年长者为多数。在曾经做的一项以青年人为对象的专题调查座谈会上，年轻者称，虽然有时也到寺庙去，也会进香，但真正信的年轻人并不多。在信者当中，似乎女性要略多于男性。

飞来寺：建于明代，是一座道佛合一的寺庙，位于金泉山的悬崖峭壁上，地势险要，看上去像天外飞来。寺中有大雄宝殿、观音阁，还有悬立于大江之上的钟楼，据庙中的人说钟声可传到镇上。从黑井街上，沿着一级级的石阶要走 30～40 分钟，才能爬到山顶。站在飞来寺的寺门前，向下看去，只见两山对峙，中间夹一条大河，整个黑井尽收眼底，显得越发狭小。飞来寺的主持是一个受当地人敬重的比丘尼，她从小发愿出家侍奉佛祖。在《康熙黑盐井志》中有对"飞天寺"的记载，我们尚不知道飞天寺与飞来寺有没有历史渊源。

诸天寺：位于与飞来寺隔江相望的玉璧山上，建成于明代，大概就是《康熙黑盐井志》中记载的诸天阁。寺内大殿上有康熙、乾隆、道光 3 代清朝皇帝御笔亲题的匾额。诸天寺大殿的佛座是由几组明代的雕花砖构成，图案精美，生动有趣。

香山寺：在《康熙黑盐井志》中有记录，"香山寺在关张庙左一里许，嘉靖壬子善士周铎簪室人杨氏男周文建。"

图4-3　大龙寺中的旧戏台

其他历史遗迹：黑井老街遗留下来的老街、牌坊、庙宇和戏台，是它的辉煌时期能工巧匠的杰作，也是当时经济繁荣、文化昌盛的产物。在今天，像这样有中国古典建筑和云南民居特色的美丽小镇是不多见的。现存的历史文化遗迹主要包括：新石器文化遗址、青铜墓葬和元代火墓葬群、木棉花浮雕墓、始建于元代的五马桥，清代的庆安堤、古盐矿井多处、煮盐灶户遗址多处、古塔3座、元代摩崖、古戏台、古寺庙遗址多处、古石牌坊，以及特色浓郁的旧街区和各类民居建筑20多处。按照有关记载，黑井有六座戏台，是旧时浮云奢侈的见证。当时，这里的"灶户"富甲一方，在昆明有两条街的地产，即现在的拓东路、祥云街。在其他地方也购有大量的土地。例如在禄丰县的大北门厂，就占有几十亩土地。当时黑井经济繁荣、盐运发达，往来客商无数，每天至少有3000匹马到镇上运盐，几乎挤破这个弹丸之地，难以想象这窄街小巷如何容纳这许多人马。黑井的昔日辉煌，是靠盐业这一项支柱产业发展起来的，有其深厚的物质基础。至 20 世纪初，黑井人气旺盛，商贾如云，人流如织，使一些剧团在这里也找到了发财之路，一年有 10 个月天天唱着滇戏，演奏着洞经，据说兴盛时一年之间黑井要举办数十次民间文化活动，规模较大的有农历正月初八的庙会、二月十五的太平会、六月的火把节、洞经会等 8 种，这期间，耍龙灯、耍狮子、跳花灯、跳脚（彝族左脚舞）的热闹异常。

黑井镇与内地汉族地区联系较早，唐代以后，随着黑盐井盐矿的日益开发，内地开矿经商进入黑井地区者日渐增多，在盐文化的推动下，黑井地区民族民间艺术活动渐步增加。总的来看，由于历史上黑井居民的构成为多种民族，来源也广，因此黑井的历史文化以汉文化为主，兼有彝、回、白等多种民族的成分，被称为"佛、道、儒、伊斯兰、基督、汉俗、彝俗共存"。黑井旧时的文化之所以兴盛，与盐业这一项支柱产业提供的物质基础密不可分。

黑井的传统文化在 20 世纪 50～80 年代间受到了巨大的冲击。这突出体现在众多寺庙道观先后被废弃，传统的民间文化活动也几乎完全停止，除了社会政治的原因，盐业的衰落也是一个重要的因素。在此期间，变化最大的还要数人们的观念。

第二节　洞经音乐和戏曲活动

一　洞经音乐的源和流

洞经音乐是我国古老乐曲之一，曲音幽雅圆润，清新流畅，具有独特的宗教性，同时又具有广泛的群众性，是祖国文化宝库中的一份重要遗产。洞经音乐起源于道教音乐，道教音乐是我国传统文化的组成部分。据史料记载，北魏明帝神瑞二年（公元 415 年）寇谦之制定乐章作有《华夏颂》、《步虚声》，是道教音乐较早的记载。唐代，高宗曾令乐工制作道调，玄宗诏道士、大臣广制道曲，他还在宫廷内的道场教道士《步虚韵》。唐代吸收融合了民间音乐、西域音乐和佛教音乐，使道教音乐得到了提高和发展。北宋时期产生的《玉音法事》，记录了唐代到宋代的曲谱50多首，曲谱采用曲线记谱法，至今还不能确译其音调。明代洪武七年（1374年），对道乐进行统一的规定，编定了《大明御制玄乐教乐章》的音乐谱集，采用传统的工尺记谱法。明代道乐继承了唐宋元的旧乐，又吸收了民间音乐，艺术水平达到了相当的高度，近代的道乐基本上承袭了明代以来的传统。道乐在不同地区不同道派间有不同风格，如代表北方全真派的北京白云观、湖北武当山等，以大钹、大鼓、笙、管、笛、萧演奏起来，气势雄浑；代表正一派的苏州玄庙观、上海白云观，突出江南丝竹乐器，风格清新淡雅。因此，道乐与各地民乐融合后，有明显不同的地区差别。

黑井洞经音乐，于元代元至年间传入，后因战祸，曾一度消失。清雍正末年，有江西金谷县人李文述，客居黑井，行商为业，渐有余资且谱经史，善解六律，不愿回籍，倡导捐修黑井文昌宫一院，置会田十余亩，为长年会修之用，并主持创立文昌宫桂禄院文会（即现在的洞经音乐会）备具洞经音乐乐器，言传身授洞经音乐，使黑井洞经音乐活动再度兴盛，流传开来。原盐兴县全境各乡镇均有黑井支系的洞经音乐组织，清光绪三十年（1901年）由其后学弟子丁星齐主持，后来，相继由万春沛、李经等40余人，继承传统洞经音乐遗产，至今仍保留了《山坡羊》、《浪淘沙》、《水龙吟》等31个曲牌。乐器有笛子、芦管、琵琶、三弦、胡琴、云锣、小钹、摇铃等，视乐队人数的多少，同种乐器可增减。

黑井洞经音乐自李文述先生组建文会之后，近200年间，达到了较高的水平，形成了完整的汇路，各汇调门，板眼规范，节拍严谨，声腔丰富，如《竹云飞》、《山坡羊》、《童子拜莲台》，热烈浓重，欢快活泼；《三腔大赞》、《小开门》、《将军令》，气势磅礴，如排兵布阵；大小《散花》、《卦调》、《仙家乐》，潇洒飘溢，如仙游山灵洞；《咒海调》、《一江风》，婉转哀切，如泣如诉；《浪淘沙》、《闹元宵》、《大赞三叠浪》，波涛起伏，如倒海翻江等等，各有特点，又十分统一与和谐。演奏时，悦耳动听，令人心旷神怡，浓聚地方古曲的韵味。这一民族瑰宝，虽经历代沧桑，几次濒临灭绝的地步，幸而终归得以保留如今受到了省、州、县文化部门的重视，数次召集地方老艺人推敲挖掘，在老艺人杨树庄、刘悦等的努力下，使洞经音乐得以发扬光大。

二 戏曲活动小史

1. 明代的戏曲活动

明代，黑井地区盐矿已有"西南第一卤泉"之称。黑井地区的戏曲活动，与明代内地移民的大批进入有关。在"盐铁经营固集权"的历史条件下，统治阶级十分重视黑井的盐矿开采，并委设专管盐务的提举司行政机关。盐井的开发，促进了黑井经济的发展。明代提倡儒学，府州、县均设馆教习。设学正专司教育，据《康熙黑盐井志》载，"以滇视井，则井弹丸耳。而课额则当云南地丁之半……"黑井盐税在云南省经济收入中占有重要地位，由于经济的发展，从中原和全省各地到黑井做工经商的人数不断增加，同时也有从京都被贬来的官宦，各族文化艺术向黑井渗透，同时，也对戏曲艺术活动的产生和发展有着直接的影响。

据《康熙黑盐井志》载，明洪武二十六年（1393 年）奉旨迁移黑井灶丁人数一次就有六十四人。其中有户、礼、兵、刑、工等各部官宦人员，其籍贯来自十二个省，其中山东、山西、广西、浙江等省人居多。在明统治的二百七十多年中，共委派一百余人到黑盐井做提举司、吏目和大使官。他们的籍贯分别为四川、浙江、江西、安徽、湖北、贵州、福建等省。据《康熙黑盐井志》载，元、明时期黑井有土主庙、城隍庙、东井龙祠、七局龙祠、大龙祠。如"土主庙，元朝建，弘治十六年（1503 年）署司井事陆绅荐修"；城隍庙"万历十年（1582 年）建，辛卯（1591 年）重修"。还提到"黑井大井区，在司治右万春山，旧有盐井龙祠，因明末兵焚毁，迨本朝康熙年间始，提举聂公修建，继丁公重修"。陆绅荐在《黑井土主庙碑记》和《铎风台记》中提到，每年都举行"祭祀"迎送土主的活动。庙宇增设有戏台，祭祀活动的同时开展娱乐活动。黑盐井的戏曲活动，最早见于长洲明末清初著名画家黄向坚著的《滇环日记》，其中提到清顺治壬辰（明永历六年，1652 年）冬月"二十八日至黑井，门贤王用宾，日设酒相邀……设席饯别，演剧奏乐，声客和畅"。这就表明，明末在黑盐井已有"家班"的演剧活动。由此证实，黑井在明末就有了较为出色的说唱艺人。

2. 清代的戏曲活动

清顺治十六年（1659 年），吴三桂率清军进入云南。在吴氏统治期间，云南政局不稳，民众生计艰难，但也没有放松对黑井盐课的管辖。据记载，明末清初"盐课总兵史文，投献（清）邀功，盐课额自明代二万六千六百两银，猛增至九万六千两，康熙三年增银三千两"。此时期，黑井地区的戏曲活动只有"社火"活动的形式见于志书记载。《康熙黑盐井志》中提到"……龙神格佑，复涌减泉……少者亦鼓舞聚乐"，这是记述黑盐井在祭龙神的庙会活动中，由少年儿童装扮演出的情形。康熙二十年（1681 年），清王朝平定吴三桂叛乱后，对云南仍旧采取安抚政策，黑井地区流散人口回归，人民得以休养生息，民间戏曲活动又开始活跃起来。据《康熙黑盐井志》载，"有儿童扮采茶、击花鼓"，"祭龙神"庙会的戏曲演出活动，可见民间戏曲演出活动的内容比较丰富。

黑盐井自元、明以来就是云南食盐的主要产区。据《康熙黑盐井志》记载，黑井生产的大部分食盐，曾运销到昆明、贵州、广西、四川的大部分府州、县，致使黑盐井形成了"万马归槽"商贾云集的繁华集镇，因此戏曲活动也较为兴盛。康熙四十三年（1704 年），黑盐井"重建土主庙戏台"。《康熙黑盐井志》还记载了文昌宫看戏盛况："遥看万岭硝烟障，俯视千人逐剧场"。黑井戏台的兴建与重修，各类演出活动的开展，都是黑井戏曲活动兴盛的重要标志和真实写照。乾隆年间，由于盐业的兴盛，黑盐井戏曲发展很快，二月八日土主生日，在庙内演戏；三月二十八日，东岳神初度之辰，也要演戏；六月十三日龙神会，由灶户主持组织在大龙祠演戏；八月财神会，由商人组织唱戏；十月牛王会，由灶工组织在城隍庙演戏。在这一时期，黑井的民间戏曲活动比较活跃，从剧目、声腔及演出形态等方面已经可以略知其概貌。据黑盐井业余滇剧老艺人杨树清提供，黑盐井在清咸丰、同治年间，曾成立过地方性的滇剧团体"极乐醒民社"。该社成员为当地的滇剧爱好者。由于老艺人口传心授，剧团在滇西地区名震一时。每年庙会期间，都要组织当地艺人和邀请昆明等地较为知名的艺人到黑井演出"会戏"。可见，同治以来黑盐井已是滇剧演出活动较集中的地区，故而被人们称之为"滇剧窝子"。

3. 民国年间的戏曲活动

民国初年，先后有王和班，冯秉儒、刘楚的庆华班，杨西倌的戏班及鸿庆班到黑井演过滇戏。特别是在黑盐井每年的春节龙王会、太平会等庙会期间，都有各地知名戏班来演出。全省戏界有名的演员栗成之、杨九皋、张子谦、高云峰、罗香圃等，都曾到黑井演出过。在外来滇剧演出的影响下，当地的玩友班也发展得很快，成立了业余滇剧组织。黑盐井的蒋琪等人在省内滇剧界都有一定的影响。1936年农历三月，萧克带领的中国工农红军长征路过盐兴县元永井时，昆明、楚雄、黑井的部分滇剧演员，曾联合为红军演出过《小放牛》、《拾黄金》、《捉放曹》等剧目，并受到红军的奖励。1945年抗日战争胜利，业余滇剧班曾配合县政府组织庆祝演出活动。民国年间，曾有川剧班社到黑井演出过。另外，花灯历来多在乡间的院坝和村头场坝演出，只在春节期间才与龙灯、狮子灯相配合到县城各灶户商行等演出。

4. 新中国成立后的戏曲活动

新中国成立后，黑井的戏曲事业有了新的发展。1951年底，在西南区第一次戏曲工作会议后，楚雄行署文教科曾召集地区民间艺人，传达了"改人，改戏，改制"的三改政策。各地文化行政主管部门在组织当地民间艺人认真座谈学习的基础上，相继恢复了城区的业余花灯和滇剧组织。这些业余文艺组织成立后，在上演大批经过整理的传统剧目的同时，还排练了如《白毛女》等部分新剧。并配合土地改革、抗美援朝运动，创作演出了一批当代题材剧目。

1954年以后，在党和人民政府的领导下，由于认真贯彻了党的"百花齐放，百家争鸣，推陈出新"的文艺方针，盐兴县的戏曲事业出现了前所未有的繁荣。琅井镇、元永井镇及中心井相继成立了花灯、滇剧文艺组并得到发展。1956年10月，盐兴县成立了业余滇剧团，演出了《十五贯》、《人往高处走》等剧目。1958年盐兴县合并入禄丰县，业余滇剧团也合并，部分演员调入禄丰县人民剧团。琅井、元永井、中心井的业余文艺团体解散。滇剧从传入到发展的里程道路中，经历了从兴旺到衰落的历史。在极"左"思潮的影响下以及历次政治运动中，都不断受到冲击，"文化大革命"期间，全部行头被毁，使之濒于消亡。党的十一届三中全会后，黑井镇艺人又恢复了活动。1978 年黑井成立了文化站，又恢复了滇剧业余演出活动组织。并经常开展"打围鼓"清唱活动。有时配合龙灯春节演出和参加黑井地区节日文艺晚会。1984 年春节配合龙灯会到禄丰县城贺年演出。

5. 剧种情况

花灯：民间小戏种。主要流布于中心井、妥安琅井、硝井、黑盐井大部分汉族聚居区。由于各地都有彝族、汉族杂居的情况，所以花灯也在一些彝族村寨流传。黑盐井地区花灯，明代以前无史可考。明朝建立后，大批移民为开发盐业定居各盐井，花灯随之传入。黑井地区花灯虽然源远流长，但多数流行地区长期处于封闭状态，因而在各自的发展过程中，形成了不同的特色。

清末民初，黑井地区有供奉土主、龙神的习俗。建有土主庙、龙祠，同时建有戏台，祭日都有群众教会和演出活动，演出活动与"祭土主，祭财神，祭龙神"相关联。黑井龙灯会的龙灯活动和花灯演唱及滇戏是结合在一起的，龙灯活动开始先到提举司衙门、县衙门、厂署衙门等处演出，灯会需先到土主庙举行"拜庙"仪式。到灶户、乡绅家演出，灯会需先到大龙祠祭拜龙神。到商家或铺面演出，灯会需先到财神庙祭拜财神。中心井每年正月举行办龙灯盛会，届时，要张贴《龙灯胜盛会职员表》，据现存 1948 年手抄本中提到："龙灯盛会其建自十一、十二日，揭庙拈香，满街游龙为始，良因迫至十七、十八日功完送圣，行难逐疫，洁备龙舟，扫荡八井之妖氛，迎迓龙天之御驾"。演出的功能之一是为了驱鬼逐疫。上述这些习俗，其形成的年代已很久远。

黑盐井的龙灯会，1949 年前每到一处要演出四场十二个节目：头场演出《封猴挂印》、《昭君和番》；二场演出《八蛮进宝》、《采茶》、《霸王鞭》、《卖货郎》、《鹬蚌相争》；三场演出《水漫金山》、《钟馗嫁妹》、《三打祝家庄》；四场演出《耍龙》、《耍狮》。演完一场，即转到另一家，当地叫称"蛇蜕皮"。头场属杂耍，二场属花灯（实际都是小歌舞），三场演出形式与滇戏相类似，四场属扫场。这是黑盐井演出的特殊形态。

中华人民共和国成立后，黑井的花灯得到了发展。花灯从民间进入城镇，从院坝、广场进入到舞台演出。

滇戏：属地方大戏种，流布于黑盐井（盐兴县）、琅盐井（琅井），猴盐井（元永井，现属一平浪镇），滇戏的形成约在清道光咸丰年间，并与盐业经济有很大关系。在滇戏未形成以前，据志书记载，黑井地区已有滇戏活动。每年，除了各种"庙会戏"之外，私人家中有喜庆宴请宾客也要演剧。滇剧传入黑井的确切时间现无文字资料可查，但清代至民国就有滇戏组织存在。据黑井滇剧老艺人杨树清、莫文涣、包德炳回忆，"据滇剧老艺人李雨山说，清末滇剧艺人曾向李少白学过戏。光绪初年，李少白的'泰洪班'、李品金的'福寿班'就来黑井唱过戏。"此后，到黑盐井演过戏的滇戏班社及名角举不胜举。每年黑井的灶户，绅商都要到井上祭龙神，参加太平庙会演出，一来都有半年之多。滇剧传入黑井完全是出于经济贸易的关系。因元代以后，黑井成了云南经济收入的重镇，清康熙以后，黑盐井又成了辖"五井"的首府。进入民国以后，黑井盐业一度兴旺，保持着重要的经济地位。黑井戏曲在冯炳儒的"玉和班"、蔡筱舟的"鸿庆班"、刘楚的"庆华班"

图4-4 黑井古盐坊博物馆中的旧时戏台和观众老照片

以及刘习斌、束云臣、冯庆华等带领的戏班相继到黑井演出，对黑井地区业余滇剧班社的建立，起到了推动催化作用，促进了黑井戏曲文化的发展。到了民国15年（1926年），盐兴县建立了较固定的滇剧班"极乐醒民社"。并定期或不定期开展季节性演出及庙会演出活动。黑井滇剧活动，得到乡绅、盐商、灶户（盐场主）的资助，人才济济、行当齐全，演出活动频繁，演出剧目也十分丰富，有"年年《征北海》，岁岁《战金山》"的谚语。有《访白袍》、《二度梅》、《雷打吕洞宾》、《六月雪》、《八仙图》、《三剑侠》、《四块玉》、《七世鸳鸯》（七本）、《五雷阵》、《水晶住》、《李三娘》等数十个传统剧目。

滇剧的流入和发展，先后涌现了一批知名的滇剧艺人，民国年的李炳山，号称"侠魂"的王子苑、蒋琪，号称"无影道人"的白寿昌，后起之秀敏永会、周学昌等等，以及现还坚持献演的英文涣等。盐兴县业余滇戏组织，在历史上曾开展过一些进步的演出活动。民国25年（1936年）农历三月二十八日，黑井镇、琅井镇、元永井镇和楚雄共乐社成员陈治言、李文训、李家才等地滇剧艺人在元永井镇场署，为工农红军六军团—萧克率领的部队，演出了《捉放曹》、《拾黄金》、《小放牛》等剧目。黑井艺人自"九·一八"事变到抗日战争胜利，为抗日救亡运动举行义演，将售票所得全部收入，交给当地的抗日募捐机构。1942年，盐兴县"醒民聚乐社"的滇剧艺人，应盐丰县（石羊）、大姚县（金碧）邀请参加"吉祥社"、"演义社"的滇戏艺人举行"军鞋劳军义演"和"慰劳前方将士募捐"义演。演出了《投笔从戎》、《腾龙血泪》、《巾帼英雄》、《送子从军》等剧目。

中华人民共和国成立以后，盐兴县的业余剧团，配合当时的清匪反霸、减租退押、抗美援朝、土地改革运动，先后创作、移植、改编演出了《白毛女》、《刘胡兰》、《活捉杜鲁门》、《仇深似海》、《逼上梁山》、《北京四十天》、《红娘子》等剧目。1955年盐兴县成立滇剧团，团长张清晨，剧团设在大龙祠，专职演员有李子英、杨树清等16人。业余的演员段永会、蒋国安等近15人。剧团天天演出，工资自负盈亏，收支小有节余。1958年12月，盐兴县滇剧团并入禄丰县人民剧团，部分演员调禄丰剧团，其余解散转行。在"文化大革命"中，滇剧被斥为"封资修文艺"，一律禁止演出，接近销声匿迹，艺人有的被迫害。1968 年黑井公社"红卫兵组织"成立"毛泽东思想宣传队"，移植了《沙家浜》、《红灯记》为滇剧，并慰问了修建成昆线的铁道兵，巡回到牟定县、元谋县妥安琅井演出，1970 年宣传队解散。

1978 年十一届三中全会以后，黑井成立了文化站，又恢复了滇剧业余演出活动。

第五章　从社会性别的视角看

第一次来到这个小镇，矗立在眼前的醒目的贞节牌坊和听到当地人不断提及有关女性的古老传说和精彩故事等，这些不可避免地触动了我们思维中关于社会性别这根敏感的神经。我们试图按照传统人类学对于女性婚姻、受教育程度、赋权或政治参与、劳动分工、继承权、居住方式、守寡、入赘、缠足习俗等一系列带有指向性的标准进行细致考察，但随着对社会性别的挖掘不断深入，矛盾却逐渐呈现出来。当然，对于人类学来说，所谓的田野调查总是"机会主义"的。对此的挖掘尽管永远不可能穷尽全部，却能够从一个独特的角度带给我们更多思考。

第一节　历史上的黑井女性

李阿召，这可能是第一个被记载在黑井历史上并与千年古镇的产生有着极大关系的女性。第一次听到这个名字，是在位于黑井镇西面万青山麓的大龙祠中。这大龙祠拱殿内在康熙年间原塑有三座雕像，"文化大革命"中被毁。据说其中左边一座为一女性像，头戴凤冠，自披霞帔，赤足，手执玉如意镜，这就是想象中的李阿召。

据《康熙黑盐井志》记载："黑井，有土人李阿召，牧牛山间，中一牛倍肥泽，后失牛，因迹之，至井处牛砥地出盐。"正是她将这一喜讯传遍四方，当地人才开始开凿盐井，并将其命名为"黑牛盐井"。

可以说，正是这个彝族女子的发现，带来了黑井一方水土的兴盛。因此，后人想要在诸神中为其安排一个适当的职位，本有意送阿召上天入云，又因黑井依傍着龙川江，水里所有的神物首推龙王，所以人们尊她为"盐水女龙王"，被供奉在大龙祠中，这是一个何等尊贵的封号。在传统中国文化中，龙属阳性，它是中国人崇敬的万神之神，主宰着华夏山水，至高无上。即便在民间故事中拟人化也只可能是男性，往往还特定于三皇五帝。而正是在黑井，中国古代所有民间传说中少见的女龙王就这样产生了。从此黑井王侯将相，贱民奴仆，都虔诚地供奉着一个少女的名字——李阿召。甚至连这都不再是一个普通的名字，在一百年前的黑井，你若直呼李阿召，那是要惹众怒的。

李阿召的故事到这里还没有结束，黑井的人们还会津津乐道另一个与她相关的故事。在黑井，人们喜爱看大戏，在大龙祠里有座至今尚存的戏台，不仅唱过京剧、昆曲，也唱过滇剧、花灯，甚至来自外省的川剧、杂技。过去逢年过节和逢农历初一、十五，男女老少蜂拥而至，大龙祠里便热闹非凡。据说这却惹恼了这位女龙王。原来，阿召作为彝家姑娘，是不兴缠足裹小脚的。而黑井女性多为汉人，个个都是"三寸金莲"，袅袅婷婷，风情万种地挤来龙祠看戏，阿召姑娘见状竟也自叹弗如，禁不住心头火起，一怒之下，拂袖而去。这一来吓得人们赶忙沐浴斋戒，顶礼膜拜，才又重新请回来这位女龙王。只是从此以后黑井的女性再也不能到戏台前看戏了。而只能站在大殿背后距离稍远的半山处遥看。也由此可见，对于民间故事中的李阿召，人们不仅赋予了神圣尊贵的封号和地位，同时也赋予了她常人般喜怒哀乐，甚至融入了"善嫉"这种对传统女性性格的刻板印象。

自从黑井有了盐以后，盐的生产一直由朝廷严格控制，盐井都有井兵把守，生产的也就是所谓的"官盐"。而有"官盐"的同时也就产生了"私盐"。获得私盐的方法有很多种。有的是锯盐的锯夫故意加宽锯口，累积碎盐。或者女人和小孩手持木瓢，在卤夫经过时趁其不备与卤夫相互会意，快速地舀上一瓢卤水到自家备好的小桶里。也有一些卤夫在倒卤水时，留下一层不倒干净，返回时到了自家门口，很快地倒进早就等着的木瓢中。还有的卤夫在挑卤水时故意把水洒到自己穿的衣裤、草鞋上，晚上回家后用清水把衣裤、草鞋中的盐溶解出来。因为这种盐大多由女人在夜里用自家的小锅偷偷地熬制成锅盐，因此在黑井私盐也叫"小锅盐"，或者按照当地对女性的称呼，称之为"婆娘盐"。除此以外，这种婆娘盐还有另外一层意思，那就是一些妇女常常把锅形的私盐反贴在肚皮上，用带子绑扎稳当，装成身怀六甲的孕妇，这样就能大摇大摆地闯过重兵把守的关口去贩卖。正是这些婆娘盐，不仅能够使黑井普通百姓自给，还可以当作金子、银子换来其他生活必需品。于是才有了集市和商贸，有了黑井此后的繁华兴盛。至今在黑井大街小巷的很多商铺中都还可以买到仿制古时婆娘盐的旅游纪念品。

图 5 - 1　富有历史故事的小锅盐

可以说，黑井是一个因盐而兴的古镇，而在整个盐业的产生、发展中，女性都起到了不可磨灭的作用。没有了她们，黑井的历史又将是另外一种写法。因此在当地人看来，黑井女性一直享有很高的地位和声誉。这里从清朝以来女性就享有和男性一同进私塾受教育的传统似乎也是这一观点的佐证。

然而黑井的社会性别观念远不是这样一个绝对而简单的结论所能概括的。跳出以盐为重心的黑井人的生产生活，在下文的故事中或许又能寻到当地人看待黑井女性的另一个角度。

当地人告诉我们，黑井是一个"风气很正"的地方。这说的是按照旧的标准，由于历史上经济发达，当地酒馆、饭馆、茶馆、烟馆等一应俱全，却不曾有过繁华地区必有的妓院。据说，当地曾有一种"修贞"的习俗，即未出嫁的姑娘宣布终身不嫁，这样会得到地方和家人的高度尊敬。

图 5-2　戏台楼上的小姐闺房

不仅所闻如此，走进黑井，一个旅游观光的重要景点就是武家大院，它的主人自明代以来就连中武举，曾经一度影响着云南政坛，可谓是黑井的名门望族。而这颇具气势的大宅作为过去传统文化的承载空间，则往往在一些细节处透露出传统社会性别文化的气息。例如，大宅中可以看到武家私有的戏台，戏台的楼上则是小姐的闺房。对于戏台和闺房的这种房屋布局，导游如此解释：按照传统，大户人家的女子出嫁前不可随便与男性接触，即便是在家庭内也不可以一同看戏，因此将小姐闺房设置在戏台楼上即可方便女子"听戏"。在这里，大户人家的女性从小被限制在家庭范围内，不得随便接触男性，这被看做是道德上纯洁性的体现。而对于已婚女性，这种限制则体现在女性坐椅子的身体姿势上。按照习俗，女性坐在椅子上时不可以露出双脚，而必须将双脚向内收回至椅子下方。如此一来，女性必须以一种上身挺直的姿势来稳定重心，这就显示了女性内敛而端庄的形象。总之，通过对女性身体姿势的塑造以及隔离，不断灌输和强化了这种贞节观念，并通过家具的使用和房屋的结构来体现道德秩序的规范。

不仅如此，嫁为人妇的女性更是需要从一而终，夫死则守节不嫁。在黑井，另一个具有代表性的古建筑就是那座立于五马桥头，建于光绪二十七年（1901 年）的牌楼式全红砂石质贞节牌坊。牌坊正中镌刻着牌坊的主题"节孝总坊"，右间额枋刻有"霜筠"二字，左间额枋刻有"雪操"二字，坊上雕有人兽花鸟图两百余件。作为黑井的一座古代建筑，这座牌坊无论是工程规模还是雕刻工艺在云南都是极少见的，如今它显然已经成为黑井旅游发展中的标志性建筑和受保护文物。而其特别之处则在于这是经光绪帝钦准立坊，为旌表黑井、琅井、元永井三地 87 位贞节女因守节而兴建的。

当然，87 位并非尽数，载入史册名不在"坊"上的，大有人在。盐课提举司沈懋介在其所著的《康熙黑盐井志》中撰写过数千字的《李节妇传》。而在该书列女志中还有很多这样的记载：

"包氏：龙川坊，铁索箐人。包氏女，未许聘，遇强贼欲犯之，不从，贼执其手，人救得释。女曰：我手原为贼执乎，遂自断之，贼再至，遂遇贼杀，井司闻于上宪，予旌表。"

"李氏：井人杨璧妻，顺治十六年，我朝开滇，残寇四下抢掠，时避兵井北，地名巴格能，为寇所获，犯之不从，遂堕岩死。"

此外，在黑井当地的诗词楹联中此类主题还比比皆是。只是这样的记载中从来都是姓名不详，生卒年月也不详，何氏、蒋氏、李氏、杨氏、张氏、王氏……留给后人的仅只如此。

虽然这些仅只是一些遗迹和言语片断，却足以让人感到震撼。让人难以想象在今天看来封闭的西南边陲，中国传统父权制下的贞节观念竟表现得如此淋漓尽致。如果进一步深究，为黑井撰志的沈懋介是清王朝钦定的盐课提举司，节孝坊上镌刻的是光绪帝"旌表"，种种细节似乎都传达出：这些贞节观念往往与当时的中央王朝之间存在千丝万缕的联系。当时黑井与其地界之外的地方有着频繁的买卖和贡赋关系，从而将自己同更大的帝国联系了起来。正如黑井历史文化所体现出的多元性，站在社会性别的角度来审视，黑井恰恰移植了这套在中原形成并得以阐述的父权制下的性别观念。这种三从四德的观念铺张开来，传统中国女性无自主的婚姻以及无法享有财产继承权的历史都在此显示出一种共性。

图 5-3 节孝坊

无疑，黑井历史上的性别问题独特而复杂。一方面，在当地盐业的产生、发展中女性所发挥的重要作用，使其获得了较高的社会地位和尊重；另一方面，在黑井与外界的接触中，代表着一种外来的中国传统父权制下的性别文化也在不断渗入、强化。可以说，正是以上两种看似矛盾的文化氛围交融中构建出了黑井历史上独特的女性角色和地位。以婚姻为例，黑井历史上一直实行的都是一夫一妻制。在当地人看来，这也是女性地位较高的一个体现。但同时，在黑井的名门望族还并存有一种"两头大"的婚俗。所谓的名门望族大多是从事盐业的灶户盐商，他们在黑井的家中娶妻生子，妻子为其打点家事甚至料理生意。但同时他们常年出门在外，走南闯北，很多人在昆明、丽江等生意所及之处又再次娶妻。因为分隔两地，女人之间也就相安无事。由于在名义上都是明媒正娶，不分大小，故称"两头大"①。这种形式的婚姻在明清时期的对外贸易和经济繁荣之地的徽商、晋商之中都甚为流行。而在云南，这种婚俗的产生可谓少见，某种程度上其产生也成为黑井历史上社会性别状况最好的诠释。所谓的矛盾在两种文化巧妙地融合中消解，让现世的我们不禁感慨作为一种婚姻习俗或者制度运作所凸显出来的文化本身的张力。

第二节　历史与现实之间的故事

一　缠足的消亡与视角遗存

在调查中还有这样一类故事，它们还没有被历史尘封，却已经不是当下黑井女性生活中的主流。它连接着黑井千年的历史与现实的社会生活，正是通过这些故事，让我们看到社会性别发展的脉络，看到女性角色之所以在某些领域存在着很明显的连续性，而在另一些领域则出现了意义重大且快速的变迁。

缠足就是这样的一个话题。除去一些带有猎奇色彩的撰述外，缠足本身的社会、文化以及政治的象征意义，使得一直以来人类学对于缠足表现出了明显的学科偏好。因此在调查中机缘巧合地遇到在黑井已经难得一见的缠足妇女——今年92岁的许老太太之后（在十年前这样的小脚女人在这里还是经常可见的），这一话题也就难以回避开了。

一直以来，人类学对此的研究兴趣集中在社会因素对缠足的影响以及对缠足的功能性分析。许多研究者强调，缠足同阶级、劳动分工以及族群等社会因素有关，同城乡差异也是隐约关联的。这种普遍共识认为：农村需要女性下田从事繁重的劳动，尤其在中国南方双熟制的种稻地区，女性承担了大

---

① 王绍玺：《小妾史》，上海文艺出版社，1995。

量农活，因此缠足应该不会普遍。假如有的话，更多只是存在于不需要女性参加劳动的精英家庭，而这样的家庭往往生活在城镇。此外，生活在边疆地区的非汉族的少数民族群体一般也都很少存在缠足。相比照，黑井的情况有一定特殊性。事实上在 19～20 世纪之交，整个云南地区的缠足的分布都很广，并且普遍存在于许多农村地区。而据这位许老太太回忆，黑井的姑娘一般在四五岁时就开始裹脚，直到"辛亥革命"后的很长一段时间这里才宣布该习俗是非法的，并强制性地让妇女放足。当时政府派人在飞来寺的路上阻截妇女给她们放脚，有的放了脚连路都走不了，下不了山。总体来说，在黑井，1930 年以后出生的多数女性都不再缠足了。1915～1930 年之间出生的许多妇女实际上只是有过短暂的缠足经历，但这显然要比整个中原缠足消亡的时间推迟了很多。另一因素是，黑井的彝族聚居地区，通常也是相对较贫困的山区，是这一时期所存在的偶尔没有缠足的主要原因。

图 5－4　缠脚的老太太

除此之外，或许是因为随着时间推移和大部分亲历者的离世，以及在政策倡导下习俗的急剧变迁，如今的当地人对于缠足所蕴涵的文化意义也逐渐模糊，缠足在人们脑海中更多的只是意味着女性学会忍耐和顺从的社会化过程，以及它与文明和教养相关联的象征性意义。如同盖茨把缠足描述成一种"缺乏文化内涵的习俗"，这位学者在调查中几乎没有发现同该习俗相关的仪式、歌曲、俗语或巫术等，[1] 在黑井我们也经历了类似的过程。

在闲谈中有这样一桩趣事：出于上文提到的人类学的理论预设，我们好奇

---

① 见〔加〕宝森：《中国妇女与农村发展：云南禄村六十年的变迁》，胡玉坤译，江苏人民出版社，2005，第 56～57 页。转自 Gates, Hill. 1989. "The Commoditization of Chinese Women", Signs 14, no. 4：799～832.

地向当地人询问缠足女性是否需要从事田间劳作时，被我们称为"黑井通"的文化站站长（男）告诉我们"不需要"，这一回答立刻遭到了在场几位女性的反驳。其中一位说过去黑井男经常外出，家务、种地都是女人做；另一位则说她母亲就是小脚女人，不仅种地，还背盐到外面卖，每次都背二三十公斤左右，来回一趟要花两天时间。有趣之处就在于，一方面，女性们违背理论预设的讲述正是展现了习俗本身的多样性和变化性，进而使人感受到这种始终难以归纳的文化事项即是人类学本身的魅力所在。另一方面，闲谈的内容在这里所意味的并不是本身的对错，而是代表着不同性别的回答所透露出潜意识里社会性别视角的差异，或者更具体地说，展现了过去一直以男性话语为中心所存在的性别盲区。

二 个案：黑井的"祥林嫂"

故事的主角是一位年近八旬的老妇，衣衫褴褛，步履蹒跚地走在黑井的街边，如"祥林嫂"一样，不断向路人诉苦。在我们好奇的询问下，对此知情的文化站站长讲述了她的故事：

贞淑是她的法名，原名叫什么我也想不起来了。她家是琅井农村里的。在她小的时候就有过算命的人说她是"扫把星"的命，只能送给其他家养或者是让她出家。家里面就把她送到庙里呆了一段时间，她不愿意留在那，于是十六七岁的时候家里就把她嫁人了，嫁给了元永井盐矿的一个税井兵。大概结婚一两年后她就怀上了孩子，可是连孩子还没有生下来，这个男的就得病死了，也就是说她"克夫"。她就只有回家了，因为她有这种毛病，所以她爹妈也就恨她，不想留她在家，又找人介绍了把她嫁到元永井一家开马店的人家。因为是改嫁，这家人对她也不好，天天让她割马草，打扫马圈。后来也生了一个孩子，大概孩子到一岁多点的时候，她这个男的又死了。家里嫌她运气不好，想叫她去出家。但是因为她结过婚又不好送到庙里，于是又替她找了一家在一平浪（地名）赶马的人，也生了一个孩子，但是在建国初期这个男的又死掉了。那边的人都欺负她，她只好又跑回家。当时已经解放了，家里分了一些田地和牛。在她没有回去的前几年（土地改革1952～1953年），家里都是风调雨顺，什么都好。可就是她回去那一年，谷子都黄了的时候突然下大雨，把田全部都淹了，没几天连牛都死了，家里什么都不顺，颗粒无收。她爹妈更是把她看作扫把星，到处托人介绍，千方百计要把她嫁出去。好不容易找到一平浪中缅公路的小河边附近比较穷的一家嫁了过去。大概是到了1957年、1958年的时候，国家有政策不养吃闲饭的人，大队就让她去农村劳动。她坚决不去。大队上也没有办法，因为她男的那时候还到处找了点活计做。后来她男的死了以后，她就被赶到农村去了，当时是把她的行李丢在马车上，把她本人捆在马车上拉到附近苏家的一个小村子。她在那一直呆到60年代。她身边有一个儿子，二个女儿，后来也都结婚了，但是没有人想带她一起过。她的儿子为了不跟她一起过，去做了上门女婿。她一个人在村子里过，就常有人欺负她，她就去政府告她儿子不管她。她这种人在我们农村就叫做"白虱子——又吃人，又羞人"，意思就是你给她点好的吃，吃完了她还反过来骂你，像寄生虫一样。到了快70年代开始落实政策，她才离开农村回到一平浪户口所在地。她找到她儿子一起住，住了段时间住不到一块去，她儿子说她手脚不干净，家里的东西都被她偷出去卖，又把她分出来自己住，每年给她两三百斤大米，有时候又不给，一不给她就去村里闹，当时的村委会天天都在忙着解决她和她儿子的家庭问题，弄得她儿子、媳妇、孙子都恨她。后来她就到处去偷，路过包谷地偷包谷，路过小瓜地偷小瓜。周围的人都恨她，她在村里呆不下去就跑到飞来寺了，和出家人一样，主要就是靠国家民政的救济。飞来寺的住持对她很不错的，她生病了还找人把她从山上背下来看病，医药费都帮她付。但是她还常常骂住持，说他是个忤逆子。她连寺庙里的东西，小到蜡烛都偷。谁到飞来寺去她都跟人家诉苦，骗别人的钱。不过退一步说，她儿子毕竟是她亲生的，她对儿子还是好得很，她骗的、偷的都给她儿子，她儿子这些年也会来，也不是来看她，就是把她攒着的东西拿走。后来飞来寺换了住持，这个新的住持也恨她，她就没法在飞来寺呆了。被赶下来以后，现在是怎么过的也就不知道了。

上文这段文字几乎概括了贞淑完整的一生，其中略显繁琐的讲述恰恰展现出她坎坷命运与社会性别文化背景之间的隐性关联。而在语言上所保持的原有口语的表述并不仅仅是为了陈述事实，其本身包含了讲述者自身的理解和意义建构的过程。正如其中使用了"扫把星"、"克夫"等词语来解释女性的遭遇和命运，并进一步归结成一种不可治疗和改变的"病"，这样的观点恰恰可以看做是站在一种人类学"自观"的位置，透过个人的语言来呈现出当地人对此的一种文化解释。

图 5-5　路遇这位"祥林嫂"

同时，这种个人经历也隐约折射出一个急剧动荡变化的历史背景下，个人与群体，国家政治与乡村社会之间复杂图景。一直以来，我们所熟悉的历史是一种现代性的支配话语下精英的叙述，而在这里，尽管限于篇幅，在这个大时代下的"小人物"生活史被过度简单化，从其身上却依然可见不同的历史阶段所留下的烙印。从另一个角度来说，上文对这种富于戏剧化人生的讲述，其意义并不在于对传统宏大叙事体系的消解，也不在于揭示其中性格和人情伦常的扭曲，更多的是从人性和生命的深处提供给我们一些思考。

第三节 当代黑井的社会性别

缠足与"祥林嫂"的故事表露出一些与社会性别相关的文化现象在近几十年来开始迅速消失的同时,这些现象背后更深层的观念却依然作为一个当地的社会记忆而深植于人们的脑海中。同时在市场经济和现代化的大背景下,当地大力发展旅游业和外出务工对整个社会结构形成了强烈冲击,使得黑井的社会性别关系经历与中国当代大多数农村大致相同的变迁过程,体现出发展的普遍性与传承的特殊性交融的局面。

一 教育中的女性状况

当今的黑井看似承袭了历史上重视女性教育的传统,在黑井镇所提供的近期教育相关数据中(见表5-1),显示出黑井的普遍教育水平为初中毕业,期间的男女受教育情况并没有像中国广大农村一样表现出太大差距。在访谈中得知,由于近两年来大量的年轻人外出打工,男生相对容易获得打工机会而中途辍学,而女生"可能不读书也没别的事好干"。

表5-1 社会性别角度的受教育情况分析

单位:%

项 目	男 性			女 性		
	2000 年	2004 年	2005 年	2000 年	2004 年	2005 年
3~6岁儿童入园率	24.2	27.3	27.1	24.7	26.2	26.4
小学学龄儿童入学率	99	100	100	99	100	100
小学学生完成率	85	93	92	83	92	86
初中学生毛入学率	89	94	96	85	91.2	95.2
初中三年巩固率	82	89	90	77.2	86.2	87.7

读书对于当地女孩而言是除了外出打工嫁人之外,离开山村,改变自身命运的另一条重要途径。一位中年妇女谈到她的两个在读高中的女儿,"她们之所以这么拼命读书就是为了要考出去,彻底离开这里",这几乎成为当地人的共识。尽管家庭条件并不殷实,她表示要把两个女儿都供到大学毕

业，语气中充满了自豪和欣慰。进而她指出"镇上有家认识的姑娘在重庆读的大学，现在在楚雄当公务员，刚工作一个月就一千多块钱……"。尽管这样对教育的推崇更多是一种功利性使然，却也意味着教育所需的机会公平。

此外，更为重要的是女性受教育过程中自我主体意识的增强。在黑井镇中学初二年级的一摞作业本中，一篇作文中这样写道：

"十年之后我会有怎样的成就？我都不知道，或许有成功，也有失败。我忽而想起冰心的诗《成功的花》：

'人们只惊羡她现时的明艳！

然而当初她的芽儿，

浸透了奋斗的泪泉，

洒遍了牺牲的风雨。'

十年之后，我将会有怎样的未来，是一个农民还是有工作的人？有谁能够告诉我？

我现在是初二的学生，日子伴着我走过了十四年的岁月，我已懂得梦想的珍贵。前几天，刚开学我就知道自己的成绩不理想，一直是下楼梯，看着这凄凉的分数，我的心情是难以比喻的。但是我没有哭，我是一个很少流泪的女孩，哭对我来说，不能解决什么问题……今晚，我身边没人，便抬头看天空，探寻满天星星：哪一颗是我的梦想？"

不仅是作文中频频出现"成功"、"理想"这样的字眼，而且在与作者的交谈中，她说自己喜欢看书，喜欢莎士比亚；她相信女的也可以走出大山，不比男的差；她不仅梦想着上大学，甚至是出国，成为作家或者画家等等。这样的女孩在黑井并不是少数，在她们身上开始颠覆了传统的性别社会化过程，塑造了女性新的自我认同和价值观，更加直接和个性化地表达个人生活中强烈追求幸福和理想的愿望，尽管通常也更加物质化。

二　婚姻与家庭

婚姻一直被看做凸显社会性别的重要特征之一，它同婚后居住模式、继承权和财产权紧密相关，进一步促进了社会性别化的政治经济。一直以来，黑井与中国的绝大部分地方一样，广泛存在的是父权制下从夫居婚姻，儿子是家庭财产的继承人，女儿出嫁后便离开家庭生活。特殊情况的即入赘，无论是在过去还是现在都并不多见，因为那意味着出生的第一个孩子要跟从母亲的姓氏，这在当地的观念中不是一种理想的婚姻，正如当地俗语所言："小子无能，出家上门，改名换姓，重新做人。"也表现出文化对此的歧视性。

在 20 世纪 90 年代以来社会文化急剧变化的大背景下，整个婚姻家庭模式和其中的男女关系也发生了很大变化。首先是黑井过去传统媒妁之言、父母之命下的婚姻更加少见了，更多的是一种"自由恋爱"下的婚姻。与包办、介绍不同，它强调的是男女双方在感情的基础上缔结的婚姻。由此而来的婚姻，给女性更多的选择，而随着交际半径的扩大，通婚圈范围也不再局限于当地，县城、省会甚至省外都纳入了女性的择偶范围。其次，在选择越来越自由的同时，选择的指向性也体现出来：女性大多显示出了物质主义的倾向，与读书一样，这也是她们改变自身命运的另一条途径。择偶标准变化主要包括：男性的家庭及成员和男性的工作以及能力。传统看重的身体强壮与种田能力不再是首选，取代的是通过非农业特别是技术工作赚钱的能力。

在与当地女性李 X 闲聊中，她讲述了自己的恋爱史，她提到初中自己第一次恋爱失败是自己最伤心的时候，而原因被她归于："因为那次是完全凭自己感觉去喜欢的，我当时就知道以后再找（对象），结婚就再也不会这么放纵自己了，（到时候）有太多要考虑的……"而她自己的婚姻选择也正是印证了上面的说法，对于目前婚后状况她不愿说更多，只是说自从女儿出生后一年多是她结婚以来最幸福的日子。此外还说："现在的女孩都愿意嫁出去，留下的也就想嫁给上过大学的或者公务员。"当然，这不是黑井的独特之处，而在世界各地的城市农村中普遍存在，只不过在这里，在贫困与发展的矛盾中更加凸显在人们的思维中而已。

在几十年前，这里婚姻中所特有的现象是：夫妻婚姻不和的往往不离婚，而是分居，而且很多还是"有文化"的人。例如 X 老师，是新中国成立前的老师范生，家里原来还是有钱的灶夫。与妻子分居后还住在一个院子里，只是财产、吃住分开。女孩跟着妈过，儿子跟着爸过，父母之间不来往，不过和孩子之间往来。究其原因，有人解释道："离婚听起来难听，有的家族也不允许，迫于压力也不敢离。"尽管作为一种行为方式，分居在近几年的社会文化的急剧变迁中已经消失了，但过去强大的传统文化在观念层面上是否保留以及多大程度的保留成为我们调查问卷中的一个关注点（见表5-2）。

表5-2　对妇女再婚的看法

项　　目		频　率	百分比	有效百分比	累计百分比
您对离婚或丧偶后的妇女再婚有什么看法					
有效问卷	反　感	25	21.9	21.9	21.9
	无所谓	49	43.0	43.0	64.9
	支　持	40	35.1	35.1	100.0
	总　计	114	100.0	100.0	

从表5-2可见，所谓的重视贞节的传统文化对当今婚姻的影响远没有我们调查预设的那么强烈。尽管在更进一步的访谈中，可得到生活在更为封闭的山区以及年龄较大的调查者倾向于反感的趋势，但这种反感大多是针对当下一些女性把离婚改嫁作为逃离贫困的经济考量，而这更常见于贫困的山区。正如在调查过程中，一户人家的50多岁的母亲与20多岁的儿子在这一问题上的不同观点，恰恰反映出问卷中不同回答背后的含义，儿子认为"现在年轻人，谈不拢，过不到一起去离婚是可以理解的"，而母亲则指出"现在有的女的不管家里男人、孩子，跟着有钱的就跑了"。而当笔者还在思索传统文化对女性再婚的影响时，访谈中遇到的一名刚结婚的年轻女性半开玩笑地说："有什么好愁的？现在男的那么多（指中国目前失衡的性别比），离了婚都排着队要来娶。"

与婚姻变化同步的是主干家庭开始减少，核心家庭开始增加，联合家庭几乎消失，家庭关系规模变小的趋势。在对113户家庭的有效问卷中显示了其中61户为两代家庭，52户为三代同堂，进一步的访谈则表明大部分家庭的分家时间比过去大大提前了，下一代的结婚通常成为一个分家标志性的时间点。与此同时，宗族、家族也已经很大程度上没落了，上坟祭祖这样的活动也不过是个人情感的流露而非宗教性的集体仪式。这种变化可能是国家20

年来计划生育政策与人口外流的结果，但它包含的意义还在于它反映了一种向更为简单的、以夫妻为中心的家庭结构发展的趋势。这在全国性的其他研究调查中也发现了类似的趋向，但在一些人类学相关研究①中，大家庭被证明比核心家庭更具有经济上的优势。它暗示了在这种非经济性的选择背后，是一种新的家庭文化的出现及其对人们的作用。

在我们的调查中这种家庭文化的变化明显地表现在夫妻间关系以及女性的性别角色的重新定位上。由于男性外出打工比例的不断增加以及一直以来女性承担了几乎全部的家务，尽管在重大的决策面前仍然是以男性为主导，但一般来说，大多呈现的是女性当家的局面。更有意思的是在调查中我们所碰到的：一次在访谈对象王 XX 家我们恰巧遇到他和他的妻子发生了一点争执，他对他妻子说不应该把买来的菜杂乱地放到客厅的桌上，对此他的妻子表现出不悦，一直断断续续地抱怨他直到我们离开他家，而他一声不吭。从他家出来后他有些尴尬的解释："我老婆是属虎的，老虎有脾气，所以就让着点她……"这个细节隐约透露出女性在家庭中地位的上升，而这也正是夫妻关系变化的关键。除此之外，如今的男性大多认可女性对家庭经济所作出的巨大贡献以及女性当家的权力。闲谈中也有男性提到："我们黑井的男的真是享福呢，种地女人种，家务也是女人做"。

另一方面，与上文女性教育中主体意识增强相类似，一些年青一代的女性自我认同也不再局限于传统的"贤妻良母"的角色。调查中在当地旅游公司工作的赵 X 说到："我觉得人一生应该过得充实、有意义，生活不只是结婚生孩子，也要有自己的工作、事业，我自己是不会接受结婚在家被人养着的"。同时，她也提到女性在这里要想真正在工作上有所成就的困难，"就说我，现在工作做的再不好也就降成一般的服务员，和现在其实也没有多大差别。但是就算我再努力，也没多少发展的空间，除非出去（离开黑井）。"无疑，越来越多的女性开始具有独立、自主的角色理想，而这必将推动更加民主化家庭的变革。

---

① 〔美〕阎云翔：《私人生活的变革：一个中国村庄里的爱情、家庭与亲密关系 1949～1999》，龚小夏译，上海书店出版社，2006。

可见，一直以来人类学所给予广泛关注的家庭正在发生重要的变化。费孝通先生对中国家庭与西方家庭比较时曾指出，与西方夫妻成为主轴不同，中国家庭的主轴在于父子之间，在婆媳之间，是纵向而非横向的，因而夫妻之间的感情要求往往受到抑制，即父母与儿子的关系在家庭中压倒了其他关系。大多数研究中国家庭的学者都同意这一说法。在今天的黑井，包括整个中国农村仍然很大程度上保持了这种家庭关系模式，但不难看出这一模式已经开始出现松动，家庭权利的部分开始向下一代发生转移，夫妻关系在家庭中的重要性显著上升，而女性在这一系列变化发展中扮演起更积极主动的角色。

三　生儿育女

在 1949 年以来中国政府开展的各项社会改造中，计划生育影响最为深远。当地的干部们回忆起在实行计划生育最严格的时期，不断发生妇女跑到山上躲起来，却又被大批出动的工作队带下山来。可是，如今传统乡土社会中的性别偏好已经形成一般的刻板印象时，黑井的实际情况却带给我们一些意外。不仅年青一代对于生育男女没有特殊的偏好，甚至很多老年人对生儿子"养儿防老"、"传宗接代"的观念也已经淡化消失了。调查中偶然碰到的张老太太所聊到的她家的情况也许更能说明问题。60 多岁的张老太太有一个儿子和两个女儿，其中的儿子和一个女儿都离开了黑井，分别在昆明和晋宁（属昆明市地级县）成家，而她则留在这里与另一个成家了的女儿生活。她告诉我尽管同样在外地，但是女儿很孝顺，会常常主动给她钱，姑爷也会，女儿还告诉她说："我给的（钱）拿着，他（姑爷）给的也拿着"。但儿子要这样（她用手比划了一个要钱的动作）才会给钱。闲聊中还提到了她的小孙女，张老太太在言语之间无一不表现出对她这个唯一孙辈的疼爱。当我们问及她是否想要孙子的时候，她告知无所谓，孩子只要孝顺听话就好。从张老太太的年龄来看，她的观念中理应更多留有传统性别偏好的影响，而与之不符的实际则恰恰表明了：某种程度上来说，正是女儿对她的赡养和孝顺改变或者重塑了过去的生育理想，这一结果最终体现在了她对孙女的喜爱上。而张老太太并不是这里唯一不想要男孩的村民。

甚至，尽管在目前黑井政策是允许生育两个孩子，一男一女是一般家庭的生育理想，但正如表5-3中的统计，即使政策更为苛刻些——只准许生一个孩子的假设下，大多数调查者都表现出了"男女都一样"的心态，甚至在访谈的几个年轻人中表现出新的"性别偏好"。据一位刚做母亲的说，生孩子时医生告诉自己生的是个女儿，当时她就很高兴，"都说女儿是妈妈的小棉袄比儿子更孝顺嘛"。

表5-3　生育意愿

如果政策只准生一个孩子,您希望是				
项　　目	频　率	百分比	有效百分比	累计百分比
有效问卷 男　孩	6	5.3	5.3	5.3
女　孩	8	7.0	7.0	12.3
男孩女孩无所谓	100	87.7	87.7	100.0
总　计	114	100.0	100.0	

　　不仅如此，在20世纪90年代后结婚生育的一批年轻夫妇中更多的开始满足于只要一个孩子，无论孩子是男是女。国家强制推行的人口控制政策已经开始在一些家庭变为自觉的生育计划，一种新的生育文化正在出现。而经济上的考虑是这种生育观念和行为改变的最主要动力，正如上面提到的母亲所说，他们不生二胎的主要原因是养不起或照顾不过来。在90年代后期的父母普遍都认为抚养孩子的花费越来越大，不仅是教育和儿女今后的结婚费用，"就连奶粉钱都让人吃不消"。一方面是抚养儿女的费用在急剧增加；另一方面是父母对子女的依赖在逐渐减少。因此在今天的黑井，人们公认子女的性别和数量对于父母年老时的保障并没有太大关系，重要的在于子女的孝顺。此外，缺少了宗族的影响，女性主体意识增强等也都对这种新生育观的形成起到了积极作用。

　　与之相关的则是女性继承权的问题。尽管在家庭承包制下采取的是按人头把土地分配到各户，这强调了女性对家庭得到的土地数量有贡献，但这并没有给予她们任何独立的控制权。表5-3的问卷中选择"和男的一样，能分到财产"的村民大多是把财产等同于嫁妆，而显然嫁妆是一笔与房子和土地相比要小得多的财产。通过选择回答结果的分布似乎也感觉出当地人对于这个问题认识上的混乱。事实上正如当地人说的，女性要嫁出去，嫁出去了就不是家里的人，因此即便在今天的黑井大部分家庭中，女性是不可能和男性一样享有房子或土地的，除非通过法律的途径，而这对大多数家庭来说是不必要的。

表 5 - 4　财产继承

在黑井,妇女在分家或者继承的时候能不能获得财产(房子或土地)				
项　目	频　率	百分比	有效百分比	累计百分比
和男的一样,能分到财产	64	56.1	56.1	56.1
和男的不一样,分不到财产	26	22.8	22.8	78.9
不清楚	24	21.1	21.1	100.0
总　计	114	100.0	100.0	

注：表格左侧有合并单元格"有效问卷"。

四　劳动分工

"在每一个人类社会中，工作（或不工作）是构建角色与等级的一个根本因素；这对于社会性别就像对于阶级一样是适用的。"[①] 因此，性别分工一直是两性关系的重点。事实上，农村女性一直作为劳动力队伍的一部分，承担着田间劳动。但社会的传统观念往往将"农民"默认为男性来考虑，而农业社会的性别分工模式"男耕女织"和"男外女内"，使得女性成为"隐性农民"，她们的劳动价值通常被隐没在男性的阴影之下。

在黑井，无论在历史上还是现在，女性真正撑起了分工的半边天。正如上文提到的：过去，女性从事的除了家务还涉及农业、盐业，甚至在盐业的运输这样关键领域都有女性的参与。近年来，在土地稀缺和农村劳动力过剩导致人地关系高度紧张的大背景下，农业、农村的凋敝，使农村劳动力迫不及待地向城市转移，男子外出打工，妇女在家务农，"女耕男工"已经成为中国农村一种新的性别分工模式。而当浩浩荡荡外出务工的劳动大军实现了所谓"非农转移"的时候，留在农村土地上的则是：女性、儿童、老人。女

---

① 〔美〕白馥兰：《技术与性别：晚期帝制中国的权力经纬》，江媚、邓京力译，江苏人民出版社，2005，第34页。

性因操持家务、管理农田、照顾老小而大多无法离开村庄和土地，成为新农村的"留守一族"，也就是农村人经常戏称的"3861留守部队"，"38"是指妇女，6是指60岁以上的老人，1则是指儿童。

图5-6　分工现象：男性多卖肉，妇女多卖菜和水果

在 113 份有效调查问卷结果中可以看出，50 户家庭有男性外出务工，这意味着在这 44% 家庭中的女性几乎承担了全部的家务和农活，同时她们有的还兼干着旅游业带动下的其他职业。家住石龙的一位妇女，丈夫在楚雄打工，她自己则被镇上旅游公司聘用，在旅游景点做打扫卫生的工作，同时既要照顾家里正在读书的两个女儿和婆婆，还要种地。家里的地很少所以只是种了点蔬菜和石榴，蔬菜是自己家吃的，石榴有时候拿到镇上去卖。她还说道："今年石榴也卖不起价，我也没有时间去卖，就只有烂在地里了"。在其他访谈中也可见，只有部分男性会在繁忙的种地和收割季节才回到家里帮忙几周。

而在没有男性外出务工的家庭中，两性在从事农业中劳动分工和所投入的工作量并没有太大差别。由于这样的家庭往往是生活在还拥有较多土地的山区，这使得他们往往有更多的农产品需要到镇集市上出售并以此作为家庭经济的重要来源，而其中表现出的一个独特的现象在于：参与集市买卖的大多以女性为主。正如表 5-5 所示，在 108 户参与集市贸易的家庭中，95 户都有女性参与，58 户仅有女性参与。不仅如此，在黑井镇这个不大的贸易集市上，可以明确清楚地看到性别分工的差异。以对这一集市的随意计数为例：集市上共有 3 个卖肉的摊位，全为男性经营；而在 50 多个经营蔬菜、水果等的摊位上，共出现了不到 10 名男性。图 5-6 中直观地展现出了这种差别。当地一个中年男性对此的解释是："卖肉这些是力气活，男的主要是做重活"。抛开对不同分工工作量的实际比较，在他的回答中依稀感触到不同性别角度的意味。

表 5-5 与集市贸易有关的性别分工

您家到镇上卖东西,是女人去卖的次数多,还是男人去卖的次数多				
项 目		频率(人次)	百分比	有效百分比	累计百分比
有效问卷	女 的	58	50.9	53.7	53.7
	男 的	13	11.4	12.0	65.7
	男的女的都有	37	32.5	34.3	100.0
	共 计	108	94.7	100.0	
缺失问卷	没有卖东西	6	5.3		
总 计		114	100.0		

在旅游业的带动下黑井与外界有了越来越密切的联系，如同村镇集市贸易的兴起一样，旅游者的到来为村庄本土上非农就业提供了更多机会，其中开客栈、商铺、饭馆的也同样大多是女性。可以说，这些留守在农村的女性不仅是外出务工家庭不可或缺的后盾，更是农业和商业中的主力，毫无夸张地说，她们已经成为整个村庄未来发展的主体。

而另一方面，在逐渐开放的背景下，女性同样获得了参与经济活动的自由，像男性一样，她们也盯着外界寻求替代性职业，她们也在摆脱农业劳动，尽管速度更为缓慢。在这一过程中则表现出了明显的性别差异：首先，在数量上，黑井镇的外出男女之比约为 3∶1，男性明显多于女性。其原因正如很多研究中所表明的：男性在非农转移中比女性更有优势，他们往往容易获得更好的工作机会和劳动收入，此外女性存在更大的人身安全隐患。其次，女性年龄大多低于男性，往往只能由年轻、素质较好的未婚女性构成流动主体。调查中为我们所住旅社打扫房间的大妈告诉我们："过去观念上不接受，现在开放多了。镇上的年轻女孩大多出去了，毕竟外边比这小地方要方便，好在。像我们这么大的出去能做什么？一样都不懂，也只能打扫卫生或者做保姆，再说哪里走得开……"无疑，对女性的非农转移来说，年龄、婚姻、文化等都是制约因素。就像上文中所反复提及的，以读书、打工以及婚姻作为途径，其最终指向都是离开黑井，这几乎成为年青一代女性的共同理想。不管这些年轻女性的具体外出动机或原因有何差异，隐含其中的指向都是个人作为外出者所获得的发展机会和资源的需要，而不再是家庭的需要。正如人类学者宝森早在 20 世纪 90 年代的云南就已经洞察到："长期以来的文化传统中被描述成男性化职业的农作，越来越遭到农村男性的拒斥，他们正努力在别处寻求更赚钱的机会。而且，曾被描述为中国农村妇女解放之路的东西也逐渐被更年轻的女性看做是死胡同和最后迫不得已的选择。"[1]

更进一步来说，实现了非农转移的年轻女性大多流向城市和富裕地区的低端行业和部门，集中在私有的工业和服务性行业中。她们要想最终融入城

---

[1] 〔加〕宝森：《中国妇女与农村发展——云南禄村六十年的变迁》，胡玉坤译，江苏人民出版社，2005。

市生活的方式则是通过缔结婚姻。尽管有时她们并不以婚姻作为外出的最初目的，但在城市打工的过程中她们中所接触到的超出了村庄的知识和体验，也使其难以再融入村庄生活，如同当地人所说的"出去过的（女孩）回来都待不住，看不惯这里的小伙子了，也不再想种地。"因此，同样作为劳动力外流的男性和女性之间在结果上出现了更大的区别：在男性继承权和父权制的影响下，男性即便外出打工，但财产、家庭、"根"仍然在黑井，他们中绝大多数都将回流。而女性则是"嫁出去的姑娘泼出去的水"，她们大多在打工过程中由外嫁而最终彻底离开黑井。在所谓"女性化村庄"的现实下所掩盖的未来，甚至有可能是"老年化"村庄的发展趋势。

五 政治参与

村民自治实践的十多年来，女性是一个特殊的群体。她们作为村民自治的政治主体，与男性具有平等的权利和责任，拥有同样的政治身份。然而农村女性的生活重心则更多的是私人家庭领域，她们的角色和身份同时又带有明显的私人性，并最终使其在村民自治中处于弱势和边缘化的状态。整个中国大背景下所存在的女性参政比例低、层次低、功能虚化等现象更为明显地体现在这里。

黑井全镇有总人口 18666 人，其中女性 9045 人，对应的是全镇党员为808 人，其中女性仅为 142 人。如表 5-6 所见，女性参与村民自治体现出了以下特征：第一，女性参政比例低，女干部数量少，整个黑井镇女干部总数仅为 30 人，女性干部比重为 24%。第二，高层领导少，基层领导多，正职少，副职多。在黑井镇现辖的 10 个村委会中，竟没有一名女性担任村支书、主任这样的要职，仅有 1 名女性任村委会文书，才得以实现黑井镇各村委会一直以来在三职干部中女干部为零的突破。而在与村委会其他领导的私谈中他们对于这位文书的工作表现还有微词，认为她的"能力还是不行"。第三，存在担任组织、经济、人事等重要岗位的实职少，担任工、青、妇等群众团体虚职多的情况。在仅有为数不多的女干部中，充分体现出女性角色的从属性。女性职位大部分都是各种委员和代表，她们基本上都负责妇女相关工作或是计划生育。因为一方面，按照传统理解，男性不便作这类工作；另一方面，根据村民自治法规定"村民委员会成员，妇女应有适当的名额"。而从这一政策执行的实际效果来看，不如说是站在男性立场上对女性的"关照"，是为了追求形式上的性别"平衡"，按照惯例保留一名女性从事计划生育之类的工作，显然具有不得已而为之的意味。

表5-6 黑井镇妇女参政状况

单位：人

政治状况		参政状况	女党代表			人大女代表			政协女委员	
党员	团员	女干部数	州级	县级	乡级	州级	县级	乡级	州级	县级
142	1187	30	0	0	10	0	2	13	0	3

女领导干部数			村民委员会			妇女组织状况			
厅级	处级	科级	书记	主任	文书	妇女委员会	女工委员会	妇代会	妇代小组
0	0	0	0	0	1	1	4	9	106

在村民自治中女性参与除了数量上的绝对劣势外，屈指可数的妇女组织还存在严重的工作机制弱化和功能虚化问题。一直以来妇联作为促进性别平等和妇女发展的组织具有广泛性、群众性和社会性，被看做是"妇女娘家人"。在黑井镇妇联的领导下，9个农村党支部和4个机关支部都配备了妇女主任，10个村委会也都设有妇女委员会，企事业单位有女工委员会，村民小组设有妇代小组，可以说，妇女工作的组织网络已经形成。而2007年2月刚刚结束的黑井镇妇女第七次代表大会，也表明每隔5年召开一次的妇女代表大会已经形成了妇联工作的制度保障。然而，在妇联各项硬件运行良好的情况下，妇联功能的发挥和工作实效却并不令人满意。

  笔者：妇联的日常工作都做什么？

  妇联工作者：找（妇女）典型，做材料。

  笔者：我看到斗把石村立了一个"巾帼科技示范园"的碑，是妇联搞的吗？是个怎么样的活动？

  妇联工作者：嗯，是县妇联搞的，就是立个牌子，没搞哪样。

  笔者：一般会有妇女找到妇联来寻求帮助吗？

  妇联工作者：很少，一般有哪样事找村委会，村委就会解决了，到不了妇联。

　　上文是与黑井镇妇联工作者的对话片断，其中不难看出妇联工作中的一些问题。正如她所言，妇联主要工作是"找典型，做材料"，在2006年一年内一个乡镇妇联所形成的文字材料上百万字，其大部分为各种活动、工作计划、总结、汇报等以及所谓的"典型先进材料"。类似于《做实本职事，强顶半边天——记黑井镇XXX先进材料》的材料被建构成为社会主义革命与建设作贡献，最终是为了"上报"给上级妇联的各项评比材料，从而被赋予了很浓郁的政治含义，而这显然已经成为了妇联工作的重心。

　　此外，根据妇联在2007年妇代会上的工作报告指出，"双学双比"、"巾帼建功"、"五好文明家庭创建"三大主体活动和"巾帼科技致富工程"、"女性素质工程"、"家庭文明工程"、"巾帼社镇服务工程"四项工程是五年来妇联开展的主要工作。而上文中提到的"巾帼科技示范园"则是其中重点之一，对此不乏大量材料的精彩介绍，而落到实处的仅仅是妇联工作者口中的"立个牌子"而已。

表5-7　妇联工作事项和口号

活动及培训	个人/集体荣誉称号	创建基地
"美在家庭" "美德在农家" "法律知识进万家" "我爱我家" "妇女家园环境" "爱我家乡、爱我黑井" "争做好婆婆、好媳妇、好妈妈" "三爱"(爱党、爱国、爱家)教育 "二先"(学先进、赶先进)活动 "双合格"(争做合格父母，培养合格人才)教育 "小公民道德建设" "百名妇女学科技" "千万农家女，百项新技术"	女农民技术员、"科技致富"女能手、女经纪人、种植/养殖女能手、"双学双比"女能手、女科技示范户、刺绣女能手、巾帼志愿者、农村妇女科技致富带头人、巾帼建功标兵、行业标兵、"三八"红旗手、巾帼之花 优秀家庭、廉洁家庭、五好文明家庭、学习型家庭、绿色家庭、五好妇代会、十星级文明户、双学双比集体、"三八"红旗集体	"三八"绿色示范基地 "110"家庭暴力报警点 妇女法律援助站 妇女之家(活动阵地) 楚雄州新农村建设巾帼示范村 巾帼示范村 巾帼文明岗 刺绣协会

　　表5-7中所列出的是除了上文提到的三大主体和四项工程之外，还有第六届妇联主要开展的活动和培训。这些活动数目众多，丰富多彩，理应在

妇女中形成较大影响。然而，在镇上随意与女性闲聊，她们对此却鲜有听闻。如同"科技示范园"的牌子一样，这些活动更多的只是流于形式。甚至一部分女性对妇联本身都没有形成一个清晰正确的认识。对此，一位五十多岁的妇女说，妇联好像就是在镇政府里面，但不清楚是干什么的。当问及她是否见过妇联所干过的工作时，她答道："这个不晓得了。原来么她们都上山下乡呢，这几年我们也老了，不来抓我们了。"见我们对"抓"这一说法表示疑惑，她进一步解释道，"搞计划生育要下来抓那些超生的（妇女）嘛"。无疑，她把妇联工作等同于计划生育，而事实上计划生育更多是计划生育工作的范畴，这本身就是对妇联工作的错位认识。当然，由于在黑井，妇女、计生、团委工作往往是由一人身兼数职，本身难以区分。即便如此，这种完全等同的观念却也反映出妇联功能的严重萎缩，除了在计划生育方面的工作外，妇女健康、卫生、教育、法律、政治参与等工作则得不到很好的落实，妇女干部只对上级组织负责，不对基层妇女群众负责的问题使得妇联工作在乡、村两级出现了断层现象。也正因为如此，女性在遇到问题困难时很难想到向妇联咨询和求助，这也体现了上文妇联工作者所谈到的"有哪样找村委会，村委就会解决了，到不了妇联"。妇联机构形同虚设，妇联是"妇女娘家人"最终成了一句空话。

不仅如此，这位妇女回答的同时也反映出一个更为严重的问题——女性参与村民自治意识的薄弱。正如我们所询问的大部分女性，对妇联工作尚不了解，关注、参与村民自治从何谈起？由于妇联担负的基本职能是"代表和维护妇女权益，促进男女平等"，它理应在提高女性参与村民自治意识方面发挥积极的作用，激发农村女性政治参与自主性的成长，而事实上正是由于妇联教育、培训工作虚化，再加上各种因素影响，使得女性缺乏对政治事务的关心和积极投入的心态，女性对于村民自治的参与意识明显低于男性。反过来，由于女性本身并没有意识到参与村民自治的重要性，这又制约了女性参与村民自治的实际效率。在调查中，有的女性干部即使已经参与到村民自治中，本身却并没有参与意识，而更多的是当作一种有稳定收入的固定工作来看待。她们往往使用"公务员"、"稳定"等词汇描述自己从事的工作，而并没有意识到自己担负的职责。进而在开展妇女工作中，也就很难意识到提高女性参与村庄治理意识和实际能力的重要性，而使得工作形式化，因此可能导致妇女工作的进一步弱化。这样互为因果的制约过程，使得乡镇陷入了女性参与村民自治程度降低的恶性循环中。

当然一个更重要的事实是，像黑井这样经济发展相对落后的地区，不仅女性，男性参与村民自治的程度同样很低。对这一背景的交代是为了避免割裂男、女之间的联系，或是把两者放在一个绝对对立的位置而单独谈女性，那可能会走入政治参与认识的性别盲区。

六　结语：国家、市场背景下的女性与村庄发展

在本章所主要记录的黑井社会性别几十年来的变迁过程中，国家与市场一直是这种变迁背后最为根本的力量。从新中国成立伊始，国家就通过一系列自上而下的政策和宣传赋予了女性将其融入社会生产劳动的各种解放和平等的观念和权利。然而在有关妇女工作的官方言语改变的同时，女性角色和地位的变化似乎是停滞的。进入 20 世纪 90 年代以后，改革开放使得以前未起资源配置作用的市场走到了前台，改革时代的发展政策尽管带来了农村与农业发展以及农民生活的沧桑巨变，但对社会性别的影响却是矛盾而错综复杂的。在我们为期不长的调查中，不乏在国家与市场撞击中脱颖而出的新一代女精英，大多数的妇女却仍然辗转于田地和家庭之间，陷在"三农"窘境中。

诚如黄宗智对时下半工半耕制度所做的精辟的评论："人多地少的过密型农业因收入不足而迫使人们外出打工，而外出打临时工的风险又反过来迫使人们依赖家里的小规模口粮地作为保险。这样就使过密型小规模、低报酬的农业制度和恶性的临时工制度紧紧地卷在一起。乡村妇女无论留守者抑或流动者，毋庸置疑皆为这种社会性别化的半工半耕制付出了不成比例的代价。"[1] 然而，我们也可以看到，这种村庄女性化的特征也同样赋予了女性更多的机会和更大的自主权，在一定程度上重构了农村女性与乡村资源的关

---

① 黄宗智：《制度化了的"半工半耕"过密型农业》，生活·读书·新知三联书店，《读书》2006 年第 3 期，第 2～3 页。

系，在权利与责任上出现了社会性别再分配，农村女性成为主要的参与者，最终有可能改写女性在农业和农村的角色、地位及推动村庄的发展。

因此，在市场权力主导下，未来几十年，中国农村政治经济格局，可能会使得其中社会性别所出现的问题和矛盾愈来愈凸显。这一系列的问题和矛盾事实上早已超出了村庄的范围，却又将对村庄的发展构成深刻的影响。在"三农"问题几乎成为我国进一步发展的瓶颈时，隐含在其中的社会性别便成为中国这样一个农业大国无可规避的重大理论与政策议题。

下篇

构成的现实和未来

第六章　村域经济的构成与消长

位于历史文化古镇——黑井镇，"曲径高山险，山峦欲接天，万山相对峙，一水送溪烟"的龙川江两岸的黑井村，在地理地貌上形成了该村的村域特色——具有峡谷历史盐文化特质的镇村二元互构，并凸显西部山区典型传统农业社会自然村落依山分布的分散性。设于镇区的黑井村村委会与镇政府隶属相邻。黑井村域辖区内共有 9 个自然村（板桥、石龙、红石岩、斗把石、河沙坝、丁家山、寇家山、赵家山、乌梢箐），11 个农业村民小组；汉、彝、回、苗等民族在日常的生产生活中和睦相处。

黑井村地域分布的特殊性和"逝去的盐都"在黑井人潜意识中扎根般留存的记忆，深深地影响、决定着今天黑井村村域经济构成的基本框架——建构在传统农业基础上的农业生产及小农经济家庭经营结构类型的沿袭，以及相对单一、缺乏内发性活力非农经济存在的必然。

第一节　传统农业与黑井的农户

在黑井村村域经济构成的基本框架中，作为国家视为第一产业的农业依然占据着主导地位，农民对土地依赖的那种传统观念，由历史的延续性而逐渐衍生成为一种现实的惯性。随着社会发展、改革开放的日渐深入，社会和经济体制的转型，包括发生在我国广大农村，被称之为"农村三大改革"的"土地改革"（1950～1952 年废除封建土地私有制，实行"耕者有其田"）、"大包干"（1979 年开始实行的家庭联产承包责任制）和农村税费改革

（2002 年试点），尤其是后两项改革对我国逾 9 亿农民切身利益带来翻天覆地的变化，亦不同程度地震撼和影响着峡谷中的黑井人。

当黑井村民和类似他们的中国大多数农户一样，一代又一代地背负着传统农业生产的重负，周而复始地沿袭着小农经济固有的观念和思维定式，"近乎顽固地保存着祖先的遗风和诸多特质，甚至是结构性的传承历史"①的时候，"传统农业"所涵盖的本质特性都完整无误地被他们所诠释。

一 传统农业的界定

农业经济学家和发展经济学家在对中国农村经济的审视及研究中，根据中国农业历史发展进程、发展水平、生产方式、发展现状、发展特质，把农业划分为原始农业、传统农业、现代农业三个阶段。

> 传统农业是指以种植业为主体，以手工操作技术为主导，通过传承，应用生产活动中积累的经验，使用历史上沿袭下来的耕作方法和农业技术，采用手工工具和畜力农具从事自给自足生产活动的农业生产方式。其本质上体现了生命形态对自然条件和自然规律的主动适应性和不可超越的特征。②

著名发展经济学家舒尔茨（T. W. Schultz）对传统农业的界定更为简明扼要："完全以农民世代使用的各种生产要素为基础的农业可称为传统农业。"以小农经济为其本质内涵的传统农业，固化着 9 亿农民的思维模式，制约着中国农业经济发展的步履。其基本特点体现在：农业结构不合理、农业生产内部新的经济增长点不多、农村社会经济的内发性发展缺乏张力，农村经济效益低下，农民负担较重，农户人均收入增长缓慢等等。由此种种导致了我国"三农"问题的异常突出。总之，无论是就我国社会主义现代化建设的时代特征，还是改革开放所带来的中国农业经济发展、变迁的现实需求

---

① 引自孙兆霞等著《中国百村调查丛书·九溪村》，《屯堡乡民社会》，社会科学文献出版社，2005。
② 综合学术界观点。

而言，传统农业都是一种相对落后的农业。

"以农为本"是黑井村民社区农户赖以生存的经济基础。以不违农时，精耕细作，自觉地把农业置于自然再生产的基础之上，祈盼着不可超越的自然条件和自然规律多少能顺应农事，然后指望从有限的土地上获取用辛勤和汗水换来一年的好收成，这是中国大多数农户在进入现代农业阶段之前，不得不承载的一个循环持续的传统农业延续的历史过程。黑井村社区近两千农户同样毫无例外年复一年地重复着这一过程。"黑井一隅，距会城三百五十里，以滇视井，则井弹丸耳。"[1] 这里所说的"弹丸"之地即黑井村的上一级行政区划属地黑井镇。黑井村总面积约 8.6 平方公里（折合1.29 万亩），约占黑井镇土地总面积的 6.44%，若按 2006 年黑井村所拥有的人口计算，每平方公里的人口密度约为 266 人。但地处"深山大泽，复谷重岭"中的黑井村，最低海拔为 1540 米，最高海拔 2030 米，其地貌类型为深切河谷、低阶地等。两侧谷坡地陡峻，坡度可达 30°~40°，有的甚至到 50°。地域特征的客观存在，使得村域内土地资源短缺尤为突出，可供生产、生活用的土地十分有限。按照 2006 年相关数据，荒山、荒坡面积就占去 7245 亩，可耕地面积 950 亩，按 1849 名农户计，人均占有耕地仅 0.5亩，尚低于联合国规定的最低生活保障土地面积标准。位于黑井镇的石龙、板桥两个自然村农户人均占有的耕地面积更少，尤其是板桥，人均占有耕地还不到 0.3 亩，仅为联合国规定最低生活保障土地面积标准的 37.5%。在小农经济为本质内核的传统农业生产格局中，土地与人口的矛盾是导致、催生土地之外的非农经济或家庭副业等类型兼业经营性活动，并不断扩大化的必然因素。

黑井村民社区辖 9 个自然村，共有农业户和居民户 639 户，其中农业户471 户，占总户数的 73.71%，分别分布在峡谷坝区、半山区、山区。村委会、石龙、板桥、河沙坝 3 个自然村 279 户农户以及板桥一至四街城镇居民168 户（城镇居民占黑井村总户数的 26.29%），位于峡谷坝区黑井古镇所在地；此外，在其辖区内尚居住着 19 个州、县、镇所属国家机关、企事业单

---

[1] 《康熙黑盐井志》，云南大学出版社，2003。

位。这种镇中有村，村中有镇的镇村二元互构的格局，也就是黑井镇、村无论是在政治、经济、社会发展，生产生活或是厚重的历史文化、融洽的人际关系等等难以剥离，且交互共融构成的黑井村村域特色；红石岩、斗把石、赵家山3个自然村100户农户基本位于半山区；丁家山、寇家山、乌梢箐3个自然村92户农户位于海拔较高的山区。

表6-1　2006年黑井村所辖自然村规模、分布情况

一、基本情况(个)	村委会(个)	1	三、自然村地域分布(个)	1. 山区自然村(个)	4
	自然村(个)	9		其中:高寒山区自然村(个)	3
	村民小组(个)	11		2. 半山区自然村(个)	3
	农户总数(户)	471		3. 坝区自然村(个)	2
	农业人口(人)	1849		其中:城郊自然村(个)	2
	劳动力(人)	1248		城中自然村(个)	—
二、自然村规模(个)	1. 20户以下的自然村(个)	1	四、农业人口地域分布(人)	1. 山区人口(人)	452
	2. 20~30户的自然村(个)	3		其中:高寒山区人口(人)	334
	3. 30~50户的自然村(个)	2		2. 半山区人口(人)	395
	4. 50~100户的自然村(个)	1		3. 坝区人口(人)	1002
	5. 100~200户的自然村(个)	2			

村境内自然条件的优劣，直接影响着尚无能力超越自然条件和自然规律"靠天吃饭"的村民。受峡谷地形有焚风效应的影响，区内属亚热带半干热河谷气候。雨热同季，降水量少，干湿季分明，干旱期长。整个黑井村社区只有位于峡谷坝区的石龙、板桥、红石岩3个自然村能饮用上自来水。这对分布于相对海拔高于坝区、不同程度缺水的赵家山、丁家山、乌梢箐、斗把石、寇家山5个自然村来说，不仅农业灌溉用水相当困难，而且因不通自来水，这几个自然村的农户饮水平素靠的是山泉，若逢干旱季节，人畜饮水只有到几公里以外人背肩挑。其中斗把石自然村不论干湿季节连泉水也喝不上，3年前，为缓解该自然村农户平常饮水问题，只有临时性地用塑料管接到离斗把石约两公里的赵家山泉水源，且要付给赵家山自然村相应的费用；另一方面，修建蓄水池是黑井村"靠天吃饭"不得已而为之，为农户解决用水难的一项举措。截至2007年上半年，黑井村在用水较困难的自然村共修建蓄水池近150个，而仅斗把石自然村18户农户就修建了30多个蓄水池，

占整个黑井村拥有蓄水池总量的20%。用水成了黑井村困扰农户生产生活而又亟待解决的难题。"靠天吃饭"尤其是在西部欠发达的传统农业社会，是农户在现实生产生活中习以为常而又无法规避的客观实际。加之黑井人长期对生态环境保护意识较为淡薄，因历史上砍伐薪柴用来作为熬盐的燃料；新中国成立后各种原因几次毁林砍伐，生态遭到破坏、水土流失严重，导致泥石流自然灾害频繁发生，有限的土地资源受损面积不断加大。因此，黑井村水资源、生态资源、耕地面积缺失、匮乏的现实，不仅困扰着尚处于典型传统农业社会中的大多数黑井农户，而且成为制约黑井村民社区农业经济发展的瓶颈。

种植业和养殖业仍然是黑井村民社区农户一年四季中最基本的传统农业生产样式。村境内虽然干旱期长，但光热资源却较为丰富，适宜植物、农作物生长的热量资源也十分充足，这是该地的一大优势。所不同的是，村域中这9个自然村因地域分布的差异，自然条件的不等，因而影响到农户种植业的类型和从有限土地上获取的收成亦不同。按照2007年上半年的数据，在黑井村950亩耕地面积中，水田284亩，水田中雷响田85亩；旱地666亩，旱地中水浇地311亩。除石龙、斗把石两个自然村因袭传统大面积地种植经济林果外，板桥自然村在约180亩可耕地面积中有105亩栽种单季水稻，占可耕地面积的58%，产量一般在700~800公斤/亩，收成好时可达1000公斤/亩以上；此外，还有几个自然村也零星种植水稻，但因旱季缺水，亩产量都大不如板桥自然村；而山上的几个自然村，全村2/3以上的耕地则只能种植小麦、玉米、洋芋等；部分农户还兼种蔬菜，与其他7个自然村相比，板桥、石龙两个自然村的农户种植蔬菜较多。为了增加家庭收入，所种蔬菜除部分留家自己吃外，其余的都拿到镇上卖。养殖业作为传统农业的一个组成部分，在一定程度上补充着农户从事农业生产之不足。所以黑井村的农户亦不同数量地饲养着牲畜和家禽。

2006年黑井村辖区的9个自然村落因分布区域不同，人均占有耕地的不均衡，水资源的拥有量不等，结果农户的人均收入也存在差异。位于黑井镇上的板桥、石龙两个自然村，石龙人均占有耕地0.54亩，板桥人均占有耕地0.38亩；虽然石龙以种植石榴为主，板桥以种植水稻为主，只因这两个自然村依傍在龙川江边，无论是饮用水或是农业灌溉用水均充足，种植业给农户带来的收益都相差不大；同是位于坝区的河沙坝，人均占有耕地 0.91 亩，虽然亦不存在缺水的现象，但因耕地土质较差，农户人均纯收入仅占农户人均纯收入较好的斗把石村的 29.57%，是整个黑井村农户人均纯收入最低的一个自然村；耕地最多的要数位于山区的寇家山，人均占有耕地 1.64 亩，乌梢箐人均占有耕地约 1.71 亩，种植业收入在这两个自然村所占的比重相对较大，给农户带来的收益亦相差不大，但一则由于缺水，二则因基本上属于较为贫瘠的旱地，农户每年的人均纯收入占斗把石村的一半不到。另外，除石龙、斗把石两个自然村外的 7 个自然村都不同量的拥有水田，但因缺水和土质的不适宜性，山上水稻的亩产量仅只是坝区的 50%～60%。所幸的是，丁家山、寇家山、乌梢箐 3 个自然村，一是因耕地土质较适宜种植烤烟；二是经县、镇、村三级政府协调，3 个自然村共有 47 户农户于 20 世纪 80 年代种上了烤烟，以补贴家庭经营中粮食种植收益之不足。

表 6-2　2006 年黑井村社区村民小组、耕地、种植业与农户情况

村民小组	户数（户）	人口数（人）	耕地面积（亩）	水田（亩）	水浇地（亩）	大牲畜（头）	人均纯收入（元）	种植业人均收益占人均纯收入（%）
石龙一组	57	237	—	73	58	—	2000	28.3
石龙二组	70	247	71	—	61	—	2000	28.3
板桥一组	63	251	29	52	14	6	1600	35.37
板桥二组	54	227	16	53	16	6	1580	35.82
河沙坝	35	125	68.73	30	15	38	680	83.23
红石岩	49	202	50.97	35	22	37	1070	52.90
赵家山	33	119	45.85	5	10	43	1210	46.78
乌梢箐	27	104	145.54	7	25	55	1010	56.04
丁家山	23	108	133.68	32	50	44	1500	37.73
寇家山	42	165	180.5	50	40	60	1100	51.45
斗把石	18	57	30.58	—	20	—	2300	24.57
合　计	471	1842	949.84	264	331	289	16050	—
种植业人均收益 566 元				—			—	—

依靠自己的生产，满足自给自足的生产方式，是传统农业的一个显著的特征。农户种粮食不是为了赚钱，而仅是满足一家人对口粮的基本需求。但是辛苦一年到头，因土地资源严重不足、缺水、又不断遭到自然灾害侵袭的黑井村民社区农户，除板桥、沙河坝两个自然村的农户种植的粮食能基本满足自给自足外，其余7个自然村的农户依靠自己的生产，从土地上获得的收成却不能自足，还得另外到镇上买足够全家一年所需的粮食。

图6-1　峡谷中的黑井

黑井村民社区的农户周而复始地依从传统农业的生产格局，苦心经营自己的家庭，满足家庭对粮食作物的需要是农户们从事农业生产的原动力和基本愿望。尽管黑井村域有限的土地使其农户收成的现实和愿望存在一定距离，但在我们的实地调查中，使我们能深深地感悟到的是：土地给予具有根深蒂固小农经济意识的农户心理的那种近乎安全感的依靠，是他们不会轻易放弃土地的根本。也许正如温铁军所言：中国农业人口严重过剩，土地已经成为中国农民的社会保障。对农户来说，土地给予他们的不仅是春华秋实的祈盼，更重要的是一种传统小农心理的附着。

第二节 小农经济给定黑井农业发展的空间

一 家庭经营结构和农户收入

在传统农业发展阶段，小农经济占主体地位，是农村经济的基本特点。当中国农业尚惯性地处于传统农业社会给定的运作模式时，与生产力低下的状况相适应，以占有土地较为分散和劳动的密集型为其特征的家庭经营规模为基本单位，在自给自足的小农经济框架内，从事农业、副业及兼业经营便理所当然地成了主导、制约黑井村民社区农业发展的经济形态。

学术界认为，小农经济结构模式的主要特征就是土地加家庭副业。在小农经济思维定式充斥的我国农村，农户把土地看做是家庭基本生存的命根子。"当土地上的产出能够满足家庭成员的需要时，小农经济结构中围绕土地进行的生产活动的比重就大，否则，土地之外的经营活动就增加。"[1]

峡谷中的黑井村农户围绕在户均有限的耕地面积上，经营着一向被视为主业的农业，当农业不能满足家庭需要，甚至连"糊口水平"都难以达到时，作为补充家庭经济收入的副业和兼业经营便成了黑井村农户的依赖。

家庭经营虽然是农业生产的一种必然方式，但在小农经济包裹下的传统农业生产格局中，家庭经营模式是可以不依赖于他人，自己就可以解决温饱的一种相对独立的生产方式。而这种小农经济的生产模式本身就是以抵触、排斥联合经营的经济样式而存在的。所以在小农经济形态束缚下的黑井村民社区从来就没有过任何集体经济。各家各户分别从事粮食加工、酿酒、手工刺绣、小作坊制盐（主要是工艺型或保健型）、做豆腐、做卷粉米线等粮食制品，修理农具、赶马车运输来往黑井古镇的游客……还有一些观念较新、离村不离地的农户，在镇上开起了小饭馆，或做起了小生意。在黑井特定的地域环境中，虽然经营收益不等，经营状况参差不齐。但这些被农户视为市场和人们日常生活中需要的镇村兼业经营，一方面缓解了黑井村农户因耕地

---

① 引自孙祥智《高水平陷阱?》，《读书》2003 年第 12 期。

有限和劳动力剩余的矛盾，部分耕地贴补了家庭经济因种植业带来的不足，或者至少能够使贫困农户的生活维持在一个低水平上。对仍保留在较低消费层次上、始终在温饱线上徘徊、极容易满足现状的农民来说，稳定成了小农家庭生活的要素，同时也就造就了小农阶层拥有比较稳定的、占有一定人口比例的社会群体，造就了农村比较稳定的局面；而另一方面，这种还在不断得到强化或是已固化了的小农式家庭经营模式，对农业社会的进一步分工、农业实现产业化、规模化经营发展的瓶颈效应亦是难于估量的。

黑井村的家庭副业不存在季节性，也就是说与农忙、农闲没有直接关系，完全是以一种补给家庭收入的方式长期存在着，尤其是对于耕地严重不足，而且农业经济发展状况又不太好的几个自然村来说，副业、兼业经营在其家庭收入中所占的比重就相对大。我们进行问卷入户调查时，就在石龙村碰到过夫妻共同做豆腐，种地对他们来说似乎已不再是主业的实例。主业与副业在家庭经营结构中相互置换的现象，在黑井村会随着人地矛盾的日益突出而更加普遍化。

在以户为独立单位的小农家庭经营框架中，黑井村农户家庭主要成员的性别分工在服从家庭利益需要这个前提下，亦和大多数农村家庭一样，基本奉行"男主外，女主内"的格局。一般来说，女人除了养育孩子，主要在田头地里操持农事，喂养牲畜、家禽和在家做家务杂活。有部分妇女还在空余之际兼做些手工刺绣，拿到镇上卖，多少也能贴补点家用。点做豆腐、制作卷粉米线之类的家庭副业，大多也属妇女干的活，当然不排除也有夫妻共同做的。再则，家里若逢卖菜、卖啥东西，也基本上是女人们肩挑手抬地到镇上吆喝……勤劳、守节持家和对家庭极强的责任感，是黑井村妇女从始于汉唐时期的盐业文化就传承下来，并一直保持的品德。虽然时代的进步、社会的发展不断地改变着黑井旧时的习俗，或多或少会在峡谷中的妇女身上产生不同的影响。但时至今日，大多数年纪稍长一点的妇女，仍习惯为自己的丈夫守持着那份旧时的遗风……而在小农家庭结构中扮演"主心骨"的男性角色，干的活虽然相对单一，除了在农忙时或家里需要时搭把手做点活计外，诸如碾米、酿酒、修理农具、赶马车拉往来客人等副业或兼业经营，多数属于男性的活收益却相对要多些。农户家庭经营性别调配式的分工如此紧密，使自给自足的小农经济在黑井村弥合的更加天衣无缝。

在黑井村农户的家庭经营结构中,除了副业外,林业、牧业、渔业的收入也多少占有一定的比例。由于黑井镇的交通状况不断得到改善,家庭的兼业经营亦随着经济社会的发展趋于多元化。但位于峡谷中的黑井山区由于不通村级公路,尤其在阴雨天,行路难、路难行的问题仍困扰着几百户农户。

表 6-3 1989 年、1998 年、2006 年黑井村农业经济、农户收入情况比较

年份\项目	人口数(人)	家庭经营总收入(万元)	其中:种植业收入(万元)	副业收入(万元)	林业收入(万元)	渔业收入(万元)	牧业收入(万元)	人均纯收入(元)
1989	928	52.90	18.93	11.43	—		16.25	500
1998	976	214.13	53.5	112	2.90	0.05	35.7	1460
2006	1842	546.71	202.3	181.65	2.05	0.4	121.21	1890
增长率(%)	1.05/1.98	4.05/10.33	2.83/10.69	9.8/15.89	-0.71	8	2.2/7.46	2.92/3.78

说明:a. 表中数据均为当年数;
　　　b. 表中的增长率分别为 1998 年与 1989 年、2006 年与 1989 年之比;
　　　c. 在家庭经营总收入中,鉴于论述分析的范围,另有一项"其他收入"未列入。

从 1989～2006 年的 17 年农户家庭经营中的几项常规指标,可以清晰地看到种植业和副业的增长率明显高过林、牧、渔业。且种植业 1998 年与 1989 年相比,9 年只增长了 2.83%,而 1998～2006 年的 8 年中却增长了 8.31%。从上述主要几个指标的比较分析中,进一步可以说明,在仍然缺乏内发性动力的村政体制下,以家庭经营格局为主的农业和副业依然是主导黑井经济发展的经济样式。农户的经济收入水平是衡量村域经济发展状况的重要指标。从结果性指标中,我们亦可以体会到,除去这 10 多年中物价上涨引起价格上调的因素外,黑井村农户人均收入的水平虽有所提高,但变化的幅度却十分有限。农户收入增长缓慢,折射出黑井农业结构在循环往复、却又习以为常的在传统农业生产方式中变化缓慢。

在小农经济运行模式的框架中,黑井村因没有集体经济又没有村办企业的支撑,其农业经济发展的指标基本取决于农户家庭经营的水平,而农户家庭经营规模和经营水平,又源于物质条件和自给自足式的传统观念。若今后一段时间仍没有激活黑井村传统农业中小农经营格局的改革机制,那么小农

经济这种缺乏规模化发展潜力的经济形态，给定黑井村民社区经济发展的空间将是十分有限的。

二　人地矛盾的不断放大和农民负担的转移

土地作为农业发展的生产要素，在传统农业社会阶段，是农民的生存资料，是农民最基本的劳动对象和经营基础。所以，历来土地问题也是农民最关心、最敏感、最能牵动他们思想观念发生变化的问题。黑井村的农业结构承袭着小农化自主经营模式，不能激活农业产业链形成，使农民从中获取更大收益的机制。农民对土地只能带着传统小农经济思维惯性的那份依赖，在极其有限的土地资源中重复着既简单又无多少变化的劳作。实现"大包干"后，土地有了归宿，生产资料能自主支配，农户终于能耕者自食，在自己的田间地头有了盼头。但问题是，原来黑井村的土地资源就十分有限，且农地经营效率不高。就是在此状况下，自然灾害、公益事业占地等造成失地的现象，使黑井本来就匮乏的土地面积还在不断地减少，人地矛盾的压力随着土地面积的持续缩水而变得日渐突出，农田不同程度损毁的现象和因此给农户带来的负担亦随之加大。特别是位于黑井镇上的石龙、板桥两个自然村耕地尤为少。农户的家庭经营若仅靠人均不足 0.5 亩的耕地，辛辛苦苦一年到头，种下的粮食收成后，就是最起码的养家糊口、维持日常基本生活都难以做到。山区、半山区虽然农户人均占有的耕地要比镇上这两个自然村多，但沿河一带的半山区水土流失又较为严重，流失面积占 80%，强度流失占 50%，轻度流失占 30%；山区不仅缺水，而且土质较差，种植业的亩产量仅占坝区的半成。土地是农民安身立命的基础，土地严重缺失这一触及农民最根本利益的问题，成为长期困扰黑井农业发展、农村建设、解决农民生产生活的一大难题。

按表 6－4、表 6－5 中所列数据，2002 年黑井村耕地面积减少的情况比较严重，占耕地总面积的 4.96%，其中水毁农田尤为突出，占减少耕地面积的 59.45%；2003 年耕地减少的面积有所下降，占耕地总面积的 1.46%，占 2002 年耕地减少面积的 29.51%，其中水毁农田占当年减少耕地面积的 42.52%；2007 年耕地减少的面积又呈上升趋势，占耕地总面积的 4.78%，占 2002 年耕地减少面积的 96.50%，其中因自然灾害损毁的面积占当年减少耕地面积的 93.40%。

表 6-4 2002~2003 年黑井村耕地面积减少情况

单位：亩，公斤

项目 年份	水毁田地	承包产量	公路占用面积	承包产量	合计	
					失地面积	承包产量
2002	28	12143	19.1	955	47.1	13098
2003	5.91	2914.4	7.99	100	13.9	3015
合计	33.91	15057.4	27.09	1055	61	16113

表 6-5 2007 年 4 月统计黑井农民失地情况调查

单位：户，人，亩

项目 单位	农户数	耕地面积	农民失地情况					
			人数合计	面积合计	地方水利道路建设征用		自然灾害损毁	
					人数	面积	人数	面积
全镇合计	3985	15084	1514	916.9	208	108.76	1306	808.14
黑井	471	947	125	45.45	20	3	105	42.45
所占比例(%)	11.82	6.27	8.25	4.96	9.6	0.23	8.0	5.25

选择黑井村失地的列表，并进行一些分析比对，仅想说明一点，从中可以看出每年不论何种原因，致使黑井村土地面积减少多少，给农户造成多大的失地面积，和由此连动的农业产量损失的程度是个什么数，而值得关注的是，黑井村土地面积流失和减少的状况，如同蚕食一样，逐年都在向递减的趋势累积、延伸扩大。

若我们从黑井村的视角移向辖有 10 个村委会的黑井镇，那么土地资源流失的情况更会一目了然。黑井镇因第二轮承包土地（1997 年）面积减少，2002 年专门拟文向禄丰县政府请求减少所负担的农业税。文中在反映相关情况时有那么一段："全镇从第二轮土地承包至今年 8 月止，因水毁农田、修建公路、山体滑坡、泥石流自然灾害、电气化改造、红石岩公路大桥以及其他形式占用耕地，造成损毁无法恢复的耕地面积 1155.05 亩，略大于红石岩

（2004 年并入黑井村）、黑井两个村委会的承包耕地面积，损失承包总量 488909 公斤，相当于我镇较大村委会大树或松平一个村委会的第二轮全部承包产量；减少承担农业税任务数 34050 公斤……按照第二轮延包耕地面积 15025 亩，承包人口 17959 人，人均耕地 0.84 亩计算，所减少的耕地面积 1155.05 亩，使 1572 人无田可耕，无地可种……" 若照此，近 5 年，黑井减少的耕地面积就占承包耕地总面积的 7.69%，失去耕地的农户占承包农户总人口的 8.75%；其中因龙川江水患冲毁两岸农田（也就是报告中的水毁农田）、山体滑坡、泥石流等自然灾害造成耕地减少占减少耕地面积总数的 69.97%，水毁农田的就占 67.61%，修建县乡、乡村公路占用耕地占 13.81%，其他形式占用耕地占 15.29%。从分析结果中可以看出，黑井村比黑井镇遭受水毁农田的比率更大。此外，因山体滑坡、泥石流等自然灾害损毁群众危房、退耕还林等原因，造成 9 个村委会 42 个村民小组的 176 户 840 人的异地搬迁扶贫，造成 255.35 亩原承包地因水肥条件差、交通不便而撂荒。破坏性极强而又频繁的自然灾害，造成失地和连带的各种伤害，给农户的生产生活带来的长期负面影响是难以估量的。这些在一段时间里出现在镇政府上报到县政府报告里的数字，如实地记录和反映着越来越多的黑井农户不断减少自己赖以生存耕地的现状。在土地和人口都出现变量（土地减少和人口增加）的情况下，不言而喻，人地矛盾压力的增大就实属必然。

　　在我们对板桥自然村农户的入户调查中，六十多岁、腿带残疾、过去盐业兴盛时曾开过马店的李大爷成了这个家唯一能跟我们聊点家常的人。家里目前只剩下李大爷老两口带着两个快要上小学的孙子。由于人均仅有 0.2 亩多一点的耕地，显然连一家人吃的口粮都不够，两个女儿和女婿只有抛下孩子让老人带，只身到昆明服务行业和建筑工地打工，赚点钱供养孩子和补贴父母。据李大爷讲，他的女儿和女婿已去了两年多了，一段时间能往家里寄点能够维持较低生活开支的钱。家里原来养了两头猪，因没劳力，既要顾地里的活，又要带孙子，精力不济，也就没养了，圈里就养了几只鸡。即便是李大爷家里的青壮年都在外地打工，但看其家境也不免寒碜。在显得有些陈旧、且不宽敞的屋子里，扫视了半天，就连常用的电器都看不到，只有一个又老又旧、几乎用不成的电饭煲。据村委会的人说，黑井村像李大爷家这种情况还不少。而在占 22.22% 享受低保农户的名单上，李大爷家根本不在列。尽管李大爷多次缠着村委会反映自己的生活困难，即使是我们到他家时，他也没放弃向村委会的人叨咕，但据村委会的人对他一分析，一讲情况，老两口还真不够"资格"。

农业人口严重过剩，致使尚处于传统农业社会阶段、而文化程度不高、又缺乏非农技能的农民对土地的依附关系，成了唇齿相依的关系。土地不仅是农民社会福利的保障，亦是他们"就业"的希望。黑井耕地面积不断减少存在的现实，在年复一年的量的累积中不断地加大着农民的负担，直到免除农业税为止。而这种负担也只能通过县一级政府核准后，给予政策上的酌情减免。减免确实在一定程度上减轻了一些农民的负担，使农民的负担因政府的关心得到了一定程度的转移和释放，但农户因承包土地的减少而要承担的家庭重负却无法得到实质性的弥补。黑井农户缺少耕地的无奈现实，算是我们在实际接触与调查中，触动较大的一个实实在在，却又疾首的问题。

位于峡谷中的黑井，因其地域相对封闭，工业、房地产开发占用土地的现象几乎不存在，而自然灾害引发土地资源减少屡屡发生，成为引起失地之首患已是不争的事实。所以，从上到下齐抓共管，想方设法遏制水毁农田从源头治理龙川江水系，夯实沿江两岸的淤积地域，或许才是解决水毁农田的"主动战"。

土地是维系农民家庭经营基本收入不可缺少的物质条件，农民在土地制度下经营权的稳定性，是农业社会得以稳定的基础。据专家预测，未来不到5 年的时间里，我国人均耕地将进一步逼近 1 亩的下限。人均耕地面积仅 0.51 亩的黑井村，面对还在持续减少的土地面积，相关的各级政府应给予重视。

第七章 转型时期的村庄面貌
及结构变化

　　社会转型体现的是利益结构的调整和重构，以及稀缺资源的再配置。20世纪80年代初期，一场震撼农业社会土地制度的变革，催生了使9亿农民普遍受惠的农村家庭联产承包责任制。随着农村社会生产力的解放，农民内发积极性空前高涨，农地产出效率大大地突破了人民公社时期"一大二公"、"吃大锅饭"的旧体制，使粮食紧张的局面得到了较大缓解。峡谷环抱中的黑井，自然亦没因其地域的相对封闭而例外，依旧习惯性的跟着这风起云涌般的大潮，经历了农村体制变幻的风风雨雨，尝试了与农民息息相关的一次次土地制度革命带来的甘苦。

第一节　从黑井看农村生产力的历史承载

一　人民公社时期

　　土地承包制在中国的广大农村，之所以能使为此受益的9亿农民欢欣鼓舞，也许正是因为他们尝尽人民公社20余年"政社合一"的农村管理模式，以及集体混着干，干好干坏、干和不干一个样，"吃大锅饭"的苦头。当年，在"鼓足干劲，力争上游，多快好省地建设社会主义"总路线的催生下，《关于在农村建立人民公社问题的决议》以摧枯拉朽之势，在幅员辽阔的中国刮起一场以"一大、二公、三拉平"为其特点、完全超越当时农村生产力发展水平的人民公社旋风。一时间，中国74万多个农业合作社被合并为

28500 多个人民公社，不到 3 个月的时间，就在全国范围内实现了土地所有制的人民公社化。在这种农村政体大变动形势的裹胁下，黑井与其主管的禄丰县级政府没有考虑、规划所辖地域农业、农村发展的任何权利，只有不折不扣地执行当时农村"大一统"的责任。

据上了点年纪的农户回忆，当时黑井没有公社，只有禄丰县才有权设公社。黑井在历时 20 余年的农村人民公社时期，先称为"黑井区"，大约八年后改称为"公社"，下设大队和生产队，是当时管理农民的各层级组织。最基层的称为生产队（小队），负责组织农民进行集体农业生产，参与农民利益分配。大约 1958 年末，现在的县、镇、村三级政府机构，都必须严格按照符合人民公社的范式设定公社、大队、生产队（小队）。而这三级管理层级组织，首先要做的就是把原属于农业合作社的土地，社员的自留地、坟地、宅基地等只要是与土地有关的，连同农户家的耕畜、农具等生产资料都无一例外地无偿收归公社所有；公社对土地进行统一规划、统一生产、统一管理，劳动所获实行"大锅饭"平均分配制度。我们在调查中，好不容易搜集到 1962~1979 年相关的一些资料，多少能够反映当时禄丰县所辖乡镇（当时称为"区"）和黑井在农村人民公社时期收益分配的历史梗概（见表 7-1）。

表 7-1 禄丰县、黑井部分年份农村人民公社期间农户参加收益分配情况

项 目	公社（个）	大队（个）	生产队（个）	户数（户）	人口数（人）	全半劳力（个）	每人平均分配40元以下的队（个）	40元以下的队占生产队总数的比率（%）	全半劳力占人口数比率（%）
1962年禄丰县	15	128	2083	45693	191050	95656	1121	53.82	50
黑井区	一	7	101	2240	10605	5493	53	52.48	57.80
1966年禄丰县	17	144	1611	47672	217568	98864	238	14.77	45.44
黑井公社	1	10	99	2733	12569	5900	12	12.12	46.94
1970年禄丰县	18	143	1467	49997	241365	103877	265	18.06	43.03
黑井公社	1	10	99	3030	14586	6388	41	41.41	43.80
1975年禄丰县	21	160	1854	51979	268348	105571	233	12.58	39.34
黑井公社	1	11	119	3182	15938	6009	44	36.97	37.70
1979年禄丰县	20	179	1927	54769	287628	115893	502	26.05	40.29
黑井公社	1	11	119	3374	17183	6896	43	36.13	40.13

说明：1966 年，禄丰县原所辖的"区"统称为"公社"。

仅以黑井的数据分析，从表 7 - 1 中可以看出黑井全半劳动力占总人口的比率在逐渐减少，最少的 1975 年只占全半劳动力占总人口比率最高的 1962 年的 65.22%；而稍有回升的 1979 年，也只占 69.43%。显而易见的是吃"大锅饭"的农村人民公社使农民的积极性逐渐削减。而从现金分配来看，1962 年人均分配在 40 元以下的队所占的比率最高，是 1966 年较低比率的 4.3 倍。这些最能反映当时禄丰县所辖村社和黑井农村，处在农村人民公社时期的历史记载，说明缺乏实事求是的科学发展观的冒进行为，违背当时农村生力水平，不考虑农民的根本利益，是农村人民公社酿成种粮缺粮的农民与全国人民一起进入困难时期的症结所在。

　　从黑井粮食、现金分配情况表 7 - 2 中可以观察和分析，在农村人民公社时期，在国家计划经济体制强有力的操控下，农村广阔的天地缺乏盘活农村经济的激励机制，个体农民实现自我价值和创新性价值的积极性被淹没。若把这几组国家、集体与农户分配的比率稍作剖析，就会从中体味到，作为农业生产力中第一要素农民的利益是如何保障的？1962 年，在粮食分配一栏中，国家征购占去农民当年生产粮食总量的 18.59%，集体提留部分占去 15.81%，两项相加共占 34.4%，剩下 65.6% 分配给整个生产队农户一年的口粮，人均分得 379 斤，每月人均口粮约 31.58 斤；而在现金分配一栏中，国家税收占去农民当年应分配现金总额的 8.42%，集体

表 7 - 2　黑井粮食、现金分配情况

项目 年份	粮食总量(万斤)			国家征购(万斤)	集体提留(万斤)	社员部分		合计(万元)	国家税收(万元)	集体提留(万元)	社员部分			
	合计	其中				合计(万斤)	人均(斤)				合计(万元)	占总收入(%)	现金分配(万元)	每人平均(元)
		当年产	人均(斤)											
1962	1157.21	1157.21	575	215.16	182.93	759.12	379	101.23	8.53	6.34	86.36	71	19.29	9
1966	635.52	633.74	506	97.87	108.08	409.57	342	99.75	5.29	12.6	81.89	68	34.88	27
1970	663.53	663.53	454	104.57	120.78	438.18	300	84.99	5.16	10.8	69.02	65	23.39	16
1975	777.06	777.60	472	76.04	124.65	576.91	350	100.24	5.83	9.86	84.55	62	24.4	14
1979	793.22	793.05	461	49.91	131.77	611.54	356	95.17	2.39	8.21	139.1	61	47.72	28

　　说明：表中涉及现金部分均为当年价。

提留部分占去 6.26%，两项相加共占去黑井应分配给农民有限的现金14.68%，所以分到农民手中一年的现金，人均只分得 9 元，若摊到每个月仅有 0.75 元。若按一家 4 口人计算，一年农户分得粮食 1516 斤，现金 36元。1970 年，黑井农户当年生产的粮食总产量只占 1962 年的 57.34%，国家征购占去农民当年生产粮食总量的 15.76%，集体提留部分占去18.20%，两项相加共占 33.96%。在粮食总产量比 1962 年减产了 493.68万斤的情况下，照样要负担国家征购和集体提留的部分。所以，1970 年，人均仅分配到 300 斤粮食；而在 1970 年的现金分配中，国家税收占去农民当年应分配现金总额的 6.07%，比 1962 年减少了 2.35%，而集体提留部分却是 1962 年的 1.7 倍。虽然分到农户手中的现金，人均所得为 16 元，是 1962 年的 1.78 倍，但 1970 年的物价已不是 1962 年时的物价水平了。对农民而言，粮食和现金分配的水平，是衡量农村经济发展程度的主要指标，粮食之外的现金分配体现的是农民消费水平支出能力。黑井农户在这两项指标中所罗列的分配情况，也许亦是人民公社时期中国农村农民生活水平的缩影。

靠公社化初始阶段憧憬"共产主义是天堂，人民公社是桥梁"的理想激励着的那一代农民，当认知和感觉到现实与国家宏伟的政策规划没能并轨，自己则是处于土地资源、生产资料、生活资料都属公有；在国家计划经济统筹管理体制，公社及生产队集体组织的安排下，一年 365 天都在循环往复地从事着日出而作单一的农副业生产；在这种状况下，农民劳动投入的空间十分有限，剩余劳动力得不到合理的转移和有效地调动；农民收入和生活来源不能掌握在自己手中，对土地、对生产资料没有自主支配的权利，完全靠缺乏内调机制的分配制度束缚和被动的劳作方式支配着；在这种政策背景下，农民缺乏内发积极性，劳动力的投入只不过是量的累计，而无质的提升，从而造成粮食紧张的局面。通过上述一些仅存数据的定量分析，也许能或多或少地了解到在农村人民公社时期，农地产出效率为什么低下，农民积极性为什么受到严重挫伤的一些原因。

一代中国农民承载着超越农村生产力，农村经济发展长期停滞的二十余年的历史。因此，20 世纪 80 年代初，在改革开放政策环境下，一场以解放农村生产力、保障农民权益、适合中国农业特色的家庭联产承包制的土地变革，迅速改变着农村的面貌。

二　土地承包制中的黑井

以改革开放和家庭联产承包责任制的实施为主要标志，农村开始进入快速变化的转型时期。传统农业社会整合劳动力模式及其要素已逐渐失去作用。中国农村经济体制的改革，通过以集体统一经营与农户分散经营相结合的"双层经营体制"为其特点的土地联产承包制的推行，瓦解了 20 世纪 50 年代末期到 70 年代末期，束缚广大农村建设，漠视农村社会生产力水平、阻碍农业经济发展的"政社合一"的"公社制度"。在开放搞活与价值观的现实碰撞中，农民的积极性得到空前的释放。

在全国农村 93% 的生产队实行了家庭承包责任制的 1983 年，黑井村也在 1979 年试承包的基础上，开始向整个村民社区的农户们普遍实行"包产到户"。第一轮土地承包制推行时，黑井村和中国当时大多数农村一样，是以生产队管理的组织形式，代表农村集体经济组织，根据当时土地的拥有量，核定人口或劳动力比例，按照责、权、利相结合的原则与农户签订承包合同的。据年长一点的农户回忆，当年拿到土地承包合同的时候，全村农户都沸腾起来了，有的农户禁不住热泪盈眶，有的农民户喃喃自语地吐露出大伙的心声："我们盼到了，盼到了好政策，我们农民总算能自己当家做主了！"那景象真比过节还热闹呢。

1980 年初，国家下达在全国农村实行"家庭土地联产承包制"时，惠及数亿农民。新政策的推出和因此即将带来中国农村翻天覆地变化，让他们迈出了土地承包的第一步。黑井村开始实行土地承包时，农户普遍心理也担心农村改革的政策多变，只愿履行"包耕不包产"的承包合同。所以表 7 - 3 中的数据，也只能是当时黑井村在初步尝试"大包干"政策的历史记录。

而到了 1983 年，中国农村经济体制改革的政策已逐渐地取信于民，黑井村便和全国农村一样，大刀阔斧地与所辖 900 多农户签订了既"包耕又包产"的家庭联产责任制承包合同。

表 7－3　1980 年黑井村初步承包情况

项目 单位	生产 大队 (个)	生产 小队 (个)	按生产管理责任制分组		耕地 总面积 (亩)	总户数 (户)	总人口 (人)	其中		全半劳力 (人)
			包产到组 的队(个)	包产到户 的队(个)				男性 (人)	女性 (人)	
黑井	1	4	1	3	416	242	940	406	534	365

如表 7－4，1983 年黑井村开始推行土地承包制时，每户约计 4.5 人，户均拥有承包土地 1.69 亩，人均拥有土地面积 0.37 亩；户均承担粮食产量 241.1 斤。

表 7－4　1983 年黑井村土地承包情况

项目 单位	合作社 (个)	承包土地户数 (户)	人口 (人)	劳动力 (人)	承包耕地(亩)			
					田	地	合计(亩)	产量(斤)
黑井	4	213	962	416	152	207	359	51418

随着 20 世纪 80 年代初第一轮土地承包在黑井村的推行，有关农民负担的管理日渐规范化，农民对自己承包土地所须承担的责、权、利有了明晰的认知。农户稳定在自己承包土地上对劳动力按农时，有计划地投入，不仅对量有适度的保障，尤其对质的把握，使农地效率得到了极大的提升。农民在"保证国家的、留足集体的、剩下都是自己的"关系中寻找到了自己承包土地的动力。在保证国家、集体任务的前提下，可以分享土地经营的成果。

家庭承包制所形成的生产关系如卢福营在其《转型时期中国农村社会成员结构变迁》一文中所言："家庭承包制所形成的生产关系，简言之就是由家庭承包者承包部分集体的生产资料，加上自己拥有的生产资料，从而形成农村社员以家庭为单元经营的社会群体。"因此，家庭联产承包责任制赋予农民对土地享有使用权利的同时，亦须对国家和集体承担责任。具体为每年由村集体经济组织代为从农民的土地经营所得中，按比例"三提五统"（一般"三提"、"五统"各占总额的 50%）。村级行政单位"三提留"，以及乡镇一级政府"五统筹"的实施，逐年增加着尤其是像黑井村那样拥有耕地面积较少农民的负担（见表7-5）。

表7-5 1989年黑井村农户对国家、集体承担"三提五统"责任的情况汇总

(1) 现金分配情况

项目 单位	合作社 (队)总数 (个)	钱粮全部 兑现的社 (个)	钱粮部分 兑现的社 (个)	占总社数 的比例 (%)	按合同规定 应提现金 (万元)	其中实际 提留现金 (万元)	实际提留 占应提留 (%)
黑井村	4	—	4	100	7385	3693	50

(2)国家税金 单位：万元

项目 单位	合计	农民家庭经营		农民家庭经营		国家税金占净收入比率(%)	
		合计	其中专业户	合计	其中专业户	农民家庭经营	其中专业户
黑井村	45.71	45.71	8.70	0.51	0.16	11.16	3.5

(3)集体提留 单位：元

项目	(1) 公积金 合计	农民家庭经营		(2) 公益金 合计	农民家庭经营		(3) 其他提留 合计	集体提留占 净收入(%)
		合计	其中:专业户		合计	其中:专业户		
黑井村	0.33	0.33	0.021	0.26	0.26	0.02	0.070	14.44

(4)粮食分配情况 单位：公斤

项目	粮食分 配总量	其中:当年 生产的粮食	人均	提留粮	提留粮占粮食 分配总量(%)	社员所 得粮食	社员所得粮食 占粮食总量(%)	人均	参加粮食分配的	
									人口	村数(个)
黑井村	18.26	8.42	87	2.38	13.03	15.88	86.96	164	970	1

说明：表中数据均为当年价。

1989年，是黑井村推行土地承包的第七个年头。该年国家、集体从农户现金净收入中共提留1.17万元，占净收入的25.60%，其中国家税金占净收入的11.16%，集体提留公积金、公益金等占其净收入的14.44%。按总收入计算，农户原来人均应分得现金471元，但实际分配下来是458元，一个月算下来合38.17元；提留粮食占当年粮食分配总量的13.03%，农户一年原来人均应分得188公斤粮食，实际分配下来的粮食只占到应分配粮食的87.23%，人均减少了12.77%粮食。按全年人均164公斤粮食计算，一个月人均仅有13.67公斤粮食。黑井村的自然环境、自然条件如前所述，山区、半山区一方面缺水，另外一方面土质较差，若遇上自然灾害，对尚处于传统农业社会，"靠天吃饭"的农户来说，尽管农户投入的劳力和精力再多，但想要保住粮食稳产都是件不易的事。所以，在农户缺米少粮的情况下，吃国家返销粮对黑井村来说已不是偶然现象了。

表 7 - 6　1989 年吃国家返销粮情况

项 目 单 位	村公所办事处(个)	参加粮食分配的人口	交售国家的粮食	市场出售的粮食	吃国家返销粮的情况		
					户数	人口数	数量(公斤)
黑井	1	970	—	—	226	970	98425

按表 7 - 6 中数据分析，人均一年得到国家返销粮 102 公斤，摊到每个月约为 8.5 公斤，加上原来每月实际分到的粮食，农户人均每月共有 22.17 公斤粮食。即便如此，对于从事体力劳动、消耗大的农户来说，仅靠分配到的粮食是不够他们填饱肚子的，不足的部分只能靠自己家庭内部互相调剂了。

1997 年，也就是黑井村民社区对所辖农户推行土地承包的第十五个年头，根据相关政策，在第一轮承包期满的基础上，经过对现有承包土地的核定，与农户签订了第二轮延包土地承包合同。土地承包期间，由于黑井自然灾害频繁，农户所承包的土地面积在新开挖与自然灾害损毁之间波动。最终，当自然灾害对土地造成损坏的程度，是人为的因素也难以改变时，遭受最直接的损失和造成最久远影响的是农户的经济利益以及他们仍然要对国家、集体承担的责任。其中，如果没有县、镇、村三级政府的关心，减免了因灾害造成的部分损失，那么农民所得承载的负担将会更加沉重。

黑井村农户和全国农民一样，在家庭联产承包责任制推行过程中，"三提五统"、农业税及其他附加税的征收，导致多数农村农民出现增产不增收，减产税难免，农民负担问题日渐凸显。从 1990 年开始，国家就针对减轻农民负担出台过若干规定，但具体在地方执行起来尚有诸多不尽如人意的惯性操作。仅对黑井村 2000 年和 1989 年所显示数据稍作分析：1989 年的各类税金及提留统筹款占当年净收入的 25.60%，11 年后的 2000 年各类税金及提留统筹款占净收入的 23.34%，2000 年的比 1989 年减少 5.75%，农民人均

表7－7　2000年黑井农户对国家、集体承担"三提五统"责任和其他税收情况汇总

（1）提留统筹

项目 单位	提留合计	提留款占净 收入(%)	乡提留统筹		村提留	
			合计	农民家庭经营	合计	农民家庭经营
黑井村	2.05	10.05	1.07	1.07	0.98	0.98

（2）各类税收

项目 单位	农业税		农业特产税		其他税金		上缴国家有关部门		各种税收占 净收入 比率(%)
	合计	农民家庭经营	合计	农民家庭经营	合计	农民家庭经营	合计	农民家庭经营	
黑井村	0.3	0.3	0.28	0.28	0.03	0.03	2.1	2.1	13.29

（3）农民现金分配　　　　　单位：万元、元

项目 单位	净收入	农民经营所得分配		农民经营所得占 净收入比(%)	参加分配		农民人均所得	
		合计	农民家庭经营		村数(个)	人数	合计(元)	农民家庭经营(元)
黑井村	203.98	163.1	163.1	79.96	1	976	1671	1671

（4）粮食分配情况　　　　　单位：万公斤

项目 单位	粮食分配总量	其中:当年 生产的粮食	交售给 国家的粮食	提留粮食	集体提留	提留粮食占 粮食总量(%)
	13.3	13.3	—	2.5	—	18.8
黑井村	社员所得粮食	社员所得粮食占粮 食分配总量(%)	人均 (公斤)	按粮食分配总量人均应分 得粮食(公斤)		参加分配人口
	10.8	81.2	110	136		976

说明：表中数据为当年价。

收入也是 1989 年的 3.65 倍。排除这 11 年来物价上涨、消费水平提高等因素，农民除了田间地头的种植业以外，副业、兼业经营、传统的经商、小手工业等因国家政策的宽松而得到复苏；非农性质的季节性打工、外出打工给农民提供了更加广阔的施展空间，这些客观上不同程度地添补了家庭土地经营的不足，农民手中现金收入情况确实有了明显的改善。但在粮食分配上出现的问题，却反映出了由于农户负担过重而造成其利益从不同层面不断受损的现实。2000 年黑井村粮食减产，总产量只占 1989 年粮食总产量的 72.84%，但提留的比率却比 1989 年高出 5.77%，提留后农户所得粮食与 1989 年相比，减少了 5.76%，而人均分得的粮食只占 1989 年的 67.07%。

2000 年农户人均 110 公斤一年的粮食，相当于每个月只有 9.17 公斤的粮食。如果一个月按人均 25 斤粮食计算，一年缺粮 189.96 斤；若按一家 4 口人计算，就缺粮 700 多斤，这就意味着农户手中的现金除了日常消费、养家糊口、配备必要的生产资料外，还得用来买够一年家里人所需要的粮食。除上述外，占总收入近 4%～5% 行政事业性收费、集资摊派等需要农民额外承载的社会负担，也在沉重的农民负担上又再添些分量。由此可知，无论农民在承包地里获得的收成是否增产，但对国家、集体所承担的"责任"是不能免去的；农户收入水平的绝对数，不是仅靠单项指标便可以做出判断结论的。上述仅用了有一定时间跨度的两年数据，对黑井村农户土地承包后的实际收入作了一个初步的分析，多少可以透视出一些农民在土地承包责任制的过程中，由于分配关系不平衡造成农民负担问题之一斑。

农民负担问题的突出和农村贫困人口的递增，不能说没有必然的关系。根据国家对农村贫困人口，尤其是对年老体弱、病残、丧失劳动力等生活常年困难的农村居民实行最低保障的政策要求，从 2004 年开始，黑井村对所辖自然村和城镇的贫困居民发放了最低生活补助。城镇居民人均不足 179 元的，按此标准补足，例如：城镇居民杨家兴全家人口共 3 人，人均收入仅 96 元，按规定人均补助 89 元，3 人共补助 267 元；农村的贫困居民则按人均不超过 30 元的标准补助。到 2007 年，黑井村民社区共有贫困户 135 户，占总户数的 21.13%，其中享受低保的城镇居民 37 户，占全村享受低保贫困户总数的 27.41%，占总户数的 5.79%；享受低保的农村居民 98 户占全村享受低保贫困户总数的 72.59%，占总户数的 15.34%。

根据相关政策，为减轻农民负担的另一项举措是，从 2006 年开始，黑井村对农户实行生产资料补助（主要是对种植业中农用化肥、种烤烟等的补助），补助金额为 44.89 元/亩；对种水田的农户实行每亩 15 元良种补贴。对农民各项补助的实施，虽然使农民在得到政策上的抚慰和多少能有些利益的补损后，承担各种税员几乎接近心理承受极限的状况有所缓解，但只有当农村利益结构调整到与农民寻求在承包地中获得的期望效益达到协调，农村经济发展机制更有利于保护农民的利益时，农民稳定在土地上内发积极性的动力源才能焕发出勃勃生机。

农村经济改革的目的，是在促进农村经济发展的同时，让 9 亿农民从中得到实惠。但在土地承包的现实执行过程中，尚属于中国弱势群体的农民对所承担负担高位运行的惯性，和被强化了的地方政府贯彻国家减负政策走样的客观存在，是直接或间接导致农民负担问题日愈突出，是影响农民从事农业生产活动积极性的主要诱因。黑井村只是中国广袤农村的一个缩影。

为维护农业利益，保障农村稳定，减轻农民负担，统筹城乡发展，构建和谐社会，国家于 2002 年秋季出台农业税费改革措施。2003 年春，黑井村与全国大多数村庄一道，减免了 50% 以上的农业税，其余的则由县、镇两级拨款到黑井村补助原来"三提五统"应承担的各种税收（代耕费）。到 2005 年，国家还未出台免征农业税的政策时，黑井就全免了农村、农户应交纳的农业税收。从今往后，免去农业税的农民便能轻装上阵，为经济建设和小康社会的早日实现出一份力。

2007 年，根据对农民承包土地经营权 30 年不变的政策，黑井村民社区在所辖农户第二轮承包土地的基础上，重新审核鉴定，对农户发放了"土地承包经营权证"。

若按表 7-8 所列，从 1998 年开始 30 年的第二轮土地承包经营权登记情况分析，承包总户数是 1983 年承包总户数的 2.23 倍，承包人口是 1983 年的 1.82 倍；承包地面积是 1983 年的 2.46 倍，户均拥有承包地 1.86 亩，是 1983 年首轮承包时 1.1 倍；人均拥有承包地 0.5 亩，亦比 1983 年时多，是 1983 年的 1.35 倍。由此可以看出，黑井村土地资源匮乏的现实并非一朝一夕。就目前黑井村人均所拥有 0.5 亩"生不加，死不减"的耕地面积而言，即便没有自然灾害的侵扰，农户一家从有限的土地上获取基本口粮的需求都不易满足。人多地少的生存压力，迫使黑井村农户不得不去寻找土地以

表 7-8 黑井村委会（第二轮）土地承包经营权证登记情况
（承包期限：从 1998 年 1 月 1 日至 2027 年 12 月 31 日止）

单位：户，人，亩

承包单位	承包总户数	家庭现有农业		实际参加土地承包的		其中:无承包地的人口	承包土地			备注
		人口	劳力	人口	劳力		丘块	面积	产量	
黑井村	475	1823	1129	1752	1127	360	2234	881.75	279336	农用

外的生活来源。在制度不断完善、政策补给或倾斜的前提下，农民的家庭经济样式有了自主发展的空间。以家庭经营的多元化或在非农化选择中弥补农业之不足已成为黑井村域经济中一个新的增长点。

第二节　多种经营和非农经济发展历程

数千年黑井盐业的沧海桑田、兴盛衰落的历史，镌刻着黑井人价值体现的里程，造就了黑井人勇于创造历史的胆识和智慧，这是他们挥之不去的心灵印迹，亦成为他们至今仍津津乐道的话语。在盐业管理局公干过的刘老先生，提到盐业就滔滔不绝，被人称为黑井"宣科"的李老师，凡是稍微上了点年纪的人，没有一个人会对黑盐井的过去沉默寡言，或摇头说不知。从他们的言谈中，你会咀嚼到黑井人在云南盐业史上创造的商业经济奇迹，造就盐业经济使其进入繁盛的明清时期出现资本主义萌芽的辉煌，那是黑井盐业历史的精髓，是黑井人撑起峡谷蓝天的精神气，是融入黑井人血液中受益无穷的精神财富。在"背挑养一口，生意养一家"盐业经济繁盛的黑井，"追求财富是男人们的梦想，守节持家是女人们的责任。"黑井的盐业商业经济繁茂的历史虽已成为"逝去"的昨天，但"驿道带来的文明潜移默化地向黑井人内心深处渗透，就像一块盐巴，深刻地渗透进生活的土壤。"① 开过马店的李大爷、当过卤夫的刘师傅……或是与盐业结下不解之缘的黑井人，随着社会结构的变迁，黑盐井历史的结束，大部分已改变了社会角色，而成为依靠土地生存的黑井农户。当农村经济体制变革的浪潮，冲击着峡谷传统秩序的时候；当"转型时期，农村利益结构从单一化走向多元化，农村所有制改革扩大了农民自主权，农民可以独立地进行生产经营和交换，农民有了独立利益"② 的时候，从商业经济转向农业经济的黑井人，鉴于先辈们在商海中搏击江河的胆略及其对盐业经济运筹帷幄的传统，从而能在社会结构的转型过程中，潜意识地撬动起犹如枯木

---

① 刘光平：《逝去的盐都》，云南美术出版社，2003。
② 王祯：《转型时期农村政治参与形态分析》，《中州学刊》2003 年第 4 期。

逢春的家庭经济杠杆，筹划着个人价值的预设在符合他们利益的现实中实现的可能。

图 7 - 1　连片成林的小枣园

一　家庭种植业的多元化经营

"社会转型时期农村社会、乡土文化、社会治理体系发生了根本性的变革，这些变革释放了农村发展的潜力。"[1] 同是农耕土地的田间地头，黑井村民社区农户的种植业不再停留在满足"糊口"单纯种粮食的水平上，而是充分享受着有利于农业发展，惠及农民的农村政策，最大限度地调节着自己的智慧，以从有限的土地上尽可能地获取较大的收益作为配置家庭经营结构的标准。多元化的种植业使黑井村的农业结构呈现出另一番景象——2003 年在退耕还林后的土地上，有的自然村成片地种上了既能绿化村容村貌环境，又能给农户带来利益收获的经济林果。斗把石、石龙两个自然村甚至形成了一村一品，兼具本地特色的绿色农产品。

---

① 吴海华、王德成：《社会转型与农村现代化》，《农业现代化研究》2004 年第 6 期。

斗把石自然村，把清朝时期就有人零星栽种小枣的传统发扬光大，在本村不到70亩的土地上种上了连片成林的小枣树。20世纪80年代土地承包后，拥有土地使用自主权的较为活放的部分农户，关注到了自己承包地中的种植业与市场的需求，首当其冲地在自己的承包地里种上了有一定经济价值的小枣。但当时小枣市场价格较低，仅卖三四角一斤，一角一碗。所以多数农户尚处于较为保守的观望之中。该村2004年被禄丰县委、县政府命名为"黑井镇巾帼科技示范基地"。2007年被禄丰县委授予"首届十佳新型农民"的吴春芬可以说是斗把石村小枣种植的"领头羊"。她家祖辈种枣，有其历史渊源，栽培管理经验亦十分丰富。当我们慕名来到她家时，看到收拾得井井有条的房前屋后，了解到她家里有4亩承包地，3亩自发地（自己开垦的荒地）基本都种上了小枣，另外还养着20多只鸡，1997年时盖了200多平方米的房子。看起来憨厚淳朴的吴春芬丈夫岳树诚，与我们攀谈起来也没有拘束。当说到正在昆明上大学的两个儿子，吴春芬插话：要不是种了小枣，光他们的学费也交不起。

2001年，当旅游经济在黑井起步，逐步刺激和带动市场的需求，使不

图7-2 远近闻名的小枣科技示范园

知路在何方的黑井村域经济茅塞顿开。斗把石村 18 户农户栽种的小枣树，在吴春芬的耐心传授下，田间地头，结出了果实累累的小枣，满山绿色尽染的小枣树把村容装裹的郁郁葱葱。2004 年，黑井村委会成立了专门协调小枣生产经营的"小枣产销协会"。每亩可栽 150 多株，收成好时亩产达到 150 公斤以上，远近闻名、甜脆味独特的斗把石小枣，价格从 10 多年前的三四元每公斤一直攀升到近几年的十多元/公斤的小枣价格。栽种小枣，使多数勤劳的斗把石农户走上了致富的道路，一些家庭因此竞相盖起了新房。蒸蒸日上的日子，极大地刺激着农民为自己的家庭创造好环境的积极性。

斗把石村改天换地，枣园青翠蓊郁和枣树上累累的果实，让农户的家庭收入和村容村貌都得到极大改善的双赢实效，成了黑井镇 10 个村委会、127 个自然村（村民小组）中的榜样村。2002 年，禄丰县委、县政府授予斗把石"文明村"的称号。以下是我们慕名到斗把石村入户调查了解到的一段个案。

> 岳XX，男，30 岁出头，一家 4 口人（夫妻俩，1 个女儿，1 个儿子），子女尚小。女儿刚上小学，家中的劳动力主要是夫妻二人。家中没有大牲畜，只放养着 10 多只鸡，种有 1 亩多的小枣（枣树就种在离岳家前屋 10 米左右的地里），小枣中间种点菜，基本只够家里的人吃。小枣近几年的卖价还好，收成好时一年可以有 1 万多元的收入，差点也可卖到七八千元。特别是早枣和要下市的枣，要比平时的价高出大约每公斤三四元。所以，尽量把枣树伺候好，这样收成时就能多赚点钱。要不然油盐柴米得花钱买，地里护理小枣的农药、肥料样样也得花钱……去年用了几年积攒下来的钱，花了六七万元新盖起一层 130 多平方米的房子，第二层因家里的钱不够开支，就没盖，等有了钱再接着盖。"现在国家对我们农民的政策越来越好，为了添补家用，农闲时，我就经常到附近的妥安或黑井镇的建筑工地上季节性的打打工。她么（她妻子），在家照看着两个娃娃，做做家务，管管地里的活。"

在斗把石村 18 户农户中，岳XX 的家庭境况算得上中偏上的水平。像岳

XX 家一样在枣树未挂果前，在树的株、行距中间种蔬菜或其他豆类的情况亦很普遍。不过这些蔬菜多半是自家食用，只有少数因缺乏劳动力，家境不算宽裕的农户才把蔬菜拿到镇上去卖。

黑井农户潜能中蕴藏着对家庭经营与市场经济互动性的敏感，和由此激发劳动积极性的发挥，使他们在有限条件的限制下，善于想方设法地创造条件。作为农民的他们，当感到极其有限的承包地已成为他们家庭经营获取利益时的限制条件时，自发式的开垦荒山荒地，便由一个个个体开垦者汇集成了整个村多数农户的群体行为，原来不到 70 亩的耕地，扩大到了近 140 多亩。与此同时，在镇政府的提倡鼓励下，黑井村山上的几个自然村也都不同程度的种上了小枣树，至 2007 年已有近 676 亩，其中挂果的占 1/4 强（枣树从幼树到成年挂果需 7 年的时间）。黑井的小枣虽早已远近闻名，但家庭经营的密集化，却使其难以形成规模化生产。所以到目前为止，农户还是因袭个体家庭经营自产自销的传统模式，形不成任何联户或联合经营的经济组织样式。村委会的"小枣产销协会"因此成了纯属有名无实的一块"招牌"。

石龙村的石榴亦是兼具黑井地方特色的另一种绿色经济林果，零星栽种

图 7－3 黑井村的新型农户

也有百年的历史了。目前，石龙村的 127 户农户共种有 150 亩集中栽种的石榴，鳞次栉比形成了石榴园。石龙村成片栽种石榴的年代要比斗把石成片栽种小枣的年代久远。但因农户单纯追求价值利益，缺乏种植管理的科学性，株、行距基本混杂无序，各自承包地中栽种的石榴也只有承包人自己分得清。黑井的甜石榴虽颗粒晶莹剔透、饱满，一棵石榴树上平均能结六七个石榴，但其市场价格却较小枣价格低了许多，农户辛辛苦苦背、挑到镇上，一般只能卖到 2~4 元 1 斤。迄今，整个黑井村种有 350 亩石榴。农户栽种石榴没给他们家庭经营带来想象中的利益，因此栽培的管理上也不像小枣那样精细。石榴结果时，石龙、黑井种石榴的农户都爱采摘些送亲朋好友，余下的才拿到市场卖。尽管目前黑井的石榴仅为小枣市场价格的 1/4，但石榴的种植形成了石龙村域特色，2006 年被列为全镇首个投资 60 万元新农村建设试点村，既能美化环境，食之又甘甜爽口的石榴可说是"功不可没"。为提高石榴树的挂果率，调正色泽、提升入口味，从而拉动市场价格，镇、村政府规划引入农业科学技术，改良本地石榴品种。除此而外，结合石龙拟建成商业街和"农家乐"，扩大宜种水果的类型和品种，亦在石龙新农村规划之列。

　　除上述形成一村一品的经济林果外，黑井村还散种有桃子 201 亩、梨 169 亩、苹果 5 亩、柑橘和橙子 11 亩，核桃、板栗和其他水果 94 亩。若照

图 7-4　石龙石榴园区

此计算,黑井村种植各种经济林果的面积应是 1506 亩,不过,山地占了 2/3。本来可以形成规模化生产的黑井村林果种植业,在个体家庭经营"耕者自食"的格局下,只能是以其利益或按个体喜好来布局自己的承包林地中应该种植的种类。

由表 7-9 可以看出,黑井村民社区山区、半山区经济林果种植面积就比坝区大,再加上退耕还林,山区、半山区拥有的经济林果种植面积明显比坝区有优势。坝区经济林果的种植面积仅占山区、半山区经济林果的种植面积的 31.68%,所以人均拥有经济林果的面积也极其有限。

表 7-9 2006 年黑井经济林果分布情况

山区、半山区经济林果种植情况（亩、个）	山区、半山区经济林果面积	1096	坝区经济林果种植情况（亩、个）	坝区经济林果面积	391
	一、有经济林果的自然村	7		一、有经济林果的自然村	2
	其中:1. 人均 1 亩以下的自然村	1		其中:1. 人均 0.5 亩以下的自然村	2
	2. 人均 1~3 亩的自然村	6		2. 人均 0.5~1 亩以下的自然村	—
	3. 人均 3 亩以上的自然村	—		3. 人均 1 亩以上的自然村	—
	二、无经济林果地的自然村	—		二、无经济林果地的自然村	—

农村利益结构的调整和重组,是以保障农民利益为其基准的,而当传统文化与现代价值观发生碰撞时,当农民家庭户个体经营主体成为农村经济社会的基本单元时,不断放大的农户家庭经营,关心的自然是在政策允许的多种经营范围内游刃有余,以获取最大利益为其目的。至于农业现代化中的产业化和规模化生产等问题都不在他们思虑的范围之例。

黑井村烤烟的种植,也有 20 多年的历史。主要分布在乌梢箐、冠家山、丁家山 3 个适宜种植烤烟山区自然村。2006 年,3 个自然村有 47 户农户栽种烤烟,占这 3 个自然村农户总数的 51.09%。受政府"双控"政策影响,生产烤烟的产量均由楚雄州烟草公司按量限定核拨,生产、收购均由指令性指标控制。2006 年,3 个自然村核定的烤烟指令性产量为 25200 公斤。若是超出指令性定额指标,生产出多余部分烤烟的农户,则须以每公斤 2 元的价格去向没有种够指令性定额的农户购买指标,否则农户一年到头在烤烟地里的辛劳就等于白付出。

表 7 - 10 2006 年 3 个自然村指令性定额生产烤烟情况

项目 \ 单位	本村定额生产烤烟户数（户）	占本村总户数比率（%）	本村定额生产烤烟产量（公斤）	指令烤烟产量占总核定量比率（%）	平均每户定额生产烤烟产量（公斤）	占本村定额生产烤烟产量（%）
乌梢箐	9	33.3	5040	20	560	11.1
寇家山	20	42.55	9198	36.5	459.9	5
丁家山	18	78.26	10962	43.5	609	5.56
合 计	47	—	25200	—		

到 2007 年，由楚雄州烟草公司拨款补助，3 个自然村共建起专门用于烤烟的配套池 73 个。烤烟种植的农业技术含量较之栽种一般粮食作物要高，一是浇水要适量；二要能防治烟株病害；三是保证烟叶的长势。每年种烟农户收成的烟叶，在量化的基础上，最终还要通过质的严格把关，验收以后才算了结。虽然这 3 个自然村栽种烤烟亦不排除含有政策性照顾的成分，但受"双控"政策、收购价格低廉及不易栽种等因素的影响，农户种烤烟的积极性并不是很高。山区农户的承包地面积虽然较之半山区、尤其坝区多，但土质的贫瘠程度和适宜种植业的种类都较之坝区、半山区处于劣势。所以，对山区农户而言，烤烟的种植尽管存在这样那样不尽如人意的问题，多少能增补点家庭经营收入的现实，对极容易满足现状的农户来说，顺其自然也许是他们在难以改变现状时所持有的通常心态。

蔬菜这类农产品，在黑井村农户耕地稀缺的状况下，家庭经营中只能把它作为附带种植，因此没有形成一村一品或专业种植户，不过在农户的日常生活、家庭经营中也是不可缺少的部分。尤其是 2006 年、2007 年，受其他涨价因素的影响，市场蔬菜的价格也较看好，农户种蔬菜的积极性也随之高涨起来。

除了上述的种植业，黑井的可食用菌类达几十种。到了 6、7、8 月雨季时节，漫山遍野的各种菌类也是每年农户家庭经济结构中的一笔收入。特殊一点的菌类，市场价也较高，如干巴菌可卖到八九十元一斤。农户捡拾菌类，每年平均有 2000 ~ 3000 元的收入，好一点可达到上千元。拾菌对农户的家庭经营来说，不像种植业，虽然带有很多偶然性因素，但粒米成箩的观念，也许是农民支撑家庭经营的一种惯性价值意识。

表 7 – 11 2006 年各自然村蔬菜种植情况一览

自然村	户数(户)	种植面积(亩)	户均种植面积(亩)	产量(吨)	户均产量(公斤)
石 龙	127	190	1.5	111	874
板 桥	117	80	0.68	57.3	490
河沙坝	35	31	0.89	21.3	609
红石岩	49	32	0.65	21	428
赵家山	33	32	0.97	21.1	639
乌梢箐	27	94	3.48	39.5	1463
丁家山	23	90	3.91	35.7	1552
寇家山	42	72.5	1.73	33.4	795
斗把石	18	30.5	1.69	18.8	1044
合 计	471	652	—	401	—

二 基础设施和村民的生活条件

峡谷中的黑井村民社区，由于地域、气候条件等因素的影响，农户生产、生活必需的一些基础设施建设难点较多。改革开放 30 年，国家多次出台各种有利于农村经济发展的"三农"政策，但是，受行政管理制度和经济条件制约，基层政府若想要为民办点实事，不是在逐级的上报中碰到沟沟坎坎，就是尴尬地遇到"衙门作风"。受制约的依然还是那些生活在现实中缺水、不通公路、有这样那样困难的农户等。

多少年在黑灯瞎火中踟蹰的农户，在 2003 年全镇实行电网改造后，村村灯火通明，农户生活方便了许多，山区坎坷不平的路有了亮光后，再不会深一脚浅一脚的了；家庭经营主业的"先天不足"，亦可以通过因用电增加的诸如粮食加工等类的副业得到部分补充。但饮用水问题则是困扰农户、影响黑井经济持续发展的阻塞性因素。截至 2006 年，通水的自然村仅占黑井村自然村总数 33.3%，且基本上是坝区。坝区的生活用水可以有自来水，农业用水可以依靠龙川江水灌溉。山区、半山区有的自然村缺水的程度却较为严重。干季缺水的半山区、山区，连人畜日常饮用水的山泉水都难以保证，更不用说农业灌溉用水。不过使黑井农户感到欣慰的是，可解决 5000 多人饮用水的自来水厂已于 2007 年在规划实施之中。常言道"要致富，先修路"，黑井村民社区村村通公路的情况也不易乐观。2004 年，只有位于镇上的黑井村委会通公路（汽车），也就是说居住在镇上的石龙、板桥两个自然村能因此受益，其他 7 个自然村就只有在蜿蜒的小路上步行。2006 年，通公路的除了石龙、板桥两个自然村外，丁家山自然村也修通了公路。6 个不通公路的自然村，尤其是位于山区海拔较高的寇家山、乌梢箐，行路难的状况一直延续至今。

表 7 – 12　2006 年黑井村基础设施基本情况

（1）通自来水、通电情况

自然村	1. 通自来水情况					2. 通电情况				
	自然村（个）	受益农村居民户数（户）	占全村总户数百分比（％）	受益农村居民人口数（人）	占全村总人口的百分比（％）	自然村（个）	受益农村居民户数（户）	占全村总户数百分比（％）	受益农村居民人口数（人）	占全村总人口的百分比（％）
石　龙	1	127	—	508		1	127		508	
板　桥	1	117	—	494		1	117		494	
河沙坝	—	—	—	—		1	35		124	
红石岩	1	49	—	213		1	49		213	
赵家山	—	—	—	—		1	33		118	
乌梢箐	—	—	—	—		1	27		96	
丁家山	—	—	—	—		—	23		98	
寇家山	—	—	—	—		—	42		140	
斗把石	—	—	—	—		—	18		58	
合　计	3	293	62.2	1215	65.71	9	471	100	1849	100

说明：表中"自来水"一项，目前指有管道引水的山泉。

（2）通讯、通路情况

自然村	3. 通电话（个）			4. 通公路（汽车）的自然村		
	村委会	通程控电话	占所有自然村（％）	村委会		占所有自然村（％）
石　龙		1			1	
板　桥		1			1	
红石岩		1				
丁家山					1	
合　计	1	3	33.3	1	3	33.3

燃料部分，沼气池的使用，标志着黑井村民社区在生态建设、科学开发生物资源、改变农村、农户生存环境方面已步入正轨。在每个沼气池平均投入1500元，县政府政策性补助1000元，其余部分在由村民自己承担的基础上，至2007年，全村已建成分布于9个自然村的27个沼气池。农户对政府提倡建沼气池的做法非常赞同，以后将逐年增建，以期达到普及。其余无沼气池的农户则烧煤、柴（由村小组组织打蒿枝，不允许砍伐树木）或部分用电。

村容村貌这几年随着农户生活的逐步提高有所改变。加之自2006年，国家为改善农民生活条件出台的新农村建设政策及其下拨的配套费，黑井每个没被列入新农村建设试点的自然村，都有5万元用于优化农村环境，改善村容村貌的配套费。每年一个自然村投入5万元，对于改造较为贫瘠山区，农户居住环境较差的自然村就如同杯水车薪。不过通过新农村配套建设与宣传，其意义还在于能引导农户，懂得关注自己居住生活环境。目前，黑井村域大部分农户已主动地采取将人的住房与饲养的畜禽隔离分开的做法。

总而言之，目前黑井村基础设施建设中亟待改善和解决的问题，可以说是任重道远。但农户积淀起的若干希望，将会在宽松的政策，新农村建设给予农业、农村、农民带来的发展性机遇中逐步实现。

三　离村不离地的非农选择

充分享受政策空间的农民，面对人地矛盾无法得以化解，仅靠种植业显然不能满足家庭基本生活消费需求的现实时，农村部分剩余劳动力的转移便成为催生家庭经营结构发生变化的内发性因素。黑井村农户在土地面积不断减少，人口逐年递增的困厄中仍然维持着把土地视为生存根基、"是农民就得握锄头把"的传统观念。但是，全村半数以上的家庭经营在有限的承包地里，仅靠种植业的收入与现实消费出现入不敷出、粮食不能自给自足，贫富悬殊的差距，由于村域经济发展不平衡而日益凸显。村民社区近1200名劳动力，面对黑井村没有集体经济，没有集体企业的困惑，外出打工以及开饭馆、做小生意的非农化选择，便随着中国大部分"半耕"村庄进入经济转型而应运而生。

表 7 – 13　2006 年黑井村劳动力资源调查情况

单位：人，%

总人口数	劳动力资源数	占总人口数	劳动年龄内人数	占总人口数	其中：男性	占劳动年龄内人数	女性	占劳动年龄内人数	18～35 劳动力	占劳动力资源数
1849	1186	64.14	1139	61.6	666	58.47	473	41.53	620	52.28

18～35 岁年龄阶段劳动力占劳动力资源比率的 52.28%，他们思想活跃，不甘于清贫，市场经济意识较强，是黑井村域经济的中坚力量，亦是季节性、长期性外出打工的主力军。

表 7 – 14　2007 年一季度劳动力外出务工情况

自然村	期末劳动力资源数	期末劳动力外出务工人数	本季新增	劳动力外出务工地区类型			外出务工劳动力产业分布			外出务工劳动力寄回或带回的现金（百元）	
				省内州外	州内县外	县内镇外	第一产业	第二产业	第三产业	本季	累计
石　龙	358	181	35	82	70	34	41	57	83	982	982
板　桥	311	164	10	60	65	39	38	45	81	951	951
河沙坝	71	19	1	12	4	3	2	2	15	79	79
红石岩	135	64	33	25	30	14	15	14	40	275	275
赵家山	52	10	2	7	2	1	2	2	6	54	54
乌梢箐	54	12	5	8	2	2	3	4	5	60	60
丁家山	50	14	6	10	3	1	4	5	5	63	63
寇家山	110	34	16	30	2	2	4	5	25	153	153
斗把石	27	4	2	4	—	—	—	—	4	21	21
合　计	1168	502	110	238	178	96	108	132	267	2638	2638

仅从 2007 年的第一季度黑井村域 9 个自然村劳动力外出务工的情况分析：外出务工人员总数占劳动力资源总数 42.33%，若加上本季度新增务工人员总数，其比率为 51.6%。按外出务工人员总数计，平均每户农户家庭，至少有 1 人外出务工人员。其中，位于镇上承包地最少的石龙、板桥两个自然村，外出务工的比率比起其他几个自然村的要高。石龙外出务工人数占劳动力总数的 51%，若加上本季度新增务工人数（基本属季节性打工），外出务工的人数占劳动力总数的 60.34%；板桥外出务工人数占劳动力总数的

52.73%，若加上本季度新增务工人数，外出务工的人数占劳动力总数的55.95%。位于成昆铁路附近，户均不到2亩耕地的红石岩村，由于农户家庭经营中种植业、副业的收入都偏低，加之受地域性限制，畜牧业养殖也十分有限，这就造成红石岩村外出务工的现象较为突出。2007年一季度，红石岩外出务工的比率47.41%，若加上本季度新增务工人数，外出务工的人数占劳动力总数的71.85%，仅有28.15%（38名劳动力）留在村里。山区3个自然村，因户均拥有的耕地面积比坝区、半山区多，户均基本达到5亩以上，所以外出务工的劳动力比率相对也低一些。这3个自然村中，寇家山户均拥有耕地4.2亩，稍少些，外出务工的比率就高一些，占劳动力总数30.91%，若加上本季度新增务工人数，外出务工的人数占劳动力总数的45.45%。

外出务工人员中，包含在旅游经济刺激下，到镇上开小旅社、开小餐馆共36家150名从业人员，占外出务工人员总数的29.88%。利用黑井"一房一楼、一铺台"的传统房屋格局，做小生意的34家，35名从业人员，占外出务工人员总数的6.97%。两项相加，占外出务工人员总数的36.85%。

从靠外出务工挣钱贴补家用的情况分析，亦是这几个自然村所占的比率相对高。因为外出务工绝对数的比率，决定务工者能寄（带）回家现金的比率。石龙外出务工人员寄（带）回家的现金占外出务工人员寄（带）回家现金总数的37.23%；板桥外出务工人员寄（带）回家的现金占36.05%；红石岩外出务工人员寄（带）回家的现金占10.43%；寇家山外出务工人员寄（带）回家的现金占5.8%。

这些情况正如有的文章所论，"人多地少的过密型农业，因效益低下而迫使农民外出打工，而外出打工的风险又反过来迫使农民依赖承包地作为最后的生存保障，从而使务工和务农的交替与结合在制度上得以强化。"[①]离村不离地外出打工的现象，是农民面对生存保障必须依托土地的传统观

---

① 引自刘齐《转型期农村经济社会形态与结构的变化特征》，"中国经济观察"/华东师大，中国政治学网，2007年2月。

念，与为解决生存压力矛盾所作出的普遍选择，亦是中国农村经济结构及其社会形态发生变化的特征。尤其是有家有口，年龄稍偏大一点的农民，那种把生存保障寄托在土地上的意识，或认为市场经济中家庭经营结构充满变数的担忧，都反映出小农意识中最本质的思维定式不是一朝一夕能改变的。

作为中国9亿农民缩影的黑井村农户也摆脱不了这种思维定式，在占23.85%的非农人口中，大多数都是上了年纪的老人。在我们的调查中，黑井村属于农业和非农混合家庭户口的比率比纯城镇户口的高；坝区比率比半山区和山区高。按照农户对家庭经营处于农业、非农二元户口结构性质抉择的观念，保住家庭成员对原有土地的拥有权才是至关重要的。在我们的入户访谈中，这种观念一次次得到了充分印证。家住板桥的杨老师在对我们谈起一家5口人的结构时，对家庭结构如此合理布局，流露出的满意程度溢于言表——母亲、爱人和他本人一直保留着农业户口（实际他本人从事非农职业已近20年，母亲年事已高早闲居家中，只有爱人干着点农活），"留住土地保险点"；两个孩子因上学，所以转成城镇户口，方便于他们以后找工作。

2008年云南省推出城乡一体化的户籍登记制度，将打破城乡二元户口管理格局。农民将与非农人员一样在社会生活的各个层面享受同等公平的待遇。其身份的准入，将使他们不再会有"土地是生存之本"的思想；同样，"离村不离地"的非农选择，也将会成为他们回忆中曾经历过的历史。

四 家庭经济结构的社会性变化

长期固化在全耕（农耕）农业社会，掌握生产经营自主权的农户家庭经营，受市场经济利益的驱动，因人多地少吸纳不了、被称之为剩余劳动力的那部分农村社会成员，随着城市建设的发展，城乡关系松动提供的活动空间（跨社区、跨村域、跨城乡、跨产业），选择不同所有制形式的经济单位，涵盖第一、第二、第三产业，多样性、多元化的自由流动或转移，使原来村域经济和家庭经济靠农业加副业收入单一的传统结构模式，出现半耕半工、半耕半商结构的社会性变化。

黑井村村域经济结构，亦随着家庭经济结构比率的变化，而逐步趋向于市场和更具社会性。若以 2007 年第一季度黑井村外出务工劳动力产业分布为例分析：从事农业的劳动力人数占劳动力资源总数的 57.67%。从事第一产业的务工人员总数占劳动力资源总数的 8.69%，占外出务工人员总数的 20.52%；从事第二产业的占劳动力资源总数的 10.96%，占外出务工人员总数的 26.3%；从事第三产业的占劳动力资源总数的 22.51%，占外出务工人员总数 53.19%。村域经济和家庭经营结构中，除去外出务工的劳动力人数，尚有半数以上的农村社会成员在从事农业生产经营。这部分人无论从家庭成员的个体构成，或是从农村劳动力的整体构成，年龄均长于外出务工人员，可以说是其他外出务工阶层的"母体"。而外出务工人员从事第一产业的比率比从事第二产业的低 5.78%，比从事第三产业的比率低 32.67%。随着外出务工青壮年人员的增加，从事非农产业的部分稳定，截至 2007 年上半年黑井村的非农人口达 442 人，占全村总人口的 19.29%。

若以农村经济实际收益结构的情况分析，我们可从表 7 - 15 中了解黑井村农户家庭经济结构状况。

表 7 - 15　2006 年黑井村经济收益情况汇总表

单位：万元

项　目		金　额	项　目	金　额
农民所得收入总额		346.26	1. 第一产业所得	170.45
一、按经营方式分组	1. 从村组集体所得	18.2	其中:(1) 种植业	98.2
	其中:工资性收入	2.34	(2) 畜牧业	46.5
	2. 农民家庭经营所得	328.06	三、按农民家庭经营分组　2. 第二产业所得	47.96
	3. 其他经营方式所得	—	3. 第三产业所得	48.05
二、按收入形态分组	1. 货币性收入所得	131.22	4. 外出劳务所得	30.11
	2. 实物性收入所得	196.84	5. 其他渠道收入所得	31.49

说明：a. 其他指标粮食分配总量：40.6 万公斤；其中，当年生产粮食 40.6 万公斤。

b. 生产留粮 8.61 万公斤，其中种籽 0.65 万公斤，饲料 7.96 万公斤。

c. 农民所得粮食 31.99 万公斤，按全村农业人口总数 1849 人计，人均 173 公斤。

d. 第一产业除主要的种植业、畜牧业外，剩余数额为林业、渔业。

若按农户家庭经营所得（包括第一、第二、第三产业、外出劳务，以及其他渠道收入所得）计算，2006年，黑井村农户人均纯收入1774元；人均所得粮食173公斤，每个月人均仅有粮食1.42公斤。面对粮食不能自给自足、应付一家人日常必须开支的现金又十分有限，部分村民从家庭承包经济中转移出来，补充到第二、第三产业中赚钱贴补家用，就实属必然了。

对黑井村农民家庭经济收益结构作如下分析：2006年，农民从事第一产业所得收入占家庭经营收入总额的51.96%，其中种植业占第一产业所得收入的57.61%，畜牧业占第一产业所得收入的27.28%，林、渔业等占第一产业所得收入的15.11%；第二产业所得收入占家庭经营收入总额的14.62%；第三产业所得收入占家庭经营收入总额14.65%；外出劳务及其他渠道收入所得占家庭经营收入总额的18.78%。黑井村农户家庭经济结构中，靠农业以外补助家庭收入的占到了48.4%。也就是说，在农户人均纯收入中，靠农业收入912.85元，而靠第二、第三产业、外出劳务及其他渠道收入的达852.41元。如果黑井村农户家庭经济中没有了这部分补足，可想而知他们的生活水平将会下降到什么程度。

因此，黑井与广大中西部地区一样，经历着农村经济及农户家庭经济发生的结构性深刻变化，经历着工业化、市场化和生产力发展到一定阶段，导致中国农村经济转型时期的衍生及其演进，尝试着农村经济基础性的变迁。

——农村主要劳力非农化、次要劳力农业化。全国是这样，黑井村也如此。占劳动力资源比率52.28%的青壮年，离开峡谷，离开村民社区，转向非农产业。真正常年在农村，从事农业生产的大都是"386199部队"（妇女儿童老人）。

——非农收入成为农民增收的主要来源。随着我国农业、农村进入经济转型期，农民收入增长趋缓，收入构成也发生了明显变化。如对2006年农村实际收益情况分析，黑井村域经济中，靠非农产业或其他渠道货币性收入，在家庭经济结构中明显占有举足轻重的比重，而且这种比重还会逐年加大。

农村经济发展的轨迹，必须以社会发展为其方向。黑井村农民家庭经济发生的结构社会性变化，是人地生存压力和经济发展不平衡的现实，也是农村部分剩余劳动力在寻求价值利益时，与市场经济运行机制碰撞后的结果。正如一位学者在对农村发展现状作出调查和思索后说的一段话：

> 农村发展在于寻求劳动力转移与土地资源效益的平衡，寻求传统社会与现代社会的平衡，寻求正式制度与非正式的平衡，政策的倾斜和政策救济，以及制度保障能够释放农村经济资源的潜力，从而推动农村经济的增长和发展，实现农村社会的全面进步。①

---

① 吴海华、王德成：《社会转型与农村现代化》，《农业现代化研究》2004年第6期。

第八章　文化旅游业及其催生下的
城镇化进程

　　本书虽然起始于乡村研究，却无法只把眼光锁定在黑井行政村这个单独的个体上。随着调查的深入，我们发现无法割裂黑井村及与其同名的镇政府、集市街区的血脉关系。这种血脉关系已经超越了行政隶属和地域差别、乃至身份象征，而内化为一种心理上的价值认同。这片地方就叫黑井，这里的人都是黑井人。"镇在村中，村在镇里"的特点又一次凸显。如今的黑井人，在讲述黑井辉煌的过去时脸上总有掩饰不住的骄傲和自豪，而话语未了，又让人感觉到一丝忧伤。这份伤怀是因为黑井的衰落以及"盐都"盛世的不再。勉强维系的农业生产让不少人渐渐丧失了重振黑井的信心，而聪明的黑井人此时豁然明白，历史的积淀，深厚的盐业文化也许正是昔日繁华再现的希望所在。由此，文化旅游业成为托起黑井腾飞的翅膀，在其催生之下，村、镇的边际愈发模糊，城镇化的雏形渐渐明晰。

第一节　黑井复兴的希望——新兴文化旅游业的发展

一　细数家珍——"千年盐都，黑井古镇"的文化旅游形象定位

　　黑井是西南丝绸之路上的盐都，具有久远的历史和鲜明的盐都特色。早在 3200 年前的新石器时代晚期，就有少数民族的祖先在黑井这块古老的土地上生息劳作。自汉代始，由于盐的经济地位，封建中央政权便在这里建提举制，四方商贾向这里云集，各种文化向这里渗透，推动了黑井文化的发

展，并形成了具有中原文化与地方、民族文化相融合的多元文化体系，遗存了丰富的人文景观。如今的黑井，虽饱经沧桑，但仍保留着传统的城镇格局、民居建筑、宗庙、牌坊等古建筑和大量文物，风貌依旧，历史纹脉清晰，特色鲜明，被誉为"蒙尘的贵妇"，素有"明清社会活化石"之称。"古朴"是黑井的灵魂，"盐文化"是黑井的核心，这一切都是建立在"千年盐都，黑井古镇"的形象之上。[①] 历史给小镇留下的是以盐文化为核心、以古镇镇区为载体的旅游资源，内涵深厚，特色明显。《云南旅游志》将黑井旅游资源的特点和主体内容看作历史文化类型，将黑井景区的性质表述为：以丰富的人文旅游资源为主，以盐文化和建筑文化为特色，以观光和体验旅游为主的历史文化旅游区。[②] 新兴文化旅游的兴起，意味着这个偏安一隅的小镇没有了孤寂的理由。

1995 年 8 月，黑井被云南省人民政府批准公布为第一批省级历史文化名镇。在获得这项殊荣后，黑井镇开始对镇内的历史文化遗迹进行整理和挖掘，为文化旅游业的开发作积极准备。根据国家旅游局关于《旅游资源分类、调查与评价》规范的要求，普查了黑井的旅游资源。经过调查，黑井镇内旅游资源包含了自然旅游资源、人文旅游资源和服务旅游资源三大景系，地文、水文、气候生物、现代人文吸引物、历史遗产、抽象人文吸引物、旅游服务等共 7 大景类。[③] 以下摘其概要，简略述之。

1. 自然旅游资源景系之地理风光

黑井镇区依龙川江走势在其两岸形成北侧江西与南侧江东两条狭长的地带，中间有五马桥连接，形成了"一水送溪烟"的独特意境。由于历史上煮盐伐薪对生态的破坏，黑井的植被情况并不是很好，目前尚存的自然景观主要有：龙川江穿越两旁气势磅礴的山体而所形成的"夹岸飞虹"、石门瀑布、滴水岩、瀑布、石榴园等。

① 蒙睿、吴毅、张友平、胡琦：《历史文化名镇旅游开发战略初探》，《开发研究》2004 年第 4 期。

② 参考禄丰县黑井旅游景区总体规划（2004～2020 年）文本。

③ 参考禄丰县黑井旅游景区总体规划（2004～2020 年）文本和蒙睿、吴毅、张友平、胡琦的《历史文化名镇旅游开发战略初探》，《开发研究》2004 年第 4 期。

2. 人文旅游资源景系之一——遗迹遗存

街巷黑井古镇镇区位于两山之间,临水布局,沿龙川江两岸南北延伸,现有四街六坊十六巷,整体形态结合周围山水环境,自然有序。曾具有城镇商贸功能的板桥、石龙两地,虽已回归为村,但在整体格局上仍与镇区有机结合,浑然一体。镇内街巷走向自然,肌理有序。南北向为街,自南向北,一、二、三、四街依次伸展,贯通全镇;东西向为巷,十六巷或依山就势,蜿蜒上下,或绕墙转户,临溪抵河,通寺达宅,连接全镇。这些传统街巷,构成了尺度亲切、形态丰富、古意盎然的丰富空间环境。在黑井盐业和商贸发展鼎盛时期的明清两代,黑井镇分别有六街十五坊十八巷和七街六坊十八巷。今天的黑井镇仍然保持着四街六坊十六巷的空间格局。保存完整的有一街、四街一段,保存一般的有三街。一街整条街道均以不规则的青石铺路,蜿蜒曲折。两侧为老铺面,色彩协调一致,人情味浓厚,环境宜人,让人回味无穷。在一定程度上反映了黑井古镇在兴旺时期商业的繁荣。

图 8-1　黑井沿街铺台

商铺　历史上盐业经济的兴盛使黑井成为重要的商业贸易中心。从主要的商业街区到石龙村内,“一门一窗一铺面”成为民居建筑的典型特点。沿街商铺一般为两进两层,前店后宅或下店上宅。沿街面上层由可开合的实木窗板或雕花窗板构成，上下层之间用木板拼封；底层沿街面的一侧为木板门，在门柱与山墙之间有实木窗板组成的大窗户，窗台低而宽。白天拆下底层窗板就构成有宽大柜台的大铺面，不难想象当日的繁华场景。①

民居 经济繁荣、客商云集，使黑井民居的产生有着多元化的土壤和条件。黑井民居形成了自己的特点：平面布局形式多样，空间组合变化丰富，用材、色调具有浓郁地方特色，整体风貌协调有致，有的在细部风格上又显出中西合璧风范，独具美学与文化价值。其建筑风格既有平民化的朴实，也有大手笔的气势。富商宅院，多为四合五天井合院式、三坊一照壁式、标准四合院式等形式，而且普遍重视装饰上的精雕细凿，平面布局也不乏采用欧式手法的尝试，呈现丰富而灵活的形式变化。官居宅院，以形态方正的"一颗印"形式居多。最负盛名的武家大院成为黑井亮相的第一张王牌，它依山势而建，是当地民居建筑的代表之一。院内的五六个院子串在一起，建筑格局为三坊一照壁式中混合王字形走马转角楼，平面格局按"六位高升"、"四通八达"、"九九通久"、"王隐其中"四个意境构思。虽然在规模上无法与北方的民居相比，但其精致程度毫不逊色。经过修整后的武家大院重新焕发出昔日的光彩，供游人参观成为本镇资源保护和经济创收的典范。

此外，刘家大院、李家大院、何家大院、包家大院等民居也各具特色，已被列入开发规划之中。

寺庙 在黑井过去兴盛时期修建寺庙蔚为大观，最多时达56座。多元的宗教文化交融使其在承载方式上也颇具特色，建有寺、庙、庵、观、祠，有儒、佛、道诸教场所。这些庙宇分布在黑井地区，多建造于周围山中，占据险要。20世纪70年代末以来，一些具有代表性的寺宇先后得到重建或修复，如飞来寺、大龙祠、诸天寺等。其中，飞来寺佛、道、儒三教合一，不仅是黑井兴衰的见证者，也是古镇观景的绝佳处，"揽胜更觉寺飞来，登高只看天在上"。成为黑井庙宇和景致中最具代表性和标志性的景点之一。

坊 黑井的坊均取材于本地红砂石雕刻而成，表征着当地独特的历史文化内涵。保存较好的有两座：文庙太爷坊、节孝总坊，但风化较为严重。

---

① 杨庆：《黑井古镇保护历史与开发》，《思想战线》2002年第2期。

图 8-2　武家大院二景

节孝总坊位于一街北口、五马桥头，建于清光绪二十七年（1901 年）。全坊形态端庄肃穆，书法、雕刻浑然天成，具有很高的艺术价值，已成为黑井古建筑景观的重要标志性建筑。其形态四柱三门，上镶大理石，中门书"节孝总坊"，左门书"霜筠"，右门书"雪操"。横梁上饰浮雕，中为四龙抢宝，左为四鳌鱼稳托榫头，右为四鲤鱼紧护卯眼。三门横梁上立十二个石阙，正中有五龙捧圣牌位。石阙由三层龙头象鼻斗拱组成，共六十八个龙头，五十四个象鼻。坊基须弥座上有两对石狮、四个石鼓。该坊最为独特之处，是其上端两边有飞檐般的石雕凤凰压在龙的上面，体现了晚清朝政"垂帘听政"特征。在现有众多介绍黑井的资料手册和宣传页中，必然少不了节孝坊的身影，而黑井给世人的第一印象，也是从感觉节孝坊端庄恢宏的气质开始。

石刻 黑井文物古建筑众多，并多有重修，加之建制沿革悠久，留下了诸多相关碑刻、匾牌。主要有：《重修七局龙祠记》碑、《重修诸天阁前楼记》碑、《莲峰庵常住》碑、《重修文庙碑记》、《重修黑井观音寺玉皇阁常住碑记》、《盐兴县人民政府》石匾等等，是研究黑井政治、经济、文化发展的重要素材。

塔、墓、坊类，是黑井古建筑中颇具特色和价值的类别。桥梁、堤坝、道路，是作为跨河布局的商贸、手工业集镇主要功能发挥必不可少的几类基础设施，在黑井各自都有其历史悠久的代表，如五马桥、庆安堤、古驿道等。此外还有大规模商贸活动和手工业生产的遗址，如七星台，众多的古盐井，成为黑井盐文化的物化载体。

上述古建筑遗构，广布镇区内外，且大部分景观都处于黑井村委会的辖区范围之内，这些遗址遗存是见证古镇沧桑的无言史官。

3. 人文旅游资源景系之二——异彩纷呈的民风民俗

黑井镇有汉、彝、回、苗、白、满六个民族。民族、民俗文化内容兼收并蓄、形式多种多样。幽雅、庄重的洞经音乐，汉族的龙、狮舞，彝家歌舞，在黑井都有展示表演的空间，甚至常常出现在同一种节庆之中。传统节日主要有彝族赶山节、火把节、杨梅节，苗族斗牛会，白族三月三街。特色食品有以传统工艺制作的煎饼、烧卖、烤肉、春卷、灰豆腐等。地方特产主要有好日井盐、石榴、牛干巴、盐焗食品、梨醋等。

上述富有传统特色的民居建筑和历史文化特征的文物古迹体现了黑井独特的文化价值和社会价值，是优秀的历史文化遗产，并构成了黑井古镇丰富的旅游文化资源。"盐"是黑井历史文化积淀的物质内核。有鉴于此，"千年盐都，黑井古镇"即是历史赋予黑井本质的、必然的形象。这一主题，突出了古镇以盐文化为主脉的悠久历史和完好风貌，凝练、简洁、明确，具有高度的概括性，并已在目前主要客源地范围内为越来越多的人所熟知。

二　保护与开发——再现活力黑井

　　旅游业的发展依托于良好的旅游资源，诸如黑井之类的古镇要发展首要的前提就是保护古镇，保持其原真性。保护和开发并不是一对天然的矛盾，对古镇的保护正是保存了旅游业赖以存在的自然和历史文化环境基础，反之，旅游业的发展也能促进古城的保护与建设，为其提供资金，奠定经济基础，两者在很多方面能形成良性的互动关系。依托盐文化的基础上所发展的黑井人文格局必然要求在保护和开发规划思路的指引下才能真正绽放旅游发展之花。前文所论及的丰厚历史文化资源正是进行黑井古镇保护的主要内容，也是古镇开发的前提基础。根据昆明理工大学建筑学系、昆明本土建筑设计研究所、楚雄州勘测规划设计院为黑井设计的旅游规划文本（2004～2020年），黑井古镇在历史上形成的、目前仍然存在的、具有鲜明形象特色的物质形态及其所具有的稳定特征就是其"保护"主题。它是对名城古镇所蕴涵的历史文化底蕴从自然环境特色、人工环境特色和人文环境特色三个方面所进行的高度概括。据此，黑井的保护主题被确定为："明清盐业贸易之镇；儒商雅士寄寓之镇；多教并存共处之镇。"然而，特色的保护与恢复应当适应经济发展以及人民生活水平提高的要求，也就是说，时代的需求就是开发的出发点；同时，古镇所蕴含的深厚历史文化内涵也是丰富的文化旅游资源，是需要挖掘的主要内容。黑井开发的主题被确定为："改善人居环境，提高生活质量；有序地发展旅游业，建设文化旅游精品，促进经济社会发展。"①而在当地政府编制的《黑井旅游开发战略研究》中，是这样表述黑井的旅游发展目标的：发展的基本思路是坚持以人为本、全面、协调和可持续的科学发展观，按照"五个统筹"的要求，以盐文化、建筑群文化、宗教文化、饮食文化、影视文化、名人故里为品牌，"融入金沙、联动昆攀"，实施旅游资源综合开发与区域经济协调发展相结合战略，有重点、分步骤建设好特色旅游景区、旅游城镇以及多条精品旅游线路，推动东环精品旅游线形成，把黑

---

　　①　杨庆：《黑井古镇保护历史与开发》，《思想战线》2002年第2期。

井建成"千年盐都"旅游目的地。

1997 年始，黑井就相继编制了《黑井镇土地利用总体规划》、《黑井镇保护性规划》、《黑井镇保护性开发详细规划》、《黑井镇总体规划》、《黑井镇近期建设规划》等规划，制定并由禄丰县人大审议通过了《黑井历史文化名镇保护管理暂行规定》，编制上报了《云南省禄丰县黑井镇国家历史文化名镇历史文化街区保护项目规划》。在实施中，严格按照"修旧如旧、保护原貌"的原则，以科学的态度，精心策划，稳妥谨慎地对现代建（构）筑物进行保护改造。同时成立了历史文化名镇保护开发管理委员会及办公室，配齐配强相关人员，切实加强城镇开发建设及日常综合管理，严格核发"两证一书"，坚决制止和处理城建违法行为，严禁与古镇风貌不协调的建（构）筑物出现，清理整治与古镇传统风貌不协调的现代招牌和灯箱广告及环境综合整治，有效保护极具古镇明清传统特色街巷风貌，承续了历史原貌。

但是由于黑井经济落后，缺乏资金，古镇内数十个颇具文物、旅游价值的景区（点）由于年久失修，大都已破败不堪。仅靠当地政府来完成保护和开发这一使命无疑是有心无力。"省级扶贫攻坚乡镇"的帽子更加说明了镇级财政入不敷出，财力难以维系的境地。旅游开发方式只有市场化运作，即通过外部招商来对黑井的旅游进行开发策划。2001 年 10 月，当地政府以"不求所有，但求所在"的新理念招商引资成功，并给予了投资商必要的支持和承诺，同年 11 月，成立云南禄丰黑井古镇旅游开发公司。黑井镇将部分遗迹的使用权出让给后者，企业则在相关政策法规的指导下，承担对文物进行修缮、管理、保护、经营的责任。通过这种方式既弥补了由政府单一投资保护而造成的巨大经费缺口，又保护了文物，充分发挥了文物的经济价值；同时，还有利于促进黑井镇社会经济的发展，政府与企业达到"双赢"的良好效果。公司进入黑井不久，就投入资金 160 万元在不到三个月的时间按照"修旧如旧"的原则修复了武家大院，启动了黑井的旅游开发，随即着重打造旅游发展平台，充分挖掘和开发盐文化资源。后来由于双方在诸多问题上的不一致，2007 年解除了合作协议。目前现有的景点和旅游活动大多是在这家公司的策划下维系至今的。在吸取合作经验的基础上，2007 年 4 月，镇政府另外引入云南博源集团入驻黑井接手旅游开发建设，打造特色产业；同时积极吸引外资，引入上海中桥影视公司昆明分公司对重点特色民居史家大院进行了整治修缮，招商开发和石龙村万株蜜枣生态旅游观光园建设，盘活闲置资产，并积极筹划项目储备。

从 2001 年旅游开发至今，在旅游景点的开发上，首先恢复了古法制盐作坊，进行盐文化陈列展览及参与体验古法制盐，增强文化互动；其次成立业余艺术团，恢复耍盐龙、说书、唱古戏、洞经音乐展演，传承演绎传统文化；同时，在古镇历史文化资源的挖掘、收集整理方面取得了较大的物化成果，主要是编辑出版了《失落的盐都》、《逝去的盐都》等系列盐文化丛书，校注出版了《康熙黑盐井志》；成功引进北京电影学院拍摄云南省第一部方言电影《光荣的愤怒》；建设石龙村万株蜜枣生态旅游观光园；成功筹办了昆明国际旅游节楚雄系列活动开幕式暨国家历史文化名镇揭牌庆典；参加"红云杯"云南省"十大名镇"活动和旅游卫视"中国旅游名镇"评选活动，提升了"中国名镇——盐都黑井"的知名度和影响力。从 1995 年被评为省级历史文化名镇开始，黑井知名度逐步提升随即，2004 年被列为国家 AA 级旅游景区，2005 年被云南省政府列为全省 60 个特色小城镇建设项目镇之一，被楚雄州州委、州政府破格命名为州级文明城镇。同年 9 月，通过建设部、国家文物局专家评审，获准国家级历史文化名镇殊荣。2006 年 9 月被评为云南十大名镇，10 月被评为国家 AAA 级旅游景区。

截至 2006 年末，累计接待旅游人数达 30 多万人（次），实现旅游总收入 900 多万元，黑井古镇已经成为省内外具有一定影响力的旅游景区。黑井古镇旅游收入情况见表 8 – 1。

表 8 – 1　旅游收入增长变化

年　度	接待游客（人次）	门票收入（元）	旅游营业收入（万元）
2001	23800	98000	95.2 *
2002	45000	132000	364
2003	58125	150000	465 **
2004	59813	403000	478.1
2005	76108	651150	729.9 ***
2006	86483	72814	912.65

* 武家大院收取门票 5 元/张，按每人平均消费 40 元计算。

** 按每人平均消费 80 元计算。

*** 按每人平均消费 95 ~ 100 元不等计算（黄金周价格上涨所致）。

表 8 - 2 黑井旅游开发列表*

等级	资源属性及建议	开发战略	具体旅游资源归类
重点旅游资源	直接体现黑井"千年盐都"这一旅游形象的旅游资源	(1)恢复古法制盐:按拉龙—搬龙—晒卤—煮盐—锯盐—运盐的工艺流程,建立盐文化主题园区。(2)收集整理诸如武家历史、黑井由来、节孝总坊和飞来寺等传说,制成相关的宣传物品。(3)建立一小型博物馆,展示盐文化及其相关的实物和民风民俗。(4)在传统节日、特色民俗的时节举行大型的游乐活动,达到"历史文化牵线,旅游活动搭台,经济贸易唱戏"的目的。(5)传统格局的街区要按照"修新如旧"的原则,保持古镇的历史风貌。(6)整治以古驿道为主的游览线路,并在山顶建筑几座观景台,俯视整个河谷地貌及成昆铁路隧道、桥梁	十八犁田新石器遗址、节孝总坊、武功将军史联元墓、大井盐井址、东井盐井址、复隆盐井址、晒卤台址、黑井制盐作坊址、复井制盐作坊址、古驿道、摆衣汉文笔塔、黑井文笔塔、玉碧山文笔塔、沙窝地风水塔、治水塔、北营文笔塔、小北塔、飞来寺、诸天寺、大龙祠、真觉禅寺、黑井文庙大成殿与太平坊、和尚坟、宝莲庵、二圣庙、香山寺、文昌宫、三元宫、观音寺、玉室阁、藏金阁、彝族盐水女龙王雕像、史家坟四兽雕像、和尚坟和尚群雕像、三条老街、武家大院、史家院、进士院、石龙村、洞经音乐、杨梅节、太平会、赶花山、牲口会、龙王节、龙神会、龙灯会、龙华会、黑井来历、黑井兴盛与衰落、阿育王来黑井记、滇西盐案
一般旅游资源	与盐文化有间接联系的现代产业、土特产品、大部分石雕与碑雕、交通、住宿等	(1)在人文生态保护的大前提下,提升产品档次,强化管理制度和环境卫生建设。(2)对于各种遗址类,可在保护的基础上予以一定的复原,再创历史上的模样。(3)在人类活动遗址处设保护地,并予以标牌系统进行介绍,同时另辟一园地建立一微缩景观,复制有价值的人文景观。(4)将各种碑刻内容印成文字,雕刻艺术摄影成像,并收集其他有名景点的图像文字资料制订成册,做成旅游纪念品。(5)将以黑井盐、盐焖鸡和石榴为代表的黑井土特产品进行深加工、精包装,提高产品档次。(6)将餐饮、住宿等服务项目融入黑井镇"古朴"的旅游文化氛围内,给旅游者一种跨越时空的"古"的全真感受	黑井大龙祠戏台、黑井土主庙戏台、黑井财神庙戏台、黑井真武山戏台、史家祠堂戏台、邓家祠堂戏台、庆安堤、五马桥、《万春山真觉禅寺记》碑、《重修七局龙祠记》碑、《重修诸天阁天阁前楼记》碑、《玄圣殿碑记》碑、《重修黑井文庙疏记》碑、《重修黑井文庙碑记》碑、《灵踪》摩崖碑、《重修白衣庵》碑、《永警于斯》碑、《重建财神祠启》碑、《龙祠碑记》碑、《重修龙沟河堤记》碑、《畏岩》摩崖碑、大德墓碑、至正墓碑、宣光墓碑、万春山华表题刻、袁嘉谷题刻、莲峰庵常住崖岩碑、古名宦碑、黑井三大本家、64 姓人和 54 姓人、天生碑、梨醋、黑井盐、石榴、烧卖、烤饼、灰豆腐、盐焖鸡、豆黄汤米线、淹梨、黑井盐厂、黑井镇旅游接待所、龙绣园旅社、武家饭店、饮服招待所、沿江旅社、开贵旅社、清真园、烧卖店、石龙火葬墓、铁道兵黑井镇烈士陵园
辅助旅游资源	与古镇旅游形象无直接联系的,作为主要资源的补充	(1)植被,退耕还林还草。(2)对自然景观加以整治和强化,恢复周边山体的风貌	滴水箐瀑布、妥黑公路、成昆铁路隧道、桥梁、龙沟河泥石流沟、两山一江一镇河谷地貌、伏牛山、真武山、万春山、冲击砾石扇、河床沉积砾石、龙川江及涛声、山区立体气候、干热河谷植物、草坡、剑麻、弹石路、马车

*转引自蒙睿、吴毅、张友平、胡琦:《历史文化名镇旅游开发战略初探》,《开发研究》2004 年第 4 期。

图 8-3　黑井主要旅游资源图

三　旅游发展与当地历史文化

那么，如何看待旅游发展对当地文化、传统的影响是随着开发建设的加快而不容忽视重视的一个问题。有一些观点认为，旅游的发展将对当地文化造成较大冲击，从而对传统文化形成破坏，同时游客的大量涌入将对旅游地的古建筑等历史遗产造成破坏。这样的担心不无道理，但一概而论，不免绝对。我们必须承认，旅游与文化之间的关系不是一个简单的问题，不能简单地用对或错、好或坏来形容旅游业给文化带来的影响。事实上，文化和传统从来都是在不断变化着的，处于变动的过程中，因此当我们谈传统文化的保护，并不意味着传统文化不能改变。而黑井以及黑井人在旅游开发中所自觉或不自觉中所发生的改变，也许支持了这一观点。

在尚未进行旅游开发之前，黑井的一些独特文化和历史传承很少为人所知，处于逐步衰落的状态，旅游的开发不仅没有破坏当地的独特文化，而且在保留历史传承、发掘黑井文化上起到了较好的作用。同时，黑井文化和历史遗产因为开展旅游业而受到更多的重视和保护。事实上，当地政府和旅游开发公司对于文化这一黑井旅游发展的核心资源达成的认识是一致的，从而在各项工作中都会自觉地保护开发。也许我们不得不承认，对于某些、某类、某个地域的文化和历史遗产，让它成为旅游项目的组成部分，可能是最现实、最有效、最及时的保护办法。

此外，旅游发展对文化方面的一个影响就是重塑了黑井人的自信，让他们发现了自己的文化价值，这使他们大大增加了民族自信心。许多人类学学者把这一过程看作是一种文化重创的过程、文化复活的过程和传统文化加强的过程，有的人甚至把这种过程称为"文化复兴"。为此，人们开始修缮他们的历史建筑，这些东西虽然旧了，但却有较大的历史价值；他们开始恢复那些早已被人们遗忘的遗迹；他们开始抢救那些濒临灭绝的传统文化；他们开始穿起节日的盛装，向旅游者展示和表演歌舞——左脚舞，而这些歌舞表演以前是要在特殊的场合和节日才举行的；他们开始制作和重新发明手工艺品，例如为了迎合游客，他们制作了一些轻便而又容易携带的小工艺品——绣花鞋等等，这被美国人类学家格雷本（Graburn）称之为"飞机艺术品"，既小巧而容易携带的手工艺术品，以此来吸引顾客；他们开始举行一些宗教仪式，这些仪式，对当地人来说具有神圣的含意，但现在也是为了满足游客的愉悦。总之，他们创造或再现某种文化，以此来迎合旅游者，并从中获得经济上的利益，但在同时，他们认为他们在这个过程中加强和保护了自己的文化。因此，当地居民总体上对旅游发展以及旅游所带来的社会文化影响持较为肯定的态度。当然，这可能与黑井目前尚处在旅游发展的初期，一些消极影响还未显现，当地人还无法感知和认知有关。

可以看出，黑井的传统文化也并非总是一成不变，伴随着旅游发展的步伐，黑井文化正在走向新的整合。只要注意保持开发和保护的平衡，在开发和创新的过程中保护原有文化的特色，这样的旅游就具有生命力。

四　旅游发展与当地生态影响

黑井古镇生态环境是一个急需改善的问题。由于历史原因，黑井两旁山体的树木全被砍来做煮盐的材薪，造成目前光秃秃的山体，不仅影响了整体景观，而且引起了严重的生态问题。龙川江的水量因没有得到调节，导致雨季暴发洪水和泥石流，旱季几乎断流的局面。只有加强生态环境建设，兼顾经济效益，才能改善农村生产生活条件，减少水土流失，为黑井的旅游业开发注入新的活力。针对以上问题，当地政府应建立专项资金，号召群众植树造林，加大宣传保护生态环境的重要性，使当地居民自觉参与到植树造林、保护生态环境的行动中来。尤其要注意近山面山、河流两岸、水土流失较严重的地区进行生态恢复建设。对于粮食产量低的坡耕地可考虑改种经济林果，以取得生态和经济效益的统一。

近年来随着旅游业的发展，当地政府已经意识到加强生态环境建设的重要性，在镇政府牵头下，结合国家退耕还林政策和地方招商引资项目，已在黑井推广石榴和小枣的种植，如石龙板桥几乎家家有石榴树，红石岩户户有小枣园。这些果树目前已经挂果，在恢复生态的同时，更为农民带来了经济效益。在山区采取了封山育林、以煤代柴等措施，并正进行沼气的开发。依托林业沼气项目和新农村建设项目，目前已有十多家农户建了沼气池，基本可以解决一家人日常生活的能源问题。通过调查我们还发现，即使是在山区，虽然柴草的使用率仍然很高，也已经有很多居民使用电作为主要能源。

在镇区环境建设方面，截止到 2006 年 9 月，当地政府已投资 73.5 万元建设了 17 亩生态化停车场，投资 75 万元铺设了停车场——古镇的红砂石路面并对道路两边进行绿化，投资 50 多万元修建旅游公厕 2 座，改造旱厕 2 座，投入 3 万元将古镇环卫保洁推向市场，通过绿化项目在城镇规划区新增绿地面积 10000 平方米。

由于没有大的水源地，黑井目前的饮水问题是依靠各家各户或者以自然村为单位从山上引山泉水来解决，这不利于当地的经济发展，也是当地的卫生隐患，2007 年当地政府通过招商引资项目，准备建设一家自来水厂，目前已基本完成了征地任务。

虽然当地政府已经意识到优良的环境对于发展地方经济的重要性，但在决策过程中，仍未能做到全盘考虑。譬如当地政府一直在热心推动的一个称之为"死海项目"的招商引资计划，该计划拟利用黑井原有的卤水资源，建立人工死海，以其美容、休闲、新奇的方式吸引游客。在招商的过程中，当地政府似乎更注重该项目可能带来的经济效益，却并未过多考虑其可能造成的环境问题。事实上，洗浴中心加热水的过程常造成当地的大气污染，这在全国多个地区已有先例。另外，洗浴中心的污水常常直排，这就意味着，大量的洁净水只在洗浴业一次使用之后，就被白白地排放掉了。对于黑井这个极度缺水的地方而言，这实在是无法承受的浪费。此外，在"死海"项目中，除了利用盐井的卤水之外，还需要添加其他物质，这些物质的直接排放除了浪费之外，还可能对环境造成污染。

几乎每个黑井人都会对你诉说森林破坏给黑井盐业以及整个黑井带来的负面影响，那么是否当地群众的生态环保意识会更高一些呢？我们在调查中询问过当地居民对于生态环保的认识，当我们问及"是否担心生态环境会恶化"的时候，很多村民一开始不能理解我们的问题，只有在我们把问题具体到是否担心水被污染不能喝这一类问题时，村民才表示很担心。另外在涉及保护森林、保护环境问题的时候，绝大多数村民都表示应该对其进行保护，但他们中的大多人认为那是政府做的事，个人没能力去做什么。

第二节　黑井文化旅游业的可持续性

进入 21 世纪后，可持续发展观念开始在我国的旅游开发中占据重要地位。旅游的可持续发展作为一种全新的旅游发展观念，是对传统旅游发展观的根本性扬弃，是旅游发展中的一次飞跃。旅游可持续发展观念的实质，就是在实现经济价值的同时，寻求环境资源价值的维护和发展，在旅游与生态环境和社会文化和谐统一条件下开展旅游活动，实现经济发展目标与社会发展目标的统一。这一观念的提出，旨在增进人们的旅游生态意识，保持未来旅游业发展赖以生存的环境（自然与人文）质量，促使人们致力于提高旅游开发与经营管理的科学水准，从而使旅游业发展有永不衰竭的后劲。经过近十年的发展，黑井已经成为国内小城镇中具有代表性的文化旅游目的地，其开发必须在有效保护历史文化资源的基础上，树立可持续发展观和生态文明观，寻求历史文化、生态环境和社会经济协调并进、面向未来的城镇发展模式。而能否实现可持续发展直接关系到传统历史文化的继承与发展和当地旅游产业的兴衰。

虽然目前黑井旅游业发展较快，但也存在一些问题，具体表现在以下几方面。

　　第一，旅游资源开发利用程度不高，主体形象不鲜明，产品品位档次不高，专业化程度较低。黑井旅游资源丰富，但资源不等于产品，要把资源转变成产品就需要开发。黑井旅游业之所以还处于初级水平，并不是因为没有资源，而是没有做好从资源到产品的转化工作，导致旅游资源开发的资金投入量太小，开发的层次不高、深度不够。没有形成吸引力很强的主导产品，旅游产品品种少，而且服务水平低，产品档次不高，附加值较小，竞争力较弱。目前的旅游主打产品是盐制品，比如盐工艺品、洗浴保健盐以及富有特色的食用小锅盐等，即便排除其产品档次、价值等因素来考虑，因为盐厂的政策性停产，商品的后续供应是个大问题。众所周知，旅游商品是有效进行旅游开发的重要环节。如果黑井盐都没有了，是不是使"千年盐都"这块牌子少了些说服力呢？

　　第二，当地的旅游研究、管理和服务人才不足，创新能力有限，旅游业市场化程度不高。旅游业是一项新兴产业，涉及面又相当广泛，发展旅游业需要一批高素质的研究、规划、策划、管理人才，需要大量有一定文化基础和专业知识、技能的服务人员。总体上看，黑井的旅游人才不足，旅游研究远远不够，旅游管理水平不高，服务人员素质偏低，无法适应市场竞争需求。

　　第三，在黑井旅游的市场化运作中，保护与开发利用也存在不协调的方面。比如，与旅游开发公司的合作经验不足，导致合同协议的没有落实。为了利用古城资源发展旅游，根据公司与当地政府的合同，他们会将门票收入除去员工工资、股东收益外，剩余部分用于旅游开发。但是，公司并没有自觉地遵守当初的合约协议。由此形成古城的开发和保护是"两个机构、两种体制"的局面。

　　诸如此类的诸多问题限制着黑井旅游的进一步发展，究其所以，这些问题的解决将决定着黑井的旅游能否可持续地发展下去。

　　要做到可持续发展，首先在发展目标上，要坚持以人为本、全面协调的发展。传统旅游发展观，在发展目标上单纯追求经济增长，更多关注物的因素和旅游业的产值与产出，忽视了人的因素，忽视了统筹兼顾各方面关系全面协调的发展。树立可持续发展观，就是要在发展目标上要突出强调人的因素，坚持以人为本，实现人的全面发展，使发展超越单纯经济增长的层面而提升为文化创造和人的自我发展的过程，同时统筹兼顾各方面关系。由此可见，以人为本是旅游可持续发展的本质和核心。以人为本是以大多数人为本，而不是以少数人为本，这里的"人"主要是指当地居民。把旅游开发与促进当地居民的就业和提高人民生活水平结合起来，使当地居民从旅游发展中得到更多的实惠，从而成为发展的主体。旅游开发只有结合当地农村社区的建设，并使农村社区与旅游开发的主体形成利益共同体，才能保证旅游区与当地社区关系的和谐，推动旅游开发有序地、可持续地发展。

在实际的旅游开发中，与农民发生最直接关系的莫过于土地征用了，开发者只需按照当时土地协议价（一般都低于市价）一次性支付使用费用，但是对于农民来说很难享受土地增值的利益。相对而言，在沿海地区的浙江地区，其旅游开发模式，在一定程度上考虑到了农村社区发展的问题，对被征用的农村社区土地，以一定的股份为农村社区提供了一定的分享旅游开发成果的机会。在旅游开发过程中保证农村社区居民的利益，使旅游开发的效益与农民的切身利益挂钩，可以融洽旅游开发区周边的社区环境，保证旅游开发区的可持续发展。但是遗憾的是，目前黑井的旅游参与方式，是以一种农村居民个体参与的方式进行的，缺乏统一的制度设计考虑与安排。

其次，在发展思路上，要以提升旅游吸引力为指向标，形成核心竞争力。这就需要在旅游开发的过程中，构思的旅游产品要体现游客体验性。旅游地要想成功必须让游客满意，才能够获得足够的经济效益支持进一步的保护与开发。从目前来看，尽管黑井的旅游要素已经有一定的保障，如主题性的节庆、宣传活动，以及鲜活生活情景的延续，但是，古镇的文化还远远没有复活，比如古盐坊制盐的体验项目，亲近感不强，挖掘的深度和形式的创新不够，游客的体验很大程度上还不够充分和完整。游客体验是一种综合性的个体感受，不是旅游要素的拼凑，是各个环节行云流水般的链接。旅游目的地满足游客需求的过程就是实现体验经济的过程，也是实现综合收入而不仅仅是门票收入的有效途径，更是可持续发展的经济保障。

最后，可持续发展还要注意生态方面的和谐。由于历史上伐薪煮盐对生态造成的巨大破坏，黑井的生态十分脆弱，随着旅游业的发展，游客人数的增加，必然造成景区环境的破坏，影响旅游业的持续发展。

总之，实现黑井旅游业持续发展，必须形成旅游的持续发展促进城镇的发展、城镇的持续发展又推动旅游业的持续发展的良性循环机制。以下，我们将通过一个案例具体阐述黑井发展旅游的过程中遇到的困难并进而反思旅游业如何可持续发展。

"门票事件"——管窥黑井旅游发展的利益相关者结构[*]

短短几年，黑井的旅游开发已初具规模，旅游效益不断显现，然而，在利益分配格局上却形成了不同的主体，隐含着一股相互博弈的气氛。尤其在门票收取问题上，以政府、旅游开发公司、当地居民为利益代表的三者正在暗暗较量。基于现今各地狂飙的"上涨风"，30 元的门票定价尚在游客的心理承受范围之内，但是在当地政府、老百姓看来，定价的过程充满了霸权味道。其实，从旅游开发伊始，收取门票实在是最为正常不过的一件事，此举早在政府规划之列；对于开发商来说，也符合其投资回报的理性预期；在老百姓看来，在不影响自身生活的前提下，收取门票也不失为一件好事。但是，如何收取门票？收取之后利益如何分配？这两个尖锐的问题使三者之间的关系存在着一种张力，门票问题逐渐上升成一个"事件争端"。我们就从这个事件争端说起，以"利益相关者"为核心概念，希望以此透射出不同的利益群体在黑井旅游发展中的利益诉求、博弈策略以及由此形成的结构网络。

在展开具体的事件描述之前，我们首先对"利益相关者"这一理论作简要回顾。"利益相关者"（stakeholder）一词最早是 1963 年由斯坦福研究所的一些学者提出的，他们对利益相关者的定义是"对企业来说存在这样一些利益群体，如果没有他们的支持，企业就无法生存"。[①] 这一理论最初应用于公司治理。1984 年弗里曼（Freeman）给"利益相关者"下的定义为人们

---

[*] 　此部分内容参考了《资本是如何成功兑换——记黑井镇"旅游场域"中的"门票事件"》，http：//www. channelwest. com/files/friends/yndxrlx/xsyd/06_ 03. htm。

[①] 　转引自杨修发、许刚《利益相关者理论及其治理机制》，《湖南商学院学报》2004 年第 5 期。

广泛接受："利益相关者是指那些能影响企业目标的实现或被企业目标的实现所影响的个人或群体"。① 在这个定义中弗里曼强调企业与个体或群体间"影响"的双向性。利益相关者理论是对传统企业"股东至上"逻辑的反叛。该理论有两个核心问题：一是对利益相关者的认定，即谁是利益相关者；二是利益相关者的属性，即管理者依据什么来给予特定群体以关注。我们对黑井旅游利益相关者的分析也包含了这两个核心问题。

　　首先来界定黑井旅游的利益相关者有哪些？对于利益相关者的认定多采用利益相关者图解法（stakeholder mapping）。利益相关者图解是一种分析工具，它提供了一种理解和发展利益相关者关系管理的途径，其图解过程常用于区分各个不同的利益相关者群体。它利用一个二维矩阵图来描述两个属性或变量（如权力、财富、支持和参与等）之间的关系，从而实现对利益相关群体的分类。② 我们先从三个问题入手：黑井旅游将影响谁的利益或谁的行为将强烈影响到黑井旅游；谁拥有旅游发展战略设计及实施的信息、资源和专门技能；谁控制项目实施的相关设施。此处，根据问题可以列出黑井旅游的相关者群体：政府部门、当地居民（含周边社区居民）、投资者、竞争者、顾客（旅游者、旅行商）。然后，绘制利益相关者关系矩阵。最后，确定重要的利益相关者。

表 8－3　影响力与利益关系矩阵

项　目	低影响力	高影响力
低利益	最小优先权群体对	决议和观念形成、缔结有用的群体
高利益	重要群体但尚需要影响能力	最关键的群体

黑井旅游影响力与利益关系矩阵		
项　目	低影响力	高影响力
低利益	当地居民	政府部门
高利益	当地居民	投　资　者

　　资料来源：转引自唐晓云等《农村社区生态旅游发展分析》，《西北农林科技大学学报（社会科学版）》2006 年第 2 期。

---

① 转引自唐晓云等《农村社区生态旅游发展分析》，《西北农林科技大学学报（社会科学版）》2006 年第 2 期。

② 转引自唐晓云等《农村社区生态旅游发展分析》，《西北农林科技大学学报（社会科学版）》2006 年第 2 期。

从中我们可以得到结论，黑井旅游主要利益相关者是：政府部门、当地居民、投资商。其中，当地居民应当是旅游发展中的最关键的群体，但是黑井的事实却与此正好相反。透过"门票事件"的描述，我们将进一步展开对其属性的分析。

事件综述：

从 2001 年开始，公司开始投入资金启动了对武家大院、古盐作坊、大龙祠三处景点的修缮维护和开发，但是一年过去了，所得的收益甚微。究其原因，黑井景点众多且较为分散，公司只掌握了少数景点，大部分建筑遗迹游客都可以随意地参观，即使不到公司的景点也能把黑井古镇游个七八成。这么一来，公司只有武家大院、会友堂少数门票的收入，如此势必影响其发展。为解决收票难的问题，公司决定借鉴他人的经验——在整个景区的入口修建了一座仿古城门用来收取门票。门票采取通票制——亦即"大门票"，即持有通票就可以游览古镇内公司所有的景点。而这一举措据说并没有得到政府正式认可，也没有征求其他开发商的意见，更没有与当地老百姓沟通商议，只是与当时镇政府主要领导达成了口头协议。如此操作，招致了政府部门、当地居民以及其他开发商的不满。

在旅游开发的过程中，作为整个当地旅游的主导力量——政府，在制度供给、政策提供方面更具不可替代的作用，同时政府的作用还在于提供公共服务，包括对旅游区制定完整的规划，并根据规划进行开发，各种基础设施建设，以及对地方加大宣传力度这样的配套措施。

政府角色的定位应当既是责任者又是协调人。但是，公司的做法明显降低了政府的规范性，对此，政府方面作何感想呢？这需要从县、乡（镇）两级政府分别说起。

旅游开发伊始，公司最初是与县旅游局洽谈，最终取得大龙祠、武家大院、古盐坊以及从五马桥至烟溪客栈的龙川江北岸的开发权。协议商定：公司五年内无需上缴税收，门票所得全归公司，政府也不会插手公司事务。之后的五年门票收入公司与政府各一半，再往后的门票收益就归政府。后来，县旅游局把权限下放到镇政府，从此公司更多的是与镇政府接触。但是随着政府领导人员的调整调动，使得随后的一些合作项目和思路得不到持续有效的坚持，影响了对旅游管理的规范化。在门票收取的问题上，政府部门从开发商的角度考虑给予了一定的理解，公司来投资就是为了盈利的，不采取这种方式又确实很难经营，然而，有时公司处理问题的方式确实有些不得法，在某些方面影响了当地的发展，加上百姓对此事意见较大，对此，镇政府是不满意的。与该公司协议的解除后，在重新引入另一家公司进行合作开发的过程中，门票收取照旧。当然，政府部门不是依旧忽视这个问题的存在，在与新公司的商洽过程中也总结了一些经验。据镇政府透露，改革门票收取方案，撤销大门票已列入政府议程之中，现在正在与各方积极协商，相信在不久的将来，门票怎么收取会有一个最终的说法。

而当地人认为，在入镇口收取大门票给他们带来了不便。虽然公司并不对本地人收取门票，[①] 但是外地的亲朋好友来探望却也有不少的麻烦，往往要颇费一番口舌。此外，镇门口是严格限制车辆进入，自驾游客驱车至此都是把车统一停放在镇门之外。这就给一些退休返乡回家探亲的人带来了不便，因为所带之物甚多不便提携，希望驱车入镇的请求也得不到准许。当然，这只是少数现象。不过却不难看出人们对这种一刀切的做法的不满情绪。当地有人这么计算过，镇门口门票的设置，使得原来从火车站乘坐马车入镇的费用增加了。未设置"镇门"之前，当地人只需乘一趟马车就可以直接入镇，费用为 1 元，而设置镇门之后，从火车站到五马桥的路线被分为两段，每段收取 1 元。与游客相比，在价格上还是有一定的优惠，但是，毕竟比原来多出了一块钱，而且还得换乘，多少有些不便。此外，在对黑井的调查中，我们还注意到黑井景点所有权的多元状况。有些景点属于个人所有，如进士院。但是古镇的游览图中清晰标注了进士院的准确方位，这让游客认为也是大门票包含的可游览地点之一，然而在具体的门票收益分配上，进士院的产权所有者却无法从中获得应得的利益。如果不是很幸运，游客一般只能看看进士院紧闭的大门。这个时候，游客心中难免会有些情绪。

---

① 具体的做法是聘请当地人作为管理人员，这些管理人员熟悉黑井情况，与当地人有着广泛的交往，让他们管理放行这么一份差事再合适不过。

有些人认为，镇政府与公司之间有某些不正当的"合作"，不然为什么公司的行为影响了当地的发展，镇政府一直都不拿出个说法。另外，为什么把"自己的事"给"外人"做，钱都让"外人"挣走。于是，当地人更多地把矛头指向了镇政府，一致认为是镇政府的操作有问题。

至于其他开发商的态度有两种：第一种，不做或退出。例如：武家院是县林业局在 2002 年修缮，并装改成吃、住、玩一条龙服务的休闲娱乐场所，但因消费的游客很少无法维持经营。县林业局曾通过镇政府与公司商量，能否在门票中提取部分利润，结果不太乐观，之后又想将开发权转让，由于价格悬殊，公司未接收，最后只有将武家四合院闲置，闲置了资源。第二种，另想他法。史家大院的开发商是 2005 年底参与进来，原打算 2005 年底开业，由于门票问题，直到 2006 年 4 月才开业。其开发商也试图通过镇政府与公司交涉，结果也是碰壁。于是，开发商改变原来把史家大院开发成古董销售场所的计划，而是把史家大院装改成吃、住、玩一条龙服务的休闲娱乐场所。与别家外古内新的修缮不同，史家大院的所有房间内的家具陈设等也是一律仿古，许多家具古色古香，全从古董商处收购而来。作为投资商的史家大院开发者，本来在史家大院收取门票也无可厚非，无奈"大门票"的限制，很多游客游览至此对又要收取 5 元门票不禁心生疑问，说好了买的是套票，怎么到了这里又要掏钱呢？在心理上，游客有了意见，从而望而止步。这样一来，势必影响到了史家大院开发上的投资收益。

对于上述参与者的态度与行为，公司又作何回应呢？公司认为，公司本就是盈利性质的，经营本就应该尽快回收成本并盈利，或转让经营权尽快撤资以便用于其他项目。可是，黑井就这"一亩三分地"，许多所谓的景点年久失修已很破败，真正能给游客看的并不多，大家因此处于观望状态。这样，要转让一时也是不可能的，公司就更得抓紧时间收回成本。不然仅靠少量的门票与武家大院和会友堂的收入，公司很难维持经营，更不用说回收成本与盈利。

对于大家认为的公司的行为阻碍了当地发展的看法，公司认为有欠公平。首先，公司没来之前，当地的旅游都是当地人在做，当时没有任何规范，情况非常混乱：客房中除床、桌、凳之外没有任何设施，与一般民居无异；马车随处跑，马粪无人清理四处堆积，卫生条件非常差；同行之间的恶性竞争十分普遍。这种局面，直到公司来了后才得到改观。当时，公司组织镇上旅社老板参观了在武家大院改装的标准间后，大家才知道客房应该是什么样的，这才有现在的客房。此外，公司与沿街几乎所有的旅店签有协议，许诺安排旅行团在这些旅店住宿，但是要求价格必须控制在20元以内（非节假日），同时客房内必须是白床单，有卫生间、电视等基本设施，这样旅店市场才逐步规范。至于马车，则通过派出所对其进行在册编牌管理，把所有马车分在三条路段，这三条路段分别是：①从火车站到大门口；②从大门口到烟溪客栈；③从烟溪客栈到古盐坊，并要求各路段之间不可混行。马车多，车夫自然也多，这样一来不就有效解决了农村富余劳动力的就业安置问题了吗？当地人也多了一份生计的保证。

至于其他开发商和非公司景点所有者的意见，公司只有一个态度：要想在门票中提成是不可能的。公司认为自己最早来黑井开发，当地旅游业能够有今天与自己的投入紧密相连。至于与其他开发商进行合作，可能有这种希望，但希望能否成真，我们不得而知。

同时，"公司并没有给当地人带来不便"。公司认为，聘请作检票工作的几位保安都是当地人，一般都能辨认出入的当地人，探亲友的只要准确说出亲友的名字或住处，一般不会为难他们。其实，当地人对公司有想法并不针对公司的行为，关键是他们一直都认为：公司是"外人"，为什么"自己的事"让"外人"来做，钱都让"外人"挣走。当然，要在当地继续经营，还是得处理好与当地人之间的关系。为此，公司尽量聘用当地人，并与当地人和平相处。

最后，"公司和政府之间的关系确实已不如以前"。在入驻黑井开发之初，公司老总每月都会来，但是现在一年都难得来几次，原因之一是公司业务已步入正轨；也可能是与现任镇政府领导的关系不如前任。但症结主要还是大家在某些问题上有分歧。其实，即便已经入驻开发，镇政府对其前景也不看好，认为公司肯定做不成，也曾有过这样的担心，一旦公司成功势必会影响以后的发展。显然，公司是成功了，曾经的担心已经变成了现实。不过，大多数人认为责任的承担者应当是镇政府，如果镇政府能力强，就有能力让大家跟着他走，事实上镇政府并未做到。此外，公司还认为，镇政府为了控制黑井旅游市场就花费了大量精力，试图让多个开发商并立相互牵制。对此，公司认为镇政府的想法未必明智，如果形成多个势力，到时各干各的，极有可能让整个局面失控。因此，镇政府应该把所有的开发权都交给自己，包括景点、土地与民居等。这样，既可以弥补政府规划的不连续，也有利于公司统一规划、开发与管理。当然，公司认为在目前的形势下开发所有现存景点可能性不大，但是可以整合一些有潜力的项目，例如文庙。尽管如此，公司与政府之间的交涉一直很密切，并还有口头协议：在没有其他开发商前来接收公司在当地的业务之前，政府就得配合公司。总之，公司与政府之间处在一个有张力的一致之中，关系十分微妙。

上述"门票事件"中，我们不难看出各个利益相关者的属性关系。

作为黑井旅游开发的倡导者、引路人，政府部门在旅游发展的初期具有很大的影响力，其政策、决策质量的优劣，对旅游发展的方向、方式及途径的选择，对旅游发展基础设施的供给能力，对旅游市场和环境的调控能力，往往决定地区旅游发展前景的好坏，对旅游发展的影响甚大。

投资商是旅游开发的资金或技术的投资者，凭借其资金或技术投入是参与收益分配和旅游管理的重要相关者。他们往往利用黑井开发主体的稀缺性资源通过各种策略打通政府关系，以此获得回收利益的保障。而最为悲哀不过的是，政府的妥协、退让有时候实在是无奈之举。[1]

当地居民社区居民的所有物及其行为构成了历史文化旅游的核心资源。他们的生活是黑井旅游资源的重要组成部分。作为社区核心旅游资源的所有权主体，理所当然成为黑井旅游利益相关者群体中的最关键群体，应当参与黑井旅游的发展决策和收益分配，获得适当的社区生态旅游经济体的剩余索取权和剩余控制权，而非目前所处的边缘化境地。

上述三方，它们凭借不同的专用性资产对当地旅游发展有相当程度的影

---

① 政府部门曾经表示初步同意公司提出的"政府不参与旅游门票经营收益分配"的意见，具体变更原合作协议事宜。

响，共同构成了旅游产品价值链的重要环节，忽略任何一方都会直接影响黑井旅游的发展。需要特别指出的，当地居民作为利益相关者中的最关键群体，他们对社区旅游的持续发展起决定性作用。当然，事情并不是没有转机的可能，政府部门也总结了经验，认识到了自身与投资商对各自的角色、职责认识不清晰，政府关注政绩，投资商关心投资收益，没有形成合力，以及对黑井旅游开发的市场定位和开发方式等在观念上和认识上不统一，各开发主体，各吹各打，产业链关系不配套等问题，并正在积极寻求合理解决此事的方法。

旅游开发涉及多个利益群体，要兼顾各方利益，才有可能持续发展。纵然，"门票事件"看似有了解决的可能，但是如果不从其根本进行反思，并内化为旅游开发过程的行动方向，势必影响到黑井旅游的长远发展。

政府引进开发商是为了解决管理和资金问题，实现"别人发财，我们发展"的目标。在旅游开发过程中政府和村民是影响旅游的两个至关重要的因素。作为城镇自身，对于社区居民来说是他们赖以生活的场所，同时也是他们提高经济收入的聚宝盆；对当地政府而言，城镇不仅是他们行政的下属单位，也是他们促进当地经济发展的宝贵资源，城镇的开发对与村民和当地政府来说无疑是他们脱贫致富的希望，两者在追求旅游开发所带来的经济增长这一点是一致的。村民想通过旅游开发为其带来更多的就业机会，提高经济收入，政府想通过旅游开发带动当地经济的增长。但是在开发过程中，开发商、政府和村民之间经常会产生矛盾，行动很难一致。一方面，政府将景点租赁给开发商进行开发，开发商一般很少考虑居民的利益，使村民产生了很大的不满；另一方面，村民自身从事旅游这一行业的素质和技能低下，很难参与到城镇的开发规划设计，因此城镇的规划设计一般很难反映出社区居民的需要，从而减少了村民的就业机会，并且造成村民对城镇保护和开发规划的淡漠（表8－4所示）。这样，有些村民就会在经济利益的恶性驱动下自己制造旅游商品以欺骗顾客或者进行一些与保护规划要求不符的行为。此时，若政府单方面采取强制措施，则会造成村民与政府的紧张对立，进而使得开发商与居民很难达成良好的合作关系，抑或造成城镇的环境污染直至恶化，以致经济秩序混乱失控。

表 8 - 4　问卷：您了解有关黑井古镇保护和规划的政策吗

项　目	频　数	百分比	有效百分比	累计百分比
A 很了解	23	20.2	20.2	20.2
B 只听说过一点	33	28.9	28.9	49.1
C 不太清楚	58	50.9	50.9	100.0
合　计	114	100.0	100.0	

第三节　文化旅游业催生下的城镇化进程

离开了文化旅游业的推动，我们不能说黑井就没有实现城镇化的可能，但是，可以肯定的是，旅游业的发展使这一进程得以大大地推进。我们知道，城镇化的基本保障条件之一就是需要有完善的城镇设施建设基础。以什么样的形式来改变农村的交通、通讯、供水、供电等基础设施落后的面貌，加快农村城镇化的进程？黑井的实践是：通过历史文化名镇旅游业的发展，带动城镇基础设施建设，逐步完善城市功能，使城镇化不断向周边延伸。

这里指的城镇化，确切地来说，指的是农村城镇化层面的含义，[①] 有人把农村城镇化看作农村继包产到户、20 世纪 80 年代乡镇企业异军突起之后的"第三次浪潮"。因为黑井属于建制镇，按照我国城镇类型划分中，还属于小城镇之列。"小城镇，大战略"的提出既很好地契合了小城镇自身的发展特点，又合理地降低了大中城市为载体吸纳农村人口的异地城镇化风险。以小城镇为载体的农村城镇化是我国城镇化的重要途径之一。黑井在探索农村镇化道路上的成功经验对全国小城镇的建设来说具有很大的启发意义。

---

① 按照辜胜阻的定义：农村城镇化是指在市场机制和政府宏观调控作用下，农村分散的人口、非农产业、资本要素向城镇集中的社会经济过程。在这一过程中，城镇物质文明、精神文明、政治文明向农村扩散，城镇数量增加、城镇规模扩大、城镇功能优化，衍生出新的生产力发展空间形态。详见辜胜阻、郑凌云：《农村城镇化的发展素质与制度创新》，《武汉大学学报（社会科学版）》2003 年第 9 期。

文化旅游业的发展对黑井城镇化的推动作用主要表现在以下几个方面。

第一，改善了城镇的基础设施条件，夯实了城镇基础，使城镇化整体的综合水平得以提高。在《近期建设规划》和《省级重点小城镇建设五年工作计划》的指引下，黑井实施了项目带动战略相结合，不断加大对古镇区综合整治管理，完善城市功能。为提高各旅游景点的串联性和可达性，解决旅游发展中所带来的交通问题，提升旅游层次，政府投入资金73.5万元，在妥黑公路（妥安乡至黑井镇）与黑井镇区交接处新建成占地17亩的生态化停车场，作为连接火车站与城镇短途客运中转站，解决了铁路、公路换乘的停车和镇内交通拥挤的问题；投入13.3万元，对五马桥至飞来寺1500米的游路用红砂石铺设；投入75万元，完成了停车场至古镇区红砂石路面铺设，并进行道路两边景观绿化配置；投入85万元，完成了镇区至武警十中队红砂石路面铺设；投入45万元完成了飞来寺至万春山僧人墓群游路；协调投资1400多万元完成广通至黑井出境油路建设。旅游业的兴起为村民带来了便捷的交通和顺畅的通讯。据政府部分提供资料显示：目前，城镇建成面积达36.46公顷，城镇道路总长2.53公里，道路铺装率达65%；供水管网5.70公里，日供水能力300立方米，自来水普及率达93%，配水管网接户率达95%，实有排水管网1.30公里；通信、有线电视设施基本齐备，电力供应可满足生产生活需要；城镇有液化石油气门市2个，居民清洁燃料普及率突破22%；建立了规划建设管理、镇容环境卫生等管理机构，城镇化水平达10.60%。通过大大改善基础设施条件，为黑井城镇化向更高水平发展打下了坚实的基础。

第二，旅游业的发展直接带动了农产品的交易市场和其他非农产业的发展，多种经营的农业生产逐渐发展和成熟起来，为城镇化的过程提供了发展第二、第三产业的基础，使黑井的非农化过程取得了突破性的进展。城镇发展，尤其是城镇功能的发挥是由分工决定的，即城镇发展和城镇功能必须通过产业结构体现出来。在未以文化旅游业为主导产业之前，黑井依靠的是传统的农业，其中主要的税收贡献都是由烤烟完成的。这种单一的产业结构不要说城镇化，即便是基本的温饱问题都难以解决。自从把文化旅游业确定为与农业并驾齐驱而又更兼优势的支柱产业后，产业结构得以提升，为农业产业链的延伸提供了条件，为农村土地的规模经营创造了机会，同时通过对城镇经济的接受和延伸，促进城乡经济大循环，有效实现了农村非农产业发展，比如：石榴、小枣，瓜果蔬菜种植逐步向着农工商形式转化。

第三，为村民提供了更多的就业机会，使村民收入得到增加，提高了旅游区的经济发展水平。在旅游业中游、购、娱等的发展也给其他行业带来了繁荣，促进了地区经济发展。

第四，提高了村民的素质，改变了价值观念，促进了与现代社会的对接。在开发初期，村民在旅游方面的专业技能和素质较为低下，政府和开发商对村民进行培训以提高村民的素质进而满足旅游的需要。使村民的素质得到普遍提高并且使村民的价值观念朝着与有利于旅游业可持续发展的方向发展。比如：公司曾经免费为黑井义务培训了近100人的景点讲解员。

第五，带来了人们生活方式的转变。随着旅游业的发展，村民的从业结构由原来的传统农业生产结构向农商结合的模式发生变化，促进人口城镇化的发展。

第六，带来了多种文化的冲击，使农民的视野得到开阔。城镇是文明的载体，通过人们交往关系的扩大和加深，新观念、新技术和新信息得以传播和扩散，开拓了当地人的视野。社会文化生活产生变化，这种变化主要是在当地人与游客的长期接触中所产生的。村民为了获得经济利益则会不断探索与适应于游客的文化，使村民的事业得到开阔，同时村民的认识水平也上升至新的水平，尤其是村民开始培育一种良性竞争的意识，不断地超越自我，为城镇化的发展打下思想基础。

但是，我们也不能忽视城镇化过程中存在的一些薄弱环节和潜在问题。伴随着农村基础设施的完善，伴随着生活水平的提高以及农村人口的大量转移，虽然部分居民在旅游业的发展中已经逐渐掌握和正在掌握从事非农产业的经验和适应城镇生活的能力，遗憾的是，这毕竟是极少数的一部分人，从黑井村的发展来看，城镇化的主体正在成长但还没有壮大。希冀通过旅游业的带动实现劳动力的就业转移暂时只是一个美好的愿望。从整个镇区的农民收入来说，通过旅游发展获得增收的只是小部分人，大部分的村民却不得不承受因城镇化发展所带来的高昂生活成本。在我们对旅游影响评价的调查中，当地人认为旅游发展所带来的最大的负面效应是降低了当地的生活水平，物价上涨过快，甚至出现了供不应求的情况。当地的许多餐馆都是很早起来就要采购菜品，而一旦那天生意特别好，到中午想要补购几乎是不可能的事。当地居民也普遍反映了买菜难的情况。虽然一部分人的生活城市化了，但是更多的人依然只能是"农民"。

同时，我们发现，黑井虽然正在城镇化，但是其二元化程度却更高了，我们观察的城镇化外部拉动的作用显然更加明显，而作为村庄自发的城镇化动力仍显不足。我们希望城镇化更多地应该是农村自发的而不是政府引导和规划的城镇化。它应该是自上而下和自下而上两个方向的统一。

再次，投资主体单一制约了黑井城镇化的健康发展。黑井最先的城镇化过程得益于旅游开发的市场化运作。政府急功近利的心态在一定程度上也对黑井的城镇化进程造成不利影响。其中当然不乏与企业合作经验的不足和旅游开发伊始的尝试，所幸的是，政府意识到在握着这么一枚金蛋却仍止步不前的时候，调整了思路，重新选择了一家公司，这一次，政府已经有经验了。但是这种从外部依靠单一投资主体的做法从长远来看，仍然不利于政府作用在城镇化进程中作用的发挥，束缚了政府的手脚，给政府驾驭城镇化进程增加了难度。

最后，村镇体系结构不合理影响了城镇化进程。包括黑井村在内，黑井镇沿河主要有五个村委会，周边山地面积大，沿河主要是农田保护区，导致开发新区征地困难。由于受地理条件限制，无集中的居住用地、公共建筑用地、仓储用地、绿化用地等。加上镇中心人口稠密，其余各村人口较为分散，人口分布不均，各项功能设施配套不全，体系道路畅通性差，制约了城镇建设的发展速度。

尽管如此，黑井城镇化过程仍然有以下两条值得借鉴的经验。

成功经验之———政府规划调控是黑井城镇化规范有序进行的前提

城镇发展规划是城镇合理布局和健康发展的重要保证。规划是城镇建设的航标，它不仅要解决建设一个什么样的城镇的问题，而且还要解决如何建设的问题。由于城镇规划涉及的点多面广，这一工作必须由政府来组织实施。所谓规划，就是由政府组织制定城镇发展的中长期规划，并以此为导向引导企业适度集中，成片开发，连带发展，在发展过程中注重经济效益、环境效益和社会效益的协调统一，努力实现城镇建设与经济发展的良性循环。黑井镇政府编制完成了《黑井历史文化名镇保护规划》、《黑井古镇保护性开发详细规划》、《黑井镇总体规划》、《黑井镇近期建设规划》等专项规划用以引导规划建设。当然，没有一个城镇的发展可以脱离规划，但是关键要看怎样规划的。一些小城镇尽管也完成了规划，却是先建设、后规划或边建设、边规划，建设牵着规划走的不科学现象，导致城镇布局不合理，功能定位不清，低水平重复建设，资源浪费，环境恶化。以此为训，黑井在旅游开发的过程中一直本着"规划先行"的思路指导城镇建设。在云南省同时启动的旅游小镇名单中，黑井镇政府在规划方面所做的工作是比较靠前的。然而，由于旅游小镇开发建设的特殊性，这种政府主导作规划的作法在实践中表现出了一定的不适应性。因为目前城镇建设的一贯做法是政府作规划，还要靠企业参与建设来共同完成。由于政府与企业追求的目标并不完全一致，政府的规划方案有时候也难以与企业的开发建设意图相吻合。而且政府部分受工作层面、视野的局限，所作的规划也在一定程度上存在功能雷同等问题。针对这些问题，黑井目前采取的是政府策划定位，企业规划实施的模式，这一模式虽然还处于探索阶段，但是已经显现出一定的可行性。

成功经验之二——发展第三产业与加快城镇基础设施建设相结合

自 1995 年黑井被评为省级历史文化名镇开始，就以进行古镇旅游为契机，及时调整发展思路，贯彻实施城镇带动战略。制定了"复兴文化，旅游带动，持续发展，振兴古镇"的小城镇建设思路。按照突出文化，修旧如旧，循序渐进的原则，依托"中国历史文化名镇"、国家 AAA 级景区、"云南十大名镇"金字招牌，积极争取资金，加快保护开发进程，切实加强城镇、水利、交通三大基础设施建设。比如对传统风貌保存较好的历史街区一街、二街、四街的路面进行了整治，恢复红砂石路面，配套完善了给排水设施；整治恢复了五马桥、节孝总坊面貌；加强古镇风貌管理，对城镇内的改建修缮做了严格规定，严格控制古镇建筑风格；完成了城镇电网改造；清理拆除了与古镇风貌不相协调的现代招牌和灯箱广告，部分恢复了布幡、招旗和古式匾额，凸显古镇的儒商风貌。通过招商引资，对重点民居武家大院进行了保护整治及开发，形成了独具特色的集吃、住、娱为一体的旅游景点；同时，把原盐硝厂恢复成了古法制盐作坊，盘活了闲置资产。这样一来不仅加快了黑井城镇化的步伐，还使城镇化不断向周边拓展。当一个地区旅游发展到一定程度时，应将周边地区纳入其品牌旅游系列之中。"黑井"作为一个旅游品牌，其范围不应仅限于黑井古镇，还应包括其周边乡村的各色景观，通过发展周边遍布的以生态农业为特色的村庄，比如：石龙生态旅游村的建设，以及所倚靠的大山中的古驿道、瀑布资源，还有周边散布着的彝族、苗族、回族村寨民族风情的开发建设，既解决了周边农村人多地少的矛盾，又可增加农民收入，不失为促进当地农村产业结构调整的良方，有助于加快城镇化进程。

展望

旅游发展到一定水平需要城镇化水平的再提高以使自身再发展，促进可持续发展。就黑井目前的城镇化发展水平来看，应当进一步深化旅游业发展和开发较有优势的农产品加工业，突出资源优势。把农村城镇化和农业产业化有机结合起来，使小城镇的发展具有向心力和凝聚力。牢牢抓住黑井被列为全省 20 个重点小城镇及 60 个特色旅游小镇建设的契机，加大城镇建设力度，完善城镇配套功能。同时，更为重要的是保持自己的个性。这也是我们离开黑井时对这个小镇的美好祝愿。

第九章 村民自治架构下的
黑井村治之路

对一个村庄全面而系统的考察，离不开对其村治模式的探析。本章对黑井村治（村级治理）模式的探讨主要围绕社会组织单位的意义，而非地域性空间单位上的意义进行考证，也就是说主要是以行政村为表述对象。作为规划产物的行政村来自于社会变迁的影响，反过来，又成为未来社会变迁进一步规划的基础，与此同时，亦排除不了其构成单位——自然村落原有的村庄功能基础。在这几种因素的共同作用下，作为行政村而言的黑井村村庄性质究竟如何，它有什么样的特点，我们该如何把握这种特性下对村庄诸事务的治理，即是本章所要论述的主要内容。

在展开具体的村治模式分析之前，我们有必要对"治理"（governance）这一概念进行剖析，进而提出契合黑井村治模式特点的概念界定。一般认为，治理这一概念是20世纪90年代引入国内的，目前对"治理"一词的定义较有代表性和权威性的是全球治理委员会下的"治理是各种公共的或私人的个人和机构管理其共同事务的诸多方式的总和。它是使相互冲突的或不同的利益得以调和并且采取联合行动的持续的过程。"[①] 也有学者认为，治理是指"通过对公共权力的配置和运用，对社会的统治（领导）、协调和控制，以达到一定的目的。"[②] 结合当前国内有关乡村治理的学术语境与对黑井实地调研的分析，在本文中，我们理解的村庄治理指的是，在党和政府的

---

① 俞可平：《治理与善治》，社会科学文献出版社，2000。
② 徐勇：《乡村治理与中国政治》，中国社会科学出版社，2003。

支持和指导下，以家庭承包经营为基础，以村民自治为核心，各类治理主体运用和围绕公共权力，满足公众需要，处理公共事务的行为。村民自治的制度安排实际上决定了黑井村村治的架构和村治权力的运行过程。村治结构作为治理权力运作、变更的组织载体，直接关系到整个村庄公共事务的组织与管理，社区公共资源的动员与调控。从村治结构出发，就需要对村庄公共领导的产生、公共权力的结构设置、运行规范与过程及其特点作一一分析。我们对黑井村的调查主要也是沿着这一思路进行的。需要特别说明的是，黑井村虽然以村民自治为内在依据和凸显特征，但是从理论上讲，村级治理并不能简单地等同于村民自治，二者赖以实施的权力依据有一定差别；同时，村级治理亦离不开国家权力的干预，从村治的半国家化、国家化到如今的去国家化，无不体现着国家对乡村社会的控制，日常生活的政治化伴随着农村社会发展的整个历程。具体到黑井村治模式，可以明确的是，它是村庄社区自治和国家影响共同作用的产物。因此，作为影响村治模式的重要因素之一，国家权力对基层农村的影响也是我们不能忽视的另一方面。

第一节　建制沿革与社会变迁

在近代中国长期的历史上，村级治理的基本制度体系主要依靠的是国家自上而下延伸的保甲制和乡村内生权势人物的影响共同治理乡村。[①] 土地终极所有权的国有性和专制政体使国家与社会的关系表现为由国家主导社会的突出特点。因此，尽管国家的实体性权力没有直接下沉到乡村，但通过对乡村地方权势人物的影响，国家的功能性权力牢牢控制着乡村基层。[②] 1949 年后的乡村治理体系开始发生实质性变化，即在法律制度上赋予农民民主权利。这一变化的形式和速度都突出了国家安排的同一性特点，体现了政府职能的全能化。与全国其他的村一样，黑井村也同样经历了土地改革、合作化、人民公社和农村经济体制改革几个历史时期，并形成相应的治理

---

① 徐勇：《非均衡的中国政治：城市与乡村比较》，中国广播电视出版社，1992。
② 张厚安等：《中国农村村级治理：22 个村的调查与比较》，华中师范大学出版社，2000。

体系。

1949 年前，黑井村实行的是保甲制，[①] 执掌村治权力的主要是保长、保长副和保队副三人。设有保长一人管全面，保长副负责户籍和征兵，保队副专事征税和派款。鉴于黑井特殊的经济地位，对盐税的征缴和盐务的管理构成了村治管理职能中的重要内容。

1949 年以后，黑井村的村治方式经历了由保甲制到人民公社（大队）、由村办事处到村民自治（村委会）的过程。从其村治模式的变迁过程来看，源自地域性的调整是其变迁的主要根据。1950 年，该村成立初级合作社，自主分配劳动所得，设有社长、副社长、保管员、会计、农技员、民兵排长等职位。1951 年成立高级合作社，农业生产军事化，划分管理区，设有区长、书记职位。大跃进时期，为适应大炼钢铁的需要，统一调动劳动力，统一分配制度，农民吃集体食堂。随着人民公社体制改变，建立生产大队和生产队，设有大队长、书记、会计、妇女主任、民兵连长等职位。各生产队设有队长、会计、民兵排长、贫协组长、粮食保管员、现金保管员。该体制一直延续到 1984 年。

从 1949 年到农村经济体制改革的 30 多年时间，人民公社体制延续时间最长，且较为稳定，成为制度化的治理体系。同全国所有的村一样，黑井被纳入到"政社合一"的人民公社体制中来，国家组织的科层制一直延伸到农民个人。国家科层制的同一性使乡村基层治理形式具有高度的同构性。在人民公社时期，农村的治理主要依靠自上而下的行政推动。治理的首要目标是提高社会的组织化程度。"全能型"的行政组织主导社会运行的整个过程和所有领域。当时的社队干部都是在政府的各种政治运动中涌现出的积极分子，一旦上级有指示，就得服从。因此，他们的治理活动目标主要是执行上级指示，农民的生产生活也以此为中心。与此相应，农村社会都是按预设的轨迹运行。然而，这种高度统一的体制难以调动农民的积极性，凝聚力变得越来越弱，国家不得不依靠自上而下的政治动员来维持这一体系。尤其面对农民要求满足温饱生活的基本诉求，农村基层干部对公社组织合理性的存

---

① 保甲制是以自然地理而不是以人为单位进行划分。

疑，国家开始弱化对农村的强控制，使得农村出现了以包产到户为主的自发改革。这一改革后来得到国家的认可，并在全国普遍推行。由于家庭联产承包责任制最初是自发兴起，数年没有得到国家的明确统一的认可和支持，因此各地推行家庭承包制的时间不一致，黑井村实行家庭联产承包的时间和全国农村比较起来也比较靠后，到了 1981 年土地才包产到户。

1987 年 11 月，全国人大常委会通过了《中华人民共和国村民委员会组织法（试行）》。明确规定了村民委员会的性质、任务、产生方式、组织原则、活动方式。根据这一法律规定，村民委员会制度开始进入实质性运作阶段。至此，"乡政村治"这一新的治理体制才逐步得以确立。但是黑井村"乡政村治"的过程是在经过农村办事处的体制之后，直到 2000 年正式成立黑井村民委员会才真正开始。

简要回顾黑井镇的建制过程有助于我们进一步了解作为村一级的黑井行政制度变迁（见表 9 - 1）。民国 2 年（1913 年），黑井与产盐的猴井、琅井、阿井合并成立盐兴县，辖 3 乡 4 镇；1958 年撤盐兴县并广通县，后 1960 年遂广通县并入禄丰县，改称黑井公社，辖 18 个管理区；1961 年改称黑井区，辖 10 个小公社；1966 年复称黑井公社，辖 11 个大队；1984 年体制改革后复称黑井区，辖 1 镇 9 乡；1987 年撤区恢复黑井镇（建制镇）至今。随之，作为行政村一级的黑井也几易其名，历经镇、管理区、公社、大队、办事处等建制，直至 2000 年正式设立村委会。其后，在 2002 年又与毗邻的红石岩村委会合并保持至今。

历史上的黑井历来都是当地的政治经济文化中心，尽管黑井村的行政建制几经变革，管辖范围多有调整，但是始终以街区和石龙、板桥自然村三个片区为地域性中心主体。

前面几章中一直提及的是黑井"村中城、城中村"的特点。在村治的调查过程中，这一特点主要体现在现今黑井村的建制沿革与黑井镇的行政制度变迁紧密关联。与后者相比，前者显然处在一个客随主便的地位。每次行政建制上的调整都与镇的行政区划息息相关。可以看出，黑井村级治理的制度变迁，除了国家统一的制度安排外，也受到社区自身因素的影响，主要变更的依据在于地缘性联系。

表 9-1　黑井村建制沿革变迁表

年　份	行政称谓	隶属机构称谓	管辖范围*	负责人称谓
1913(民国 2 年)	黑井镇	盐兴县	石龙、板桥、街区	镇长
1950	黑井镇	盐兴县一区**		
1958	黑井管理区	广通县	石龙、板桥、街区	
1960	黑井管理区	禄丰县黑井公社	石龙、板桥、街区	
1961	黑井公社(小)	黑井区***	石龙、板桥、街区	社长
1966	黑井大队	黑井公社	石龙、板桥、街区	队长
1984	黑井镇****	黑井区	石龙、板桥、街区	镇长
1987	黑井办事处	黑井镇	石龙、板桥、街区	主任
2000	黑井村委会	黑井镇	石龙、板桥、街区	书记、主任
2002 至今	合并后的黑井村委会	黑井镇	石龙、板桥、街区、红石岩、河沙坝、斗把石、乌梢箐、丁家山、寇家山、赵家山	书记、主任

＊ 以当前地域名称标注。

＊＊ 当时黑琅、元阿分设一、二两区。

＊＊＊ 当时的建制情况属于区村两级政府体制。

＊＊＊＊ 区辖镇的概念，当地人习惯称作小镇。

第二节　村治结构与公共组织

村治结构是村的公共权力运作的制度化安排，它直接表现为村的公共权力组织体系及结构。黑井村的村级组织主要由中国共产党基层组织、村民自治组织两大主体构成，诸如国家提倡和鼓励发展的用水协会等自治组织的作用还没有发挥其应有的作用，存在的表现也不尽一致。但黑井村村一级组织的设置及其功能状况，又表现出了某种意义上的特殊性。

一　共产党基层组织

党的组织系统自新中国成立以后便在农村基层得以确立，黑井党支部由该村村民中的党员组成的。现有党员 82 人。在国家和地方政府的要求下，近年来黑井村党支部活动内容丰富，譬如，积极召开全体党员大会，开展党员活动。当然，随着经济和社会的发展，村级党组织的组织和活动方式发生了许多变化，不再以传统刻板的开会宣传为主，更加注重调动全体党员的积极性和参与性，比如，通过开展党员先进性星级评比、学习"三个代表"等活动使政治教育逐步内化为党员的内心准则。这表明，虽然乡村组织和管理体制历经了多次变迁，但党组织在农村中的领导地位从未动摇过。党组织在农村基层的实际影响力仍然十分明显。

村党支部委员会是由全体党员选举产生的，经所在的黑井镇党委会批准并从当选委员中确定村党支部书记人选。每届任期三年。现届村党支部是2007年4月才结束的村民换届选举时产生的。现党支部下设9个党小组，村支委由7名委员构成，即村支部书记、组织委员、宣传委员、纪检委员、工青妇委员和群众委员等（见表9-2）。村委会全套班子3人均在其中任职，其余村支委除1人在村委会担任计生宣传员外，其余3名成员均由村小组长构成。党支部在村级组织体系和村里的领导作用，主要靠党支部委员会特别是党支部书记的工作得以体现。

表 9-2　黑井村党支部成员表（2007 年 4 月产生）

姓名	性别	文化程度	年龄	现任职务	职责	党龄
YQH	男	中专	34	党支部书记	统管全面	12 年
YZB	男	初中	39	宣传委员	农业生产、交通运输安全、治保调解等	11 年
ZQX	女	中专	50	党支部副书记、组织委员	文书工作	23 年
ZP	女	中专	27	工青妇委员	计划生育宣传	4 年
HZQ	男	初中	44	群众委员	协助其他委员工作开展，	6 年
ZGZ	男	高中	45	委　员	协助其他委员工作开展	25 年
YSC	男	高中	36	纪检委员	协助其他委员工作开展	4 年

二　村民自治组织

根据《村组法》（简称）的规定，村民自治组织系统应包括村民会议、村民委员会、村民委员会下属委员会、村民小组等。黑井村的村民自治组织体系正是根据村委会组织法的规定，以及地方政府部门的制度安排，并结合本村实际设置的。随着人民公社的废除，原黑井大队更名为黑井村公所、办事处，直至 2000 年设村民委员会。在此过程中，行政体制的改革和过渡较为平稳。村委会开始运作后，又根据村委会组织法，建立了下属的人民调解委员会和治安保卫委员会等村级组织。2002 年与红石岩村委会合并后，扩大了辖区范围，同时对下属的村民小组则作了一些调整。原 4 个村民小组与街区 4 个片区增至 11 个村民小组、9 个自然村，街区保持不变。目前村民委员会组织系统如图 9－1 所示。

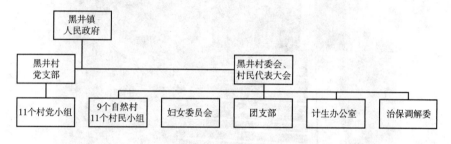

图 9－1　黑井村民委员会组织系统图

说明：为展现治理结构全貌，党群组织也在图中进行标识。

从图 9－1 中可以看出，黑井村公共组织体制由两个层次构成：一是"两委"，即村支委和村委会；二是村民小组。伴随着村民制度体制的成熟和完善，整个体系逐步迈向法制化和规范化的轨道。根据《村组法》规定，在村民自治组织系统中，村民会议是权力机构，村民委员会向村民会议负责并报告工作。村民委员会是在有关部门统一安排和领导下，由全村 18 周岁以上村民选举产生的，一般每届任期三年。现届村委会于刚刚结束的第三届村民委员会换届选举产生。现届村委会由主任 YQH、副主任 YZB 和文书 ZQX 组成，是村民自治组织系统的核心和主体。此外，我们还可以发现，黑井村公共管理组织体制并不复杂而且多富行政色彩，这些组织均是行政制度安排而非村落内生型自主发展的产物。即便法律规定村民委员会是自治性的群众性组织，但在实际生活中却扮演了"准政府"的角色。而最能体现自治性的村民选举，在其思想上也受到来自县镇党政的全面指导，这种指导无异于意识形态上的一种输入，在国家影响的平台上民主政治得以激发和活跃。

下面，我们以刚刚结束的 2007 年 4 月村民委员会换届选举为例，着重

图 9－2　黑井村委会

阐述黑井村治结构状况，并就选举过程与治理结果的关系做详细分析。这次换届选举分为三个阶段，即落实上级部署阶段，换届选举组织阶段和换届选举实施阶段。

1. 落实上级部署

2007 年是黑井镇第三届村民委员会换届选举年。从 3 月份初，县、乡（镇）就成立了换届选举领导机构和工作机构，并召开会议，制订方案，颁发文件，① 层层布置任务。对上届班子任期目标责任进行考核；财务清理；组织学习有关文件。

2007 年 10 月 18 日，在 YQH 主持下，黑井村特地召开了村支委联席会议，传达上级关于换届选举的部署，并成立了以 YQH 为组长的村委会换届

---

①　参考《禄丰县 2007 年村民委员会换届选举工作实施方案》等相关文件。

选举委员会作为主持换届的工作机构，成员包括当时的党支部副书记 ZQX、村委会副主任 YZB 以及委员 HZQ。具体分工是 YQH 负责宣传发动，ZQX 负责选民登记，YZB 和 ZGZ 负责候选人提名。通过这种方式，党支部对村委会换届选举的领导从组织上得到了保证。

2. 换届选举的发动与组织

这一阶段工作的关键是候选人的产生。当然广泛的宣传动员工作也必不可少，采用广播，宣传标语，召开群众会等方式讲解村民委员会换届选举的目的与意义。在此过程中召开党员、村组长和村民代表会议进行民主测评上届村两委班子情况，并以召开群众会议的方式推荐下一届村"两委"班子成员，进行选民登记，推选村民代表和村小组长，成立选举委员会。下列是黑井村第三届村民选举委员会宣传标语摘录：

1. 村委会换届选举，是广大村民政治生活中的一件大事！（3 条）
2. 认真贯彻实施《村委会组织法》！（3 条）
3. 坚持群众路线，充分发扬民主！（3 条）
4. 实行村民自治，选好村委会班子！（4 条）
5. 民主选举、民主决策、民主管理、民主监督！（4 条）
6. 搞好村委会选举，推进农村基层民主建设！（4 条）
7. 直接选举村委会，充分行使民主权利！（3 条）
8. 坚持党的领导，依法办事！（3 条）
9. 尊重选民意愿，保障选民的民主选举权利！（3 条）
10. 民主选举村委会，是实行村民自治的第一步！（4 条）
……

（共计 60 条标语）

在选举前，县镇党政都强调要加强对选举的领导，确保一选成功，同时也要充分尊重民意。如何才能确保党政意图的实现，既加强对选举的领导又充分尊重民意呢？无疑，对候选人的推荐是实现两者结合的关键。从调查中发现，黑井村领导人的产生过程中有三条不变的规则：一是必须充分体现镇党委、政府的组织意图，确保被推荐者当选；二是两块系统一套班子，保证了令行的高度统一；三是以实际能力为评判标准，力求能人治村。

在候选人的推荐过程中，基本上都把对象锁定在原有班子成员和工作时间较长的村组长身上。从提名情况来看，原有班子成员获提名较多。那么，为什么提名从一开始就很集中呢？答案看来只能从两个方面去寻找：一种可能是当时的村干部政绩、名声都较好，村民信得过，愿意让他们继续干。调查中，实证材料从一定程度上支持了这种推断。另一种可能是，上级党政和村党支部对原任村委会班子比较满意，倾向于原套班子基本不动。如果存在这种考虑，并通过提名上的导向加以体现，在现代选举的操作过程中也是正当和可以接受的。

3. 选举过程

预选过程：预选结果统计：应参加预选选民 1749 名，实际参加人数为1665 名，主任候选人提名 1413 人，其中 10 票以上 6 人，副主任候选人提名1610 人，其中 10 票以上 6 人，委员候选人提名 62 人，其中 10 票以上 23人。总监票人 XXX，总计票人 XXX。

最后确定正式主任候选人 2 名，副主任候选人 2 名，委员候选人 6 名，设置一个中心选举会场，即村委会办公楼二楼活动室，投票站 5 个，分别设流动票箱 5 个。

在预选过程中，对原书记构成竞选压力的是原文书 DEQ，在预选结果中，他竞选主任一职的得票为 204 票，原书记得票为 1218 票，虽然差距较大，但与其他候选人相比，DEQ 的得票数遥遥领先，DEQ 原为乡村教师，从教十余年，文化素质较高，完全胜任文书一职，在今年的竞选中，他的竞选初衷就是要选就选主任，其他职位不考虑，而最终的结果虽然是落选了，于是到县城去另谋出路。原书记的竞争优势一直得以保持。

表 9-3 主任候选人预选统计（2007 年 3 月 30 日）

主任候选人	票　数	副主任候选人	票　数
YQH	1218	YZB	887
DEQ	204	ZQX	302
YZB	101	YQH	193
ZQX	71	DEQ	192
ZP	22	HZQ	16

4. 正式选举

发布了十个公告，具体分别是：

黑井村第三届村民选举委员会公告

（第一号）2007 年 3 月 16 日

经镇村民委员会选举工作领导小组同意，我村第三届村民委员会选举工作定于 3 月 7 日开始，选举日为 4 月 10 日，选民登记日为 3 月 17 日~3月21日。望村民相互转告，做好准备，届时及时进行登记。

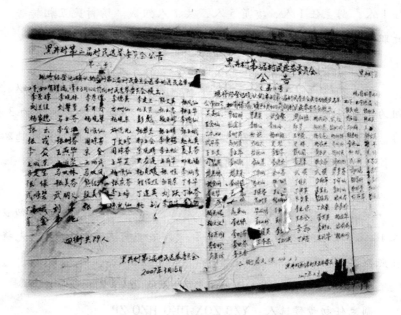

图9-3　村民选举委员会公告

（第二号）3 月 22 日

先将经登记确认的本村第三届村民委员会选举的选举名单公布如下，如有错漏，请于 3 月 30 日前向村民选举委员会提出（名单略）。

（第三号）3 月 24 日

先将县、镇两级政权机关规定的村民委员会候选人条件公布如下：

（1）认真贯彻落实执行党的路线、方针、政策和国家的法律法规；

（2）遵纪守法，廉洁奉公，热心为人民服务；

（3）有办事能力，独立完成工作任务；

（4）开拓进取，重经济、善管理，能带领村民勤劳致富；

（5）身体健康，有一定的文化科技知识。

希望有选举权的村民认真学习，领会上级文件精神实质，并根据条件提出自己满意的人为本村第三届村民委员会候选人。

（第四号）3月26日

经村民代表会议3月18日讨论决定，我村第三届村民委员会由主任1人，副主任1人，委员5人，共7人组成。请村民互相转告，并将此职位和职数的规定，等额提名候选人。

（第五号）3月26日

经研究决定，我村第三届村民委员会选举提名候选人采用以村民小组为单位设立投票站的方式进行村民预选，预选投票时间定为3月30日。过时不再接受投票。各村小组预选投票点在各小组。请有选举权的村民做好准备，带上选民证踊跃参加预选投票。

（第六号）3月31日

经有选举权的村民进行预选，产生第三届村民委员会主任初步候选人14名，副主任初步候选人16名，委员初步候选人62名。先将名单按照得票多少顺序公布如下：

主任初步候选人：YQH DEQ YZB ZQX ZP WRM

副主任初步候选人：YZB ZQX DEQ HZQ ZP

委员初步候选人：ZP HZQ ZQX DEQ YZB YSC KGX ZGZ DEH

10票以下省略，不再公布

（第七号）4月1日

经村民选举委员会2007年3月31日召开会议，对符合任职条件的初步候选人，按得票多少确定正式候选人，先将名单公布如下：

主任正式候选人：YQH WRM

副主任正式候选人：YZB DEQ

委员正式候选人：ZP HZQ ZQX YSC KGX ZGZ

（第八号）4月2日

根据《中华人民共和国村民委员会组织法》和《云南省村民委员会选举办法》的规定，经村民选举委员会3月31日讨论决定，YQH WRM ZGZ HZQ KGX 因分别被确定为村民委员会主任、副主任和正式候选人，自4月1日起不再担任村民选举委员会成员。

（第九号）4月2日

经村民选举委员会研究决定。本届村民委员会选举采用投票站投票方式，具体投票时间为4月10日，选举大会中心会场设在村委会。各村民小组设立投票站，请村民相互转告，安排好时间，准时到投票站投票。

（第十号）4月11日

依照《中华人民共和国村民委员会组织法》的有关规定，经本村有选举权的村民投票选举，下列同志当选为本村第三届村民委员会主任、副主任和委员。

主任：YQH

副主任：YZB

委员：ZQX ZP ZGZ YSC HZQ

5. 村民换届选举小结

黑井村村民对村民自治有了高度认知，民主意识得到进一步提高，具备了较强的政治技术能力（政治技能）。

在村支部和主任的选举当中，呼声最高就是原书记，虽然原村委会文书也是竞选村委会主任的竞争者之一，但是不具有很强的竞争性，与其他人的选票大距离拉开。这已证明黑井村村民是非常熟识选举规则，具备了参与社区治理的政治技术能力（政治技能），村民个体的这种能力构成了社区治理能力的基础，也是社区集体行动能力的基础。

村民自治、民主选举提高了村民的政治素质，培养了成熟的公民。

黑井村村民在村民自治这个最大的民主法制教育的平台上，增强了民主意识，激发了政治参与的热情，而且也了解和掌握了很多政策法规，如选举的原则、形式、程序以及监督机制，选举过程充分说明了这一点。

村民自治提高了村民对民主与法制的信心，有利于社区治理走向民主化、制度化的理性道路。

制订了村委会三年任期目标，工作制度，会议制度，干部廉洁制度，村委会职责，主任职责等制度，以实现"依法管理、民主监督"和村民"自我管理、自我教育、自我服务"的目标。任何一种制度安排，要想获得人们的认可和支持，首先要获取人们的信任，亦即对其有信心。对于村民自治，同样需要树立人们对它的信心。

培养社区政治精英，为社区治理遴选、储备人才。

通过选举，也使得一些有意为社区发展做点事情的人在村民自治的环境中逐步成长起来。从黑井村的村民小组人才结构中看，年龄层次正在从中年向青年过渡，近两届换届选举换上的小组长年龄基本在 30~40 岁之间，无论从阅历和精力来看，他们有思想，敢于创新，并且有热情，与中年村民小组长的搭配刚好弥补了彼此的不足，成为村委会社区治理的中坚力量。其次，从知识结构上来看，小组长的文化层次也从小学逐步向高中过渡，综合素质有了进一步提高，使得社区人才结构更趋优化。

村民自治让社区内一拨又一拨的优秀人才脱颖而出，让他们在领导岗位上得到锻炼和检验，这种制度真正实现了能者、贤者上，庸者、劣者下，当选的基本上都是社区的精英。这是形成可持续发展的社区治理能力的关键。

形成、强化社区认同与政治认同，有利于社会整合。

选举强化了社区认同，一定程度上有利于社会整合。在换届选举中，村民的参与热情和关注度很高，因为他们在选举与自己生产、生活，与自己切身利益息息相关的当家人。这种当家做主，行使主人翁权利的感觉是如此真切、实在，因此，无论选举结果如何，或者与自己的选举意向有多大差距，但都是全体人员共同选举出的，是自己行使权利的结构，对于村民的社区认同，对于社区治理所需的政治责任感是一个极有力的正向强化。

村级治理的民意基础正在扩大。在社会日益开放的环境下，村庄领导人面临着愈来愈大的民意压力。如果村庄领导人长期不能改善村庄的生存环境，就会失去其权威的合法性基础。因此，村庄领导人在顺从上级政府行政权威的同时，也意识到要为村民办几件实事，对镇领导的不当干预也开始表现出不满，以极力缓和干部与群众的紧张关系。

但是，我们也发现，黑井村村民的政治参与效能感存在地域差异。对于山区的村民来说，村民的政治参与热情和积极性与坝区和半山区村民比较起来大打折扣。但是有意思的是，人们虽然都认为目前村委会的领导人选不佳，却又不自觉地把票投给了在任的村干部。因此，很容易就在村干部上达成共识，但与此同时，村民们又会觉得"选举只是形式，上级政府早就定好了"的想法，而对目前村委会的评价也大都认为"满意"。究其原因，在于无论谁当干部，主要的事务也就那些，没有敏感的经济问题存在也就没有了重视村委会的动力，意识不到村委会选举的重要意义所在，虽然会有对诸如低保发放不公之类的不满，但是毕竟只是少数村民。既然大部分村民与村委会发生的联系较为稳定，一些日常事务的管理也对村民的个人生活没有多大影响，因而，普遍倾向于在任村干部。从而反映出黑井选举上的沉闷局面。我们在调查问卷中设置了有关的一个问题，询问村民对投票选举村委会成员的看法，结果选择答"A 是每个人的权利，很重要"的，占 36%；选择"B 干部在选举之前就安排好了，投不投票意义不大"的，占 38.6%；选择"C 不好说"的占 26.4%。这样的结果出现在经过了多次村级民主选举后的今天，显然让人不容乐观。

近期有学者议论："'三农'问题的核心是政治问题，解决'三农'问题，我认为就是权利问题。农民没有权利……现在村委会的困局很大，我觉得是中央还没有下决心真正把权力还给农民。当然这个决策做起来很难……选举得是真的，乡镇政府不要操纵。现在 90% 都是乡镇政府在操纵……村民自治只是一个名、一个形式，没有真正落到实处……"[①] 这方面情况，我们在一些地方了解到，目前村民自治中的换届选举这重要一环，走到了一种微妙阶段。一方面村民对于选举的认识有所提高，或多或少寄予了希望；另一方面最有能力影响选举过程的乡镇政府，也熟悉了操控的经验。为了让结果选成熟人"方便工作"，有的地方事前大量"做思想工作"，劝"多余的"

---

① 引见玛雅《中国"三农"问题临近历史拐点——与五位农村政治问题学者的对话》，见叶子选编《从减负到发展：中国三农问题剖析》，中央编译出版社，2006。

候选人退选，甚至不惜在选票上做手脚。我们没有经过足够范围的调查，唯愿那些是"个别现象"。

第三节　领导人的产生及其权威

一般理解上，能够成为村干部，要么是村里的公众人物，要么是一些比较有生意头脑的体制外精英。而要成为公众人物，首先得有一个给具备公众人物潜质的村民登台表演的机会。在现有体制下，构成这种机会的主要渠道是竞选。在本次换届选举过程中，虽然据镇上领导和村委会干部介绍本届选举，村民参选的积极性有一定提高，竞争性有一定体现，然而，竞选结果的巨大差距也是事实，是否真正具备竞选的意义也是值得探讨的另一个问题。

一　人民的公仆——村支书、村主任

历届黑井村的党支部书记和村委会主任都由一人担任，即所谓的"一肩挑"，这样做的好处实际上避免了"两委"矛盾从而达到"两委"的协调。但正如贺雪峰[①]所指出的那样："一肩挑"有一个严峻的问题，即《村民委员会组织法》规定村委会主任应由村民直接选举产生，为了协调村支部与村委会的关系，有些地方规定，村支部书记必须参加村委会主任的竞选，若竞选上村委会主任，就将村支书与村委会主任两个职位"一肩挑"，若竞选不上，就不仅当不成村委会主任，而且不再担任村支部书记。"一肩挑"当然可以协调村支书和村委会主任之间的关系，因为村支书和村委会主任是同一个人。但是"一肩挑"并不能解决村支部和村委会本身的性质或授权关系所引出来的深层次问题。具体来说，根据政治学"谁授予权力，就对谁负责"的基本原则，村委会是由村民选举产生的，理应对村民负责。然而当前村级组织担负着大量上级布置下来的行政事务，仅仅依赖村民选举产生的村委会来完成这些可能并不受村民欢迎的上级任务，在理论上有些困难。如此一来，村党支部便不自觉地被定位于代理人的位置。在真正民主选举的情况下，乡

---

① 贺雪峰：《乡村的前途》，山东人民出版社，2007。

镇必须掌握自己对村支部的授权能力，让村支部对自己负责，并让村支部督促村级组织完成乡镇布置下去的任务。

由村支书竞选村委会主任从而"一肩挑"的问题就出在，是将本来由乡镇掌握的对村支部的授权能力转让给了村民，村支书和村委会的授权单一划归给村民，事实上取消了村级组织对乡镇负责的理论可能性，也就取消了村级组织完成可能不受村民欢迎的上级任务的积极性。

二　集体行动的组织协调者——村民小组长

村民小组是由人民公社时期"三级所有，队为基础"的生产队演变而来的，实际上，村民小组是中国农村最基层的一级建制。因为，村民小组实际上是土地所有权单位，是农田灌溉和农田水利的基本单位，还是农民进行生产、生活、娱乐的场所，相当于城市中的一个居民社区，农民的纠纷要在村民小组内调节，人情要在村民小组内往来。尤其是涉及农村大量的与生产、生活密切相关的公共事务尤其要靠该村组来自行解决。村小组长就充当了这么一个管理内部事务的代表，与各农户联系，进行召集。可以说，农村公共品的供给离不开村组内部的治理能力。国家不可能通过财政转移支付来解决所有农村公共品供给问题，有些与农民生产、生活密切相关的事务必须由农民自己组织起来解决。村组是当前农民可以组织起来行动的一个重要单位，这个基层的单位需要有一个强有力的牵头人出面协调。离开了村组干部，无法将一项惠民政策推行下去，甚至不能将国家给农民的粮食补贴有效地发到农民手中，因为我们不知道农民是如何实际耕种土地、调整土地的。

村组长的职责：生产技术指导，如，种烤烟；帮助贫困户；治安调解；组织村落文化生活；分派义务工；完成上级政府交派任务；村落其他公共事务等。村民小组长在黑井村的治理传统中，尤其在具体的村组治理结构当中，一直处于核心地位，从人民公社时期的生产队长，到村改以后的村民小组长，他们在社区治理中历来位高权重，社区内的行政、党群、经济及其他组织系统都接受其领导、节制和指挥。小组长在村务中投入了大量的精力和时间，但每月仅有30元的补贴，而且在工作中经常费力不讨好，但当涉及一些利益问题时，村小组长就比一般村民享受到一些有利的优待条件，在村民看来，村小组长也是有权力的。在谈到目前小组长的管理方式时，曾经担任过原生产队长的一位小组长感触颇深：以前管理起来非常方便，开会的时间较多，而且通过村里的广播基本上就能够召集全村人开大会。但是现在，村小组开会，一般是户代表参加，组长要用很长时间一家一户地通知，有时还要通知两遍，会后，对个别未能参加会议的农户，还要专门去走访，传达会议精神。涉及一些具体问题和工作任务的，还要挨家挨户地去做工作。现在的小组长再也不能一呼百应了。可以说，小组长的管理工作开展起来非常有难度。村民小组长概况见表9-4。

表9-4 村民小组长概况一览表

类别	性别	文化层次	年龄	政治面貌
A村小组长	女	小学	56	—
B村小组长	男	小学	63	—
C村小组长	男	小学	59	—
D村小组长	男	初中	44	党员
E村小组长	男	高中	36	党员
F村小组长	男	小学	39	党员
G村小组长	男	初中	47	党员
H村小组长	男	初中	37	党员
I村小组长	男	初中	31	党员
J村小组长	男	小学	35	—
K村小组长	男	小学	38	党员

　　黑井村没有任何集体经济实体，自然也就无经济组织。各村民小组也没有经济来源，原则上不允许存在账务。但在实际生活当中，村民小组还是有着自己独立的"小金库"，这笔钱主要用来开支本村公共事业建设所需的人工费和材料费，都归镇财政所管理，以项目建设的形式向财政所申请，特殊情况下村委会必须自己掏钱垫付。村委会辖区内所有自然村如有项目建设需求都要先经村委会，再由其向财政所申请支出。这样的管理方式，在村委会看来是个科学有效的管理方式，较为规范，减轻了财务管理的压力，而且更进一步讲，也为避免陷入财务问题纠纷转移了责任主体。但在农户看来，由

于村会计的中间环节而增加了经济任务分配的不确定行和非规范性，使得村级财务问题由于缺乏民众组织的监督和参与而成为干群关系紧张的焦点。在调查过程中，就有农户反映，以村委会名义出售的石龙村东山，就一直未曾向村民公示过。

三 村民利益的"授权委托人"——村民代表

村民代表的关键是代表能力的问题。一方面，村民代表要在参与村务的决策、管理和监督中才有可以代表的途径和机会；另一方面，村民代表还必须有真正意义上的代表能力，亦即有决策和执行的权力。通过村民代表每三年一次的村委会选举所形成的民主化机制常规化了，村民多了监督村干部的渠道，村干部多了智囊和动员村民的能力。有代表能力的村民代表所组成的村民代表会议，为村级治理的民主和有效带来了可能。但也许是黑井村的体制精英过于强大，虽然有代表能力的村民代表与村民之间具有稳定可信的关系，虽然戴上了"代表"的光环，却不能真正代表，村民还是习惯于保守，习惯于以非制度化的方式讨论有关村庄秩序和村民利益的诸种事务。从黑井我们观察到的实际是，村民代表会议虽然在黑井正常的运作，但是从中受益的群体结构并不均衡，大部分村民趋向于保守，他们还不习惯于选举及建立在选举基础上的委托代理关系。这当然只是一般性的解释，但是从这个一般意义出发，我们很快就会发现，黑井村的社会结构分层和集体结构，从根本上决定了村民代表无法真正地代表村民。源自不同村落的地理条件和社会经济基础使得村落的不同需求难以达成全体村民的普遍认同。村民代表的代表性不足，不是因为村民没有授权给村民代表，而是因为区域发展的不平衡难以形成可以代表的共识。我们只能将目前村民代表会议的制度化运作理解成培育村民公民意识和训练农民政治权力和义务感的一种办法。当然，村民代表缺乏作为授权代理人所应具备的政治责任感和义务感，也没有多少人把它认为是一种荣誉，更不会有人认为可以从中得到多大的好处。这样一来，村民代表既不会因为一件事对大家有益而为大家争取，也不会因为一件事对大家有损而为大家申诉，村民代表自己把自己边缘化了。

目前，全村有 20 名村民代表，主要职责是参与管理与监督，特别是在村民委员会领导下参与重大决策和管理，协助各村组小组长开展工作。目前在制度上赋予村民代表实质性权力的安排是"一事一议"，但在实践中，这项制度并未得到成功的推行，也未起到理想的效果。

表 9 – 5　村民代表概况

组　别	姓　名	性　别	年　龄	政治面貌	文化程度
石 1	李 XX	女	43		初中
	罗 XX	难	52		小学
石 2	史 XX	男	37	党员	小学
	胡 XX	男	45		小学
	赵 XX	女	64	党员	小学
板 1	杨 XX	男	54		小学
	李 X	女	40		小学
板 2	杨 XX	女	46		小学
	李 X	男	44	党员	小学
斗	岳 XX	男	44		初中
红	丁 XX	男	58		小学
	丁 XX	男	26		初中
	徐 XX	女	38		小学
河	张 XX	男	32		小学
赵	赵 XX	男	33		小学
乌	杨 XX	男	45		小学
丁	伍 XX	男	37		小学
寇	寇 XX	男	39		小学
	寇 XX	男	33		初中
街区	周 XX	女	42	党员	高中

讨论：

黑井村领导人的产生似乎可以用规范性、民主性和秩序性来概括。其规范性主要体现为能够依《中国共产党章程》、依《中华人民共和国村民委员会组织法》选举村党支部和村民委员会成员。而刚刚结束的第三届村委会换届选举中所表现出的法制化和规范化，实际上蕴含了民主性的含义。依章、依法选举村庄公共领导，本身就是对党员和村民民主权利的肯定。由于村庄选举的规模不大，没有超出党员和村民自身观察的范围。因此，公正的选举将会实实在在地增强选举者对自身主体地位和政治权利的认定，也有助于增加他们对选举产生的村庄公共领导的制度性权威的认同，从而使现代治理者所需要的法理型权威基础得以确立。村民对村庄公共领导的认同也为村庄公共权力的稳定运行提供了最好的保障，并有助于巩固农民由村庄选举而推及国家的政治忠诚。

　　当然，就现时中国农村政治发展的目标选择看，通过基层选举改变村庄公共权力的合法性基础，增强农村的政治稳定，完善国家对村庄社会的作用机制，是比民主化进程更为优先的一个任务，为此，国家不仅需要借助村庄选举改善和巩固与农民的关系，而且必须确保民选的村庄领袖对国家的忠诚，以保证国家意志的顺利贯彻。毕竟，就政治系统而言，秩序性是优先于民主性的。1987 年颁布《中华人民共和国村民委员会组织法（试行）》，其首要考虑的问题，就是寻找一种新的组织机制来管理因人民公社制度运转失灵而处于分散状态下的农民。这样，我们便不难理解国家对村庄选举公共领导活动的介入和导向。从工具理性的角度衡量，如何将这种国家的介入和导向纳入制度化轨道，以确保农民和国家双方对选举满意，是一个值得认真探讨的问题。在这一方面，黑井村的经历又有哪些启示性呢？

　　值得一提的另外一个问题是，选举过程中原村主任对维护自身既得地位做出的努力。不仅在黑井村，而且在全国其他相当多的村庄，一个普遍可以观察到的经验是：选举一般并没有影响到原任公共领导者地位的稳固与延续。这一现象当然可以从他们的能力与政绩方面做出解释，但是更能说明问题的理由还在于村民在选举过程中与原任公共领导并不处于均势地位，长期以来的制度构成和村庄公共领导所能调动的权力资源，在许多情况下都能确保他们较之普通村民所占有的强势地位，如果再加上他们的能力与政绩，其公共领导地位多半可以经受住选举的考验。而在大多数情况下，以秩序性为优先取向的国家，对于那些忠诚并颇有能力的村庄领袖维护自身地位的努力也是肯定和支持的，这就更增加了村庄公共领导在选举中竞争的砝码。从这个意义上看，现实中国基层村庄选举的主要功能，除了它逐渐展示出来的公共权力资源的开放性和竞争性之外，还有一种仪式上的"审美性"，即通过选举这一必不可少的环节，使村庄领袖的法理地位再次为村民所认同，并得到国家的批准。

第四节 村治规则及决策过程——公共权力的运作

一 村治规则

规章制度是村治的依据。从某种意义上说，村作为社会的最基层单位，其治理是在国家制度安排下运行的。所以，黑井的村治活动，首先要受国家各个层面的规章制度的指导和规范。按照该村干部的说法，他们是"先看最大的（指中央的宏观政策精神），再听顶头的（指所在镇下发或转发的文件、规章和指示）"。除此之外，随着农村治理民主化、制度化进程的发展，黑井村开始注意通过制定规章制度治村。其规章制度主要有两类：其一，制定了村规民约。这是根据政府有关部门的要求，在村民讨论基础上制定的。其二，村务管理制度，包括村民委员会会议制度、财务管理、土地宅基地管理、水电管理、人民调解、社会治安管理等制度。这些规章制度对于村干部和村民按一定规则和程序办事有一定作用。但总的来说，依制治村的观念在该村较为淡薄，当问及村里有哪些规章制度时，普通村民基本上说不出一二，所以，依法治村能达到何种程度就不难想象了。村治运作主要地还是依照各种各样的不成文惯例，诸如各种违规的处罚，公共福利的享受，干部补贴和误工补贴，村财务的清查等方面的惯例。

下面我们将详细讨论两个制度，希望从中我们能够找到些许反映村庄性质的痕迹。

《村民委员会会议制度》：

一、村委会每星期一下午召开一次办公会议，主要总结过去一星期的村委会工作，研究部署下一步工作。

二、每季度召开一次工作会议，通报本季度工作，研究下季度工作任务。

三、半年召开一次汇报会，村委会成员按照各自的职责汇报工作情况，研究部署下半年工作任务。

四、年终召开一次总结汇报会，认真总结村委会一年工作的成绩、经验、不足和教训，制定下年度工作计划。

五、若工作需要，可以随时召开会议，认真做好每次会议记录和归档保密工作。

基本上全国所有的村庄都制定了此类制度，这是村委会工作的一个最为基础的层面，但是实际上，村委会会议工作并没有如此死板地按照这一规定来运行。村务工作的一个最大特点就是灵活性，无疑，有时间做总结和计划对于工作的顺利开展总是有益无害，然而，在黑井村的实际是这样，一些上级紧急的任务下来，都是在村支书的部署下迅速开展，其他村级干部虽然也可以发表意见，但是这样的情况少之又少，大家觉得只要村支书安排下来通知到个人就已经算是开会了。如此会议制度所要培养的民主协商精神又一次变相地理解成个人意志。整个决策的效果完全系之于村支书的个人素养，对村干部的综合能力提出了更高要求。

作为反映村庄性质最为直接的黑井村规民约又是怎样的呢？

《村规民约》

一、社会治安

第一条：每个村民都要学法、知法、守法，自觉地维护法律的权威和尊严，同一切违法犯罪行为作斗争。

第二条：村民之间团结友爱，和睦相处，不打假斗殴，不酗酒滋事，严禁侮辱、诽谤他人，严禁聚众造谣，拨弄是非。

第三条：自觉维护社会秩序和公共安全，不扰乱公共秩序，不阻碍公务人员执行公务。

第四条：严禁偷盗、敲诈、哄抢国家、集体、个人财物，严禁替罪和隐藏赃物。

第五条：严禁非法生产、运输、储存和买卖爆炸物品；生产销售烟花、爆竹和购置枪支，捡拾枪支弹药、爆炸危险物品后，要及时上缴公安机关。

第六条：爱护公共财物，不得损坏水利、交通、供电、生产等公共设施，不得任意在居民区内安装噪音大的机械，如粉碎机等。

第七条：不得在公路上扬晒粮食，挖沟开渠，堆积粪土，摆摊设点，不得以任何理由妨碍交通秩序。

第八条：不制作、出售、传播淫秽物品，不调戏妇女，遵守社会公德。

第九条：严禁非法限制他人自由，或者非法侵入他人住宅，不准藏匿、毁弃、私拆他人邮件。

第十条：严禁私自砍伐国家、集体或他人的树木，不准在树附近或田边路旁挖土、采沙、取石。严禁损害庄稼、瓜果及其他农作物。严禁上山放牧，烧火，上坟烧香、烧纸，燃放爆竹，若引发火灾，负责赔偿经济损失，情节严重的，交司法机关追究法律责任。

第十一条：严格用水、用电管理，不经批准，不准私自安装用电设施，要切实爱护水电设施，节约用水用电，严禁偷水偷电。

第十二条：认真遵守户口管理，出生、死亡要及时申报和注销，外来人员需要在本村短期居住的应向村治保人员汇报，办理临时手续。

第十三条：对违反上述社会治安条款者，按以下办法处理：

（1）触犯法律法规的，报送司法机关处理。

（2）情节严重但尚未触犯刑法和治安处罚条例的，由村委会批评教育，酌情罚款。

二、村风民俗

第十四条：提倡社会主义精神文明，移风易俗，反对封建迷信及其他不文明行为，树立良好的社会风尚。

第十五条：喜事新办，不铺张浪费；丧事从简，不搞陈规旧俗。

第十六条：不请神弄鬼，不算卦相面，不看风水，不听、看、传迷信和淫秽的书刊音像。

第十七条：建立正常的人际关系，不搞宗派和宗族活动。

第十八条：搞好公共卫生和村容整洁，不随地倒垃圾、秽物，修房盖屋余下的垃圾碎片及时清理，柴草、粪土按指定地点堆放。

第十九条：服从村镇建房规划，不扩点、不超高。搬迁、拆迁不提过分要求；拆旧翻新须经村委会批准，统一安排，不准擅自动工。

第二十条：违反上述规定的给予批评教育，写出书面检查，情节较重的加以罚款。

三、相邻关系

第二十一条：村民之间相互尊重，相互理解，相互帮助，和睦相处，建立良好的邻里关系。

第二十二条：在经营、生活、借贷、社会交往过程中，应遵循平等、自愿、互利的诚信原则，在生产过程中，自觉服从村委会安排，不争水、争电、争农具，不随意移动地界标志，发扬共产主义风格，小事不斤斤计较。

第二十三条：依法使用宅基地，旧宅基地要严格尊重历史状况，新宅基地按村、镇规划执行，不得损害整体规划和四邻利益。

第二十四条：村民饲养的动物、家禽造成他人损害的，动物饲养人或管理人应负经济责任，没有或限制行为能力的人，给他人造成损害的，监护人应负经济责任。

第二十五条：邻里间发生纠纷，能自行调节的自行调节处理，不能自行处理的依靠组织解决，对不听劝阻造成纠纷的当事人，情节轻微的予以教育，造成人身或财产损害的，必须承担医疗费用，返还或修理、重作、更换被损害的财产，并按实际损失进行赔偿。

四、婚姻家庭

第二十六条：全村村民要遵循婚姻自由，男女平等，一夫一妻，尊老爱幼的原则，建立团结和睦的家庭。

第二十七条：婚姻大事由本人做主，反对他人包办干涉，不借婚姻索取财物。

第二十八条：自觉做到计划生育，倡导晚婚晚育。

第二十九条：夫妻在家庭中的地位平等，反对男尊女卑，不准打骂妻子，夫妻双方共同承担家庭劳动，共同管理家庭财产。

第三十条：对丧失劳动能力无固定收入的老人，其子女必须尽赡养义务。

第三十一条：父母、继父母承担未成年或无生活能力子女的抚养教育。不准虐待病残儿、继子女和收养的子女，不准挟小学生辍学。

第三十二条：对父母的遗产，男女有平等的继承权。

我们发现社会治安方面的内容是在结合当地实际并以治安管理处罚法为蓝本参照，行文风格也在一定程度上体现了法律用语的规范性特点。而其他部分凡涉及相关法律规定的，也突出了遵照法律施行的特点。这其中的原因主要有两点：一是随着人民生活水平的提高，人们的法律意识不断增强，老百姓的日常生活点点滴滴都会与法律扯上关系，所以涉及一些比较常用的法律条款，人们已经有着思想意识运用法律手段来为自己维权；二是村支书YQH为部队转业军人，到村委会工作之前曾经在镇派出所担任治安员，因而法律素质也较高一些，尤其在接触和处理一些较为轻微的农村纠纷事件中，也逐渐了解了发生这些纠纷和事故的原因，掌握了运用法律解决问题的一些经验。由于在村委会干部中的中心作用，在村规民约的制定中，也不排除因他影响所出现的法制化条款制定。此外，从村规民约对村民日常生活的管理来看，体现出管理城镇社区的特点，能够反映出鲜明的地域性的规定基本没有，比如传统的文化因素和道德约束。但在对村庄的寻访当中，一些老人告诉我们在黑井这个地方涉及分家分地这种家庭大事，一般女性是不能够像男性一样，平等地获得房屋继承和分得土地的，这已经成为一条潜在的硬性规定使村里的这种传统延续了很长时间。总的来说，整个村规民约的规定是较为全面而且较为规范的，这在一定程度上反映了黑井村级治理中规则制定的有序性和成熟化，但是我们担心的是，如此的村规民约是否真的已经囊括了反映村庄性质、关系村民生活最为重要的那些方面？我们不得不面对黑井村庄社会中的传统失落。

1. 公共权力的运行

村级治理的内容极其广泛，各项管理的具体方式不尽相同。但是，依靠公共权力而行使的治理均体现为公共权力主体对权力客体的调控和影响，从某种意义上说，公共管理是公共决策的延续，公共权力主体一旦做出了决策，就转入决策的执行过程。根据我们对黑井村公共决策及其执行过程的调查，其方式大致可分为以下几个阶段。

（1）一般日常性村务决策的执行过程。黑井村的一般日常性村务是由该村权力核心或书记（主任）个人决策的，对于这些日常事务的处理，书记做出工作安排和指使之后一般交由村委会其他干部负责处理和执行。

（2）重要村务决策的执行过程。这类公共决策一般由村两委会集体决策，其执行过程大多倚重村两委的集体力量。书记（主任）往往又在其中起主导和关键性作用。比如，经济决策和管理是乡村治理的重要内容，村民具有分户经营、自主管理的习惯和经验。所以，在该村，不仅农田实行分户承包经营，本来不多的其他村集体资产也实行个人承包或租赁经营，村集体除收取承包或租赁费外，对生产经营不加干预。所以，在公共决策过程的考察中，我们看到，安排烟草等农业生产任务是村两委会决策的最重要内容之一。对于这类村民较关注的较大村务决策的执行过程，一般是全体村干部齐上阵。据黑井村委会会议记录，几乎每次承包、租赁的投标，确定承包、租赁人的工作，均为村干部集体参与。不过，也有部分村委会集体做出的较大村务决策，并指派专人，一般为分管该项工作的是某位村干部，有时也可能由某个村的村民小组长甚至村民具体负责执行。比如，烟草栽种工作，由于时间集中和短暂，交烟时节异常忙碌，不仅村干部要全体出动，具体到村组长和帮忙的村民也鼎力相助。村干部主要负责交烟过程中的安排协调，如果烟叶定级不理想的话就要向收烟站点说情，为村民争取更多的收入；而村小组长主要在交烟的头天就要负责通知到户，在交烟点协助村干部安排秩序等事务。然而，有时职能村干部在执行决策过程中会遇到一些难以解决的难题，这时，往往转由负责全面、担有村主要公共权力资源的书记出面处理。

（3）特别重大村务决策的执行过程。正因为这类村务涉及大多数村民的利益，公共权力主体对其进行组织与调控异常复杂、艰难。鉴于黑井村整体经济并不发达，只有较少数属于自我经营、自我管理意识非常强的群体，因而在这类事物的管理上很少遇到较大的阻力和干扰。所以，该村一般由村两委会和村民小组长联席会议集体决策。同时，这类公共决策村干部也总是借助村民小组长的力量，协助村两委会实施执行。例如，2007年的自来水厂征地，从镇政府到村委会都做了大量工作。村民小组长不仅直接参与了决策过程，而且还和村两委会干部一道自始至终地参与了这一决策的实施过程。所以，从这一意义上说，村民小组长是特别重大村务运作的重要组织和调控力量。

2. 国家任务和政府工作的贯彻执行过程

这是一类非常特殊的农村社区公共事务，自税费改革以后，当前农村最主要的就是计划生育管理、农村医疗合作和土地管理等。对于这类村务的管理，村干部必须权衡国家和村民双方的利益。据我们调查，一方面，黑井村干部竭力维护本村及村民的利益，执行中会采取"阳奉阴违"的态度和办法，以博得村民的支持和拥护；另一方面，又迫于政府的权威，无奈甚至违心地采用一些强硬措施，尽力满足政府工作要求，完成国家任务，以获得政府和领导的信任。因此，往往会遭到部分村民的反对和不满。为减少村民的不满和反对，黑井村村干部在思想沟通上花了大量功夫。黑井村的村民较为淳朴，在做工作的过程中只要稍微从国家层面把这个事的意义一说，大部分村民出于对国家的信任，基本上敌对和不满情绪都会削减一二。由此可见，黑井村的社区公共管理与公共决策相一致，总体表现为高度集中、书记主导的管理特征。但相对于公共决策而言，其权力集中程度更低些。这与该村个体私营经济发展不平衡，集体经济相对薄弱、缺乏实行集中统一管理和强制干预村民行为的能力密切相关。此外，公共决策与公共管理之间明显表现出谁决策、谁执行的一体化特征。

综上所述，黑井村的村务决策主要是以村民意见为依据的。一方面，村民的意见使村干部发现问题，起到了促使决策进行的作用；另一方面，村民的意见和建议被决策者接受，从而间接地影响了村干部的决策。调查中，村干部们总是说，他们是根据村民的反映作决策的。当然，这并不是说该村的决策事事依据村民意见。根据上级命令做出的决策，如低收入人群保障等决策，显然并非出自村民的意愿。村干部做出的村务决策有的甚至可以说是与多数村民的意见相违背的，主要出自领导者的意志和想法。比如，村委会掌握了低保对象的核定权，哪家可以确定为低保家庭，又可以领多少的低保收入，其决定权都在村委会。虽然文件规定了一些基本的审核条件，但在实际操作当中，仍然有很多村民反映，低保发放存在不公平现象，"与村干部关系好的，有交情的，才得到钱。"从中可以看出，村民意愿是主要依据，但并非事事都依照村民意愿，有的甚至是有背村民意愿的。当然，实践表明。某些村民反对的村务决策未必就是错误决策。从决策方式来看，黑井村的各类村务决策各有不同，但是，无论何种决策，书记 YQH 居于主导和支配地位，拥有决定性的权力。

二 影响黑井村治的几个因素

1. "了无生气的村庄"——人口流动对黑井村治的影响

著名社会学家费孝通先生在《被土地所束缚的中国》（Earthbound China）一书中曾指出中国发展的根本出路是将农民从土地的束缚中解放出来，其具体途径就是乡村工业化。美国学者黄宗智也持同样观点。这无疑是远见卓识，20 世纪 90 年代乡镇企业的迅猛发展为这一观点作了最好的注解。但乡镇企业并不是解决众多农村人口问题的唯一出路，如今乡镇企业正在遭遇着举步维艰冰河时期，看来如何有效和可持续地转移农村人口仍然是一个值得研究的课题。

如今遍及全国大多数村庄的大量农村人口流动——农民工现象，对传统的乡村，乃至整个中国发展产生着重大而长远的影响。在早期有关农村人口流动的研究中，总体上对农村人口流动持乐观态度，认为农村人口流动必将减少聚集在土地上的众多人口，给中国乡村转变和乡村发展带来积极的影响。然而，随着农村流动人口不断涌入城市所带来的一系列问题以及农村不断膨胀的"3861"部队①使村庄空心化的事实，我们不得不重新思考农村人口流动的影响和后果问题，特别是农村人口流动对乡村发展本身的作用究竟怎样，它在哪些层面影响了村级治理？学者徐勇曾讨论了大规模人口流动带来乡村发展空心化、乡村结构再复制和乡村秩序失衡等问题

---

① "3861"部队是指由妇女、老人和儿童构成了留守村庄的大军。

对乡村治理的影响；而贺雪峰也建立了以人口流动对村级治理影响的理论模型，比较了人口流入村庄和人口流出村庄村级治理的异同。黑井又能给我们怎样的启示呢？

在黑井村，无论街区和山区自然村都有大量外出务工者，总比例接近总人口一半。然而，除了一部分季节性短工以外，即使长期在外的流动人口也属于单纯的外出谋生，未能返回本村牵动什么发展项目。也许正如徐勇所指出的那样，人口流动对乡村的文明转型创造了前所未有的机会，但在一定程度上也使乡村陷入了一种"治理性困境"。① 黑井人口流动从流量比较而言，流出远大于流入。流出的一个显著化特征是年轻人口的外出，而流入带来的一个主要变化就是农村社区的城镇化。劳动力流出的主要原因当然是"外面的世界很精彩"，即便是农民工身份也俨然带有一股都市外乡人的气质。而人口流入的趋势是伴随着黑井旅游业的发展形成的，流入的聚居地也较为集中，主要在镇区街面从事买卖生意，但是街区仅只是黑井村的一部分，无法代表整个村庄。我们不得不面对的现实是，在人、财、物等资源流出的背景下，农村日渐衰败，不管是进行民主建设还是经济发展，村级治理变得越来越难。让农民自主参与到村庄事务中来，是一件非常难的事情。即便实现了村民自治，农村发展的目标能否实现仍然是一个问号。

2. 合村并组，村庄规模的扩大

目前，通过合村并组、精简村组干部的方式来应对税费改革后的财政困难。合村减少了村干部，但合村以后，村干部的工作范围大大扩大，工作量不断增加，但是报酬仍然不变，因而如何调动村干部的积极性就是一个大问题。历史上黑井村一直是围绕镇区周边自然村落为主，同时还承担了一部分城市人口管理作用，工作面基本负责的是坝区自然村。但是村委会合并以后，所属辖区范围变大了，村干部也脱产成为职业的干部角色。在调查的过程中，村委会成员也多次向我们倒"苦水"，这么大的管辖范围要面面俱到确实不是一件易事，尤其今年换届选举又把村委会的编制减少了一人，更增强了工作强度。

---

① 徐勇：《乡村治理与中国政治》，中国社会科学出版社，2003。

此外，行政村作为规划的社会变迁，虽然拥有相同的行政空间，却可能缺乏共同的生活空间，有的学者就曾指出，[①] 行政村虽然为村民提供了相互脸熟的机会，却未能为村民相互之间提供充裕的互相了解的公共空间。对于这类行政村，"半熟人社会"成了村庄的主要特点。黑井村组合并以后带来的问题是村庄内部的异化。也就是说处于山区及半山区的自然村，居住于其中的居民无论从生计发展、人际关系、生活方式上都与镇区周边坝区村落有明显差别，他们在心理上也觉得与后者有着很大差异。从而，这些位于山区及半山区的自然村自然而然地形成了自己的一个圈子，在这个圈子中，村干部工作的方式，对村民之间矛盾的协调都需要符合他们的一些特点才能开展。

3. 村庄公共产品的供给

税费改革以后，乡村组织退出了农民生产事务的领域，但农民自己却很难组织起来形成有效的协作，从而导致农村公共品供给出现了严重不足的状况。在税费改革的过程中，有两个政策设计是试图解决这一问题的：一是"一事一议"，即由村民代表会议或村民大会就重要公共事务进行讨论决策，然后从每个农户筹措劳务和资金进行公共品的建设；二是期待发展诸如农户用水用电协会等自治组织来自主解决与农民生产生活事务密切相关的公共品供给难题。两项设计都是期待在不凭借国家行政强力的基础上，由农村社会自主地生产公共秩序。但在实践中，这两项制度都相当不成功。黑井也不例外，"一事一议"虽然已明文列在了村委会的规章制度当中，但是并没有起过多大的作用。究其原因，首先，在于黑井落后的经济，集体经济的缺乏使得黑井的公共事务建设都得靠上级政府拨款、支持，加之2006年起农业税费的全面免除，使得通过提留有一定资金的可能都落空了。其次，最重要也最为核心的问题仍然是克服不了"搭便车"的问题。村民经济收入的不平等，对公共事务需求的差异化也使得进行任何一件公益事业都举步维艰。因此，黑井公共品的供给状况是，"旧痛未了，又添新伤"。

乍看来，目前中央正在农村全面推进的社会主义新农村建设，好像给这

---

① 贺雪峰：《乡村治理的社会基础》，中国社会科学出版社，2003。

个问题的解决带来了一线希望。确实，此项战略的意义非凡，而新农村建设的核心就是要通过完善农村的公共品供给状况来重构农村生活的中心，从而为生活在村庄中的农民提供基本的生活秩序和生产秩序。但是照实践的经验看来，新农村建设中诸如乡村道路、公共饮水设施、沼气设施等农村的公共品供给不可能都由政府财政拨款解决。由此看来，不能把农村公共产品的任务完全寄托于新农村建设。新农村建设只是为重建村庄集体行动能力提供了必要的基础，最终能不能实现新农村的新发展，还是掌握在农民自己手里。

图 9 - 4　宣传标语——治理的必要工具

第十章　作为传统和未来
希望的黑井教育

第一节　地方教育和国民教育今昔

黑井属于汉族与少数民族杂居地区，黑井人从来都非常重视教育，有钱人上学，为的是光宗耀祖；没钱的也上学，为发家致富。明隆庆前，教育长期采用口耳相传的方式，出类拔萃者近赴定远（今牟定）、楚雄，远到大理、昆明求学。明隆庆二年（1568 年），黑盐井盐课提举司开始设学，黑井才有了正式的教育机构。清代当地设龙江书院和万春书院，到昆明、大理等地聘请名师主掌授业，把教育的概念普及到黑井每个角落。据记载，从明宣德年间开始，黑井就有读书中举者。今天，黑井人还津津乐道其历史上的教育成就，即黑井"进士现象"——黑井前后共出过 13 个进士。除了盐巴和古驿道，黑井人最乐意谈及的，就是黑井曾经产生的进士。

在明代，黑井就已经形成规范的教育体系，官家、富家子弟能上学，农户子女、外来打工者的子女也同样可以获得受教育的机会。清末废除科举后，清光绪三十二年（1906 年）黑井成立了初等小学堂。民国时期，小学堂改为小学校，即如今的黑井小学，校址为明清黑井文庙旧址。1921 年曾一度兴办国语讲习所。20 世纪 80 年代以来，教学条件得到很大改善。

1936 年，滇东区盐场公署黑井盐场分署场长孙天霖创办学校，得到云南省盐运史李希贤的支持，1937 年 9 月命名为盐兴县希贤中学（当时黑井是盐兴县县城所在地），从黑井 26 灶预备公灶中划拨 16 灶的租金作为学校日常经费，由盐场公署、盐兴县政府及黑井制盐同业公会共同组建基金保管委员会经收保管，由校长领取支用。校址位于万春山观音寺三元宫。学校先后购置了《万有文库》、五灯收音机及理化试验仪器等。1939 年，学校得到政府重视，希贤中学改为省立盐兴中学。新中国成立后，又改名广通县二中，1958 年黑井划入禄丰县后，学校再改为禄丰县四中。因黑井盐场的经济支持，师资及教学设施均比较优越。尤其是 20 世纪 80 年代以来，教学条件得到了很大的改善。1949 年至今，黑井一直保持中、小学各一所。

一 黑井小学

1. 黑井小学概述

今天的黑井小学古时又名"黉学"。黑井因盐而兴，黑井的教育因盐的兴盛而有了名气，教育的发展又为地方的发展培养了众多的人才，遍布五湖四海。据《康熙黑盐井志》及校内现存的《重修黑井学宫碑记》、《黑盐井文庙碑记》、《永垂不朽碑记》三块石碑记载，黑井学宫自明朝万历年间（1573～1619 年），风水先生卜地建文庙，并设学正，管理学宫及文庙事务，到明崇祯十三年（1640 年），又再次扩大办学规模，重修学宫。康熙四十六年（1707 年）重修文庙及相关的大成门，开凿泮池，池上架拱桥。道光二十二年（1842 年）和 1987 年、1995 年先后几次修缮维护，发展至今，黑井小学已有 400 多年的历史。

说到黑井小学，就不得不先说黑井文庙，因为黑井小学和文庙是融为一体的，文庙在小学内，小学在文庙中。小学是文庙的一部分，文庙也是小学的一部分。作为一个极具"文化内涵"的旅游景点，文庙是引人瞩目的。文庙是儒学成就的典范建筑。跨进文庙，就看到红砂石建成的太平石坊，石坊共有四柱三门，前后有四石狮。从石坊进去是月牙形的泮池，泮池后面是大成殿，高 12 米，长 15.5 米，宽 17.2 米，前檐由六层雕刻精美的斗拱支撑，配上浑厚的格子门窗，端庄的基座，飘逸的墙面浮雕，显得庄重而大气。屋檐下六台斗拱龙头木雕，体态各异，忧喜参半，揭示出科举考生的心态。更有趣的是文庙石雕九狮图，构思独特奥妙，刻技细腻，狮中有狮，千姿百态。泮池上的石拱桥曲折回栏，暗示着走向仕途的艰辛，也是成功者必经之道。太平坊、泮池、卷洞门、大成殿、庆安堤融为一体，前后呼应，记载着地方教育的发展历史及古代劳动人民高超的建筑技术与智慧。

今天的黑井小学生源主要来自黑井村，黑井村包含 11 个自然村，这些自然村 70% 都在大山上，最远的学生家离学校有 10 多公里的山路，走路到学校读书，要花 2 个多小时。学校为家远、家贫的学生提供了住宿。学校现有学生 325 人，有女生 148 人，少数民族学生 67 人，住校学生 175 人，这些住校的学生主要是从其他偏远的村来黑井读书的学生。全校有教职工 27 人，其中男教师 11 人，女教师 12 人，后勤职工 4 人。23 名专任教师中，小学高级教师 15 人，小学一级教师 5 人，小学二级教师 3 人；本科的

图 10-1 黑井中心小学

2 人，专科 13 人，另有 3 人还在进修专科。学校占地面积为 6859 平方米，有砖混结构教学楼一栋，教师宿舍两栋，土木结构的综合楼一栋，学生宿舍两栋，学生食堂一个。学校除了小学外，还包括两个学前班。本来黑井小学主要是针对黑井村的居民、农民家庭的孩子招生，但由于其他村的办学条件差，规模小，容纳不下读书的学生，而黑井小学的生源却不足，所以黑井小学也面向周围临近的村招生。

2. 黑井小学收费及扶贫情况

黑井小学的学费、杂费全免。按照国家政策，每个学期补助给每个学生 20 元的杂费。学校现有 110 个学生免除部分书费。对住校的学生，国家补助给每个学生每个月 25 元的生活费，住校学生只要把大米交到食堂，就可以在食堂吃饭，不用交生活费。在调查过程中，我们发现 70% 的学生家庭极度贫困，住校的学生，生活费几乎完全靠国家财政补助的每月 25 元钱，有些学生家甚至交大米都有困难，学生们一周才能吃一两次肉。城乡差距还如此

之大，使调研组的每个成员都非常震撼。

在黑井小学，扶贫分为两种类型：一是国家财政对贫困生的扶贫。二是社会团体、个人对学生的扶贫。国家财政扶贫主要表现在对住校学生的生活补贴，以及对部分特困生减免部分书费两方面。而关于社会团体、个人对学生"一帮一"扶贫，约有70人受到社会各界"一帮一"的个人助学，社会上个人对学生的助学款，一般是一年200～300元，扶贫款由学校统一管理、记账，年终由学生家长来核实情况，签字认可。资助人来自社会各行各业，有大学的教师、学生，有国家公务员，有公司里面的职员等。

3. 黑井小学"留守学生"的教育情况及"参与式"教育简介

在黑井小学的学生中，估计有60%学生的父母都外出打工，这些学生大部分都在学校住宿，周末回家后由爷爷、奶奶照看。在农村，几乎谈不上什么家庭教育，孩子的教育都由学校承担，这些"留守"儿童由于父母不在身边，他们比其他同龄的孩子显得早熟一些，好多孩子回到家里，都是自己做饭，自己洗衣，自己学习。只是这些孩子长期没有父母在身边，缺少父母亲的关怀、引导、监督。显得有些内向，如果受到不利的诱导，有走上歧路的可能。这要求学校的老师，要加强自身的责任感，不仅仅要当好老师，还要当好学生的家长，把学生当作自己的孩子一样对待，让这些孩子健康成长。

黑井小学的参与式教育，是源自于禄丰县世界银行贷款/英国政府赠款"西部地区基础教育发展"项目，该项目是教育部世界银行贷款和英国政府赠款的"西部地区基础教育发展"项目之一。项目投资包括世界银行贷款、英国政府赠款资金106万美元和国内配套资金53万美元，按当时汇率计算，折合人民币1322.75万元。此项目在2003年9月启动，2008年9月1日完成。项目的目的是改善办学条件，改进教学方法，提高教学质量，构建学校、家庭、社区三位一体的社区教育模式。项目主要在禄丰县的高峰、黑井、川街3个扶贫乡和妥安、罗川、碧城3个基础教育发展困难的乡（镇）的9所小学和4所初级中学实施。项目的内容包括以下几方面。

（1）制定学校发展计划。学校层次，通过自下而上的方式，广泛征求社区群众的意见，由学校和社区自主制定关于社区教育未来发展的计划，构建学校、家庭、社区三位一体的社区教育模式。

（2）校舍建设。拆除重建中小学的危房，降低学校危房率。

（3）购置教学与管理设备、图书、课桌椅。

（4）发展现代化信息技术教育。充分利用信息管理系统、信息技术设备和远程教育设备发展现代信息技术教育，为课堂教学和社区教育服务。

（5）应用"参与式"教学方法进行课堂教学。应用"参与式"教学思想进行课堂教学，通过"活动——交流"的过程，使学生的"知识和技能、过程和方法、情感态度价值观得到发展"。

（6）应用"参与式"教学方法进行校长、教师、管理人员培训和社区成人教育。培训全县中小学校长、行政管理人员和项目管理人员 200 人次，教师 700 人次；进行各种教师继续教育、社区成人教育 1500 人次。

（7）考察交流、改革创新。组织项目人员进行国内外学习、交流和考察，学习国内外先进的方法和经验。

2003 年 9 月，该项目以黑井小学、三合小学为试点，启动了学校发展计划工作，2004 年 9 月，所有项目学校开展了学校发展计划工作。2003 年 9 月，黑井小学开展了"参与式"课堂教学法的推广应用，该项目在黑井小学设立《参与式教学思想的探索与实践》课题研究；并坚持使用"参与式"教学方法进行教学，为黑井小学的教育带来了从来没有的新思路、新方法。目前，课题的研究者撰写了多篇论文，典型案例评析。有力地提高了广大教师的科研水平。更重要的是，在"参与式"教学法的应用下，黑井小学的教学水平有了很大提高，教育质量又迈上一个新台阶。

二　黑井中学

1. 黑井中学概述

黑井有中学一所，即禄丰县第四中学，坐落于黑井西边万春山半山坡上，是全县唯一的一所没通公路的学校。禄丰四中建于 1936 年，1937 年正式招生，至今已经有 70 年历史，为当地培养了初高中生 5700 多人。学校占地面积为 71 亩，校舍总面积 5883 平方米，学校现有 14 个教学班，学生 672 人；教职工 56 人，其中专职教师 43 人，含高级教师 2 人，一级教师 12 人，本科学历教师 14 人，其余为专科以下学历。他们师德高尚，治学严谨，业务精良，是学生的良师益友。

禄丰四中学校环境优美，绿树成荫，办学设施较齐备。有综合楼和教学楼各一栋，男女生宿舍各一栋，教室与宿舍混用楼一栋，学生餐厅一间，电脑室一间，有电脑 33 台，能容纳 300 人的多媒体教室一间。理、化实验室配备到位，电教、试验仪器、体育器材等教学设备均达标，学校有两个篮球场，一条 50 米跑道。学校现在还没有阅览室，课外书籍较少，也没有像样的会议室。被评定为二级乙等学校。

中学的办学思想先进。学校秉承"顺天道以尽职，承人道而树才"的办学宗旨，坚持"尊重个性，开发潜力，一切为了学生的发展"的办学理念，以"办出高水平、教育高质量、人才高素质"为目标，培养基础扎实、知识广博、身心健康、素质全面，具有创新精神和实践能力的、符合社会需要的人才。

中学成立至今，取得了较多成就。据统计，近五年来中考分数在 500 分以上的学生人数越来越多，2002 年有 29 人，2003 年有 39 人，2004 年有 39 人，2005 年有 70 人，2006 年有 67 人。学校多次受到禄丰县委、县政府、县教育局的表彰。1998 年被县委、县政府评为"两个文明"先进集体，1996 年、1997 年县教育综合评估获二等奖，1999 年县教育综合评估一等奖，学生安全工作 1997～2000 年连续四年获奖，2002 年 9 月，全县第三次教育工作委员会上被县委、县政府授予禄丰县"两基工作"先进单位。总之，禄丰四中已经成为黑井人成才的沃土、育人的摇篮。不但生态环境使学生赏心悦目，先进的设备让学生增知益智，住校生活使学生自立自强。加上古镇优良的文化底蕴，精良师资的奉献，将来的四中，一定能为黑井培养出更多的优秀人才。

2. 黑井中学教育收费及扶贫情况

学校收费完全按照国家政策执行，主要收取的费用为住宿费，每个学期 40 元。其他还有书本费、保险公司收取的学生意外伤害保险（自愿）。

由于黑井村民家庭收入普遍偏低，贫困生面广，故教育的支出还是占了家庭收入的一大部分，对家庭来说，还是有些负担。

中学的教育扶贫主要分为以下几类。

（1）国家扶贫。有60%的学生享受国家贫困补助，每个月30多元，学生都是在学校食堂吃饭，学生从家里把米带来交给学校，再由学校兑换成饭票给学生。学生的生活费一个月大约30元，贫困的学生靠国家的贫困补助作为生活费，家庭条件好点的学生，生活费能达到50元左右。学校做的菜一般为白菜、土豆等，每周只有两天有肉菜。

（2）"寒窗助学计划"。由学校组织，成立了由学校老师捐款的"寒窗助学办公室"。学校规定老师捐款的数量根据自己的职称来定。职称为副高（相当于副教授级别）的老师，要求一年捐款500元，职称为中教一级的老师，一年捐款300元，中教二级及以下的老师，一年捐款100元。一年共捐款约7900元，每年12月份是教师履行"寒窗助学"计划的时间，老师按规定把钱交到"寒窗助学办公室"，资金用于贫困学生的生活、书费等方面的补助，也用于扶持本乡镇考上大学的贫困生。

（3）社会团体和个人对学生的扶贫。个人的扶贫都是"一对一"的形式，资助人定期给学生一定的钱。社会团体包括企业和工商联等，有100个学生享受社会团体和个人的资助，至于资助的金额，完全由资助方自己定。

这些助学的资金虽然不多，但对学生来讲，已经能给他们的生活、学习带来很大的改变。初二年级的年级组长王老师给我们讲了他们有趣的助学故事：学校住宿条件比较紧张，10多个学生住一间，而且有部分下铺还要求是两个学生睡一张床。2006年9月开学报到时，有位叫张小芳的同学来得早，于是占了个较好的下铺床位。王老师在给新生安排住宿时，准备再安排一个女生和张小芳住，但是没料到张小芳就是不愿意。10月份，县工商联给学校提供助学款，每个班有两个名额。评定助学款，要求如实调查学生的家庭经济情况，王老师在调查过程中，发现张小芳家庭非常困难，于是把助学款评给了她，张小芳为此非常感动，主动找王老师谈话，并解释说当初自己也不是真的想独占一个床位，只是觉得其他的同学都比她好，她心里有些说不清出的想法，所以想自己占个床位，谈完话后，张小芳主动要求再分一个女生和她一起住。从这个故事中，我们看到，张小芳本身是个很纯朴、善良的山村女孩子，因为家庭困难，内心自卑而自尊心又强，也很敏感，就有意把自己用个无形的伞保护起来。通过后来的助学款，她感受道人间的温情，自己也变得更懂事，更会替人着想。

3. 黑井中学"留守学生"教育情况

与小学的"留守学生"相比，初中生显得懂事一些，但也明显的不成熟。他们有的很能理解父母外出打工，是为了将来他们读书的时候能有经济保障。"父母不出去打工，我们哪来钱读书？"在中学，有50%的学生属于"留守学生"群体，学生放学回到家里，要帮助爷爷、奶奶做家务，有些甚至替父母肩负起照顾爷爷、奶奶的责任。由于黑井外出打工的人群比例高，对在校的中学生也会有影响，特别是男生，有些学生觉得读书用处不大，上大学还要交很多的钱，而大学毕业后，工作又不好找。有好多家长也会这样想，父母对自己孩子能不能读大学，没什么太高的期望。

在与初三年级的男生小朱聊天的时候，小朱讲到了他的一个去楚雄打工的同学，回来时穿着西装，抽着烟，讲着外面发生的故事，还请他们在街上吃饭。小朱讲这个同学的时候，表情中流露出羡慕和向往的神情。类似的一些学生认为读书还不如出去打工的倾向，不由得让人暗暗担忧。

第二节　当前学校教育存在的主要问题

黑井历来是个文化较发达的地方，黑井人具有重视教育的传统，名列乡村乡镇教育前列，但也还存在着许多问题，这些问题在中国其他地方的乡村同样存在，具有一定的普遍性，同时也具有其特殊性。

一　中小学生辍学问题

据此次调查，近年黑井中小学生辍学比例有上升趋势。尤其是初中生辍学比较严重，小学生几乎都能读到毕业，初中辍学率为5%。初中毕业后，有31%的学生失去了继续受教育的机会。学生辍学的主要原因，有以下几方面。

1. 农民教育投入达不到预期收益

农民对教育投入的原动力在于使孩子学到本事，将来能够有个好工作、高收入。但现行教育严重滞后于社会与时代的发展水平，教育不适应时代与社会发展要求，造成相当一部分学生"高不成低不就"的社会现象。一是中小学教育仍存在忽视学以致用的问题，毕业学生没有劳动技能，学校教育对择业、就业没有多大帮助，读完初中或高中回家种地的学生反而不如文盲农民。乡村教育为乡村输送了一大批不合格的农民。外出打工初高中以下学历的学生，也由于没有一技之长，处于出卖简单劳动力状态。对于考上大学的学生，许多学生及家庭是"充满希望上大学，一片渺茫入社会"；就业难，农民孩子由于缺少城镇社会关系就更难。"考不起大学，无用!"、"考得上大学，无奈!"成为许多弱势家庭的共识。

2. 教学质量、教学效果达不到学生求学的期望值

学生读书的期望是能够顺利完成学业，增长才干，为将来谋个好职业。由于学校资源的稀缺性和教育资源分布的差异性，农村学生很难有好的学习条件，加之现行教育的弊端，学生难以获得求学期望值。2006年黑井初中毕业生202人，考上高中的为110人，仅占初中毕业生数的54.5%。2004年开始，政府有关部门实施"阳光工程"劳务培训，全村有很多青少年积极参加培训。有些家长、学生认为：读高中无望，读大学更是困难重重，参加培训后直接去打工，有什么不好？

3. 社会对贫困生救助力度虽逐年加大，但仍然不够

2006年黑井中小学获得资助资金共33500元，仍只能解决部分特困生的学费、书费，基本上不能解决生活费。而学生生活费对困难家庭来说，是一笔很大的开销，特别是黑井农村计划生育实行两孩制，大多数家庭同时负担两个孩子读书，给困难户造成的压力更大。据黑井小学校长说，该校贫困生面达40%，减免学费、书费学生的比例为31%，因生活救助力度远远不够，一些学生因生活困难而辍学。

二 不同程度的危房威胁着学生和教职工的生命安全

黑井中学的校园有2/3是坡地，学校坡多坎高。由于经济困难，办学条件差，加之至今尚未通公路，学校基础建设成本高，无力建盖新校园，旧建筑安全隐患多。

校园内现存万春书院遗址的土木结构危房较多，由于兴建历史长，加之

年久失修，明显存在着重大安全隐患。三元宫大殿现在已无人居住，仅可摆放废弃之物，房屋柱榫脱落、梁柱和椽檐腐烂、瓦屋面更是破朽不堪，沟瓦多处已凋落，大殿后墙开裂倾斜，一旦暴雨来临，很有可能发生房屋倒塌事故，已成为校园内的一个安全隐患区。

三元宫右侧的藏经楼，建筑奇特，造型古朴美观且别具匠心，梁柱虽好，墙体虽牢，但二楼、三楼四周屋檐破烂不堪，瓦檐腐朽，沟头瓦匹多处已经掉落，加之两层四周屋檐已呈下扑之势，如不及时修缮，随时都有坍塌危险。这不仅会对师生安全造成危害，而且还会造成无法挽回的损失。

观音殿位于学校主教学楼右侧，危险更大，实在让人担惊受怕。殿内不仅柱榫脱臼，梁柱已呈现腐朽倾斜，屋面椽子多处腐烂，难堪重负，导致多数沟瓦断裂脱落，屋顶出现许多大洞小洞。大殿右山脚高达6米的档墙已整体向外凸出、拉裂，随时有坍塌的可能，而该处恰好在教学楼右侧的道路上，师生上下过路打饭提水都要从这里经过，严重威胁着广大师生的生命安全。尽管学校已安放栅栏、悬挂警示牌，严禁入内，严禁逗留，但治标不治本，危险仍然存在。到了雨季，雨水渗透，地基变软，极容易导致挡墙与房屋倒榻，危险很大。

三 学校基础设施薄弱

黑井中小学都没有自己的医务室，学校的老师有时候除了做好老师的本职工作外，还兼任了学生的"医生"。

2006年末黑井中小学固定资产总值317.33万元，其中：小学学生人平均280元，中学学生人平均35元；图书仪器设备总值6.51万元，其中：小学学生人平均100元，中学学生人平均49元。学校基础设施参差不齐，小学住校生有175人，只有7间寝室，有的寝室多达20人住一间。中学住校学生有641人，寝室也不够住，据估计，至少还需要寝室14间，才能满足学生住宿需求；中小学目前还没有图书室、阅览室、远程教育室、语音室、音乐室、体育室等；在中学，690人师生只有两个篮球场、一条50米跑道；教具方面陈旧不堪，17块黑板中有土黑板5块；对中学来讲，还有个极为不便的就是交通，黑井中学是该县唯一的一所没有通公路的学校，去黑井中学，都只能通过爬山上去，交通的不便，给学校的基础设施建设带来极大的难度。

四 黑井农村义务教育师资力量明显流失，教师的教学水平需要不断提高

在中学的老师多属于农家子弟出身，他们也深知贫困学生的苦处。所以对农村穷学生有着特殊的感情，中学老师的平均年龄在 31 岁，是个年轻人多、有创造力、有干劲、积极向上的群体。近几年来，师资流失的情况还是较多，如果有某位老师在教学成绩上做出显著的成绩，必定会被县城或其他地方的学校挖走，而这些优秀的老师也乐意到条件更好的地方任教。就 2005年来说，就有 8 位教学成绩显著的优秀教师被县城的学校挖走，在 2006 年县教育局出台新规定：在一个学校任职未满 3 年的职工，不准调动。这个政策的出台在一定程度上防止了师资的流失，但是对优秀教师来说，这样的政策，却安定不了他们的心。三年一过，优秀的老师还是想调走。在采访中学王老师的时候，王老师讲到，要防止师资的流失，可以考虑做好以下的一些工作。

（1）把关心教职工落实到实处。比如老师的住宿条件，尽量安排条件好的住房。多组织老师外出学习，多组织课外的文体活动。给家庭有困难的老师提供帮助等。

（2）由于学校的单身年轻老师多，而单身老师又以男老师居多，这些老师在学校工作，在黑井生活，认识的人有限，一直没有合适的对象。所以学校工会要多想办法，多与其他单位联谊，组织一些活动，让年轻的老师能把家安定下来，解决后顾之忧，让他们安心投入教育工作。

据统计，黑井村小学、中学任课老师具有大专以上学历的占 9.5% 和 90%，而在城市小学、中学则分别达到 61.12% 和 98.39%。相比而言，黑井师资力量还显薄弱，其中一个重要原因，是学校对教师的吸引力不够。黑井中、小学因处于农村地区，办学条件一般，对老师没有吸引力，中学全校核编 50 名教师，三年来调出 11 人，占 22%。校长说：30% 的教师高龄化，教学方式古板，很难适应现代教学的要求。教师队伍的业务能力、责任心还需要加强，才能跟上现代教育的发展。

五　农民对孩子培养的意识不高

大学毕业生就业形势不好，直接影响了农民送子女入学的积极性。在农村农民送子女上学，一般有比较强的目的性，即通过升入大学摆脱农业户口，找一个比较好的工作。而在目前就业形势不好的情况下，许多大学毕业生找不到工作，而来自农村的大学毕业生由于缺少有关社会关系，更不容易找到工作。这种情况直接影响了农民送子女入学的积极性，与其到大学毕业时找不到工作，还不如早点去打工挣钱，这是一般农民的普遍心理。在黑井，农村人口较多，农村剩余劳动力数量较大的情况下，农村教育的滑坡将直接导致农村整体人力资源状况下滑，从而影响黑井村经济增长和农民增收，而且由于外出工作的农村劳动力越来越多，而教育水平低下的外出打工群体，有可能引起更严重的社会问题。

六　讨论：解决当前黑井农村义务教育存在问题的几点建议

随着信息时代的到来，21 世纪的竞争主要在于人才的竞争。而人才是通过人力资本投资形成的，教育是人力资本投资的最主要形式。因此，经济的持续稳定强有力的发展最终决定于教育，从而决定于人力资本存量的多少。世界各国都非常重视教育，世界上几次成功的经济超越（如美国对英国、亚洲四小龙对西欧），最根本的经验在于教育，它们通过超前和加速开发人力资源，提高劳动者素质，为经济发展积累了大量人力资本，推动了经济的快速增长。所以，黑井当地政府和教育部门可以考虑多给黑井群众做适当的教育宣传与投入，使他们明白，黑井人整体文化素质的提高，最终是会受益匪浅的，说小点，是为了让黑井孩子有知识，不吃亏，说大点，也是为提高国民素质尽一份力量。

1. 力足自身、争取外援、争取政策，全面实施乡村素质教育

第一，要加强教师队伍建设，通过与上级主管部门联系，大力开展教师培训，提高教师学历，提高教学水平。通过学科带头人说课、教师集体备

课、教学比赛、评优活动等多渠道提高教师教学水平。第二，要建立教师业务激励机制，提高老师沉下心来继续学习、深度钻研的积极性。第三，要将提高教育教学效率作为学校研究课题，作为实施黑井乡村素质教育的前提，鼓励全校教师参与。第四，建立城镇优秀教师到黑井村支教、挂教制度，并与教师的评优、晋级、职称挂钩。第五，加强教师职业道德建设，提高教师队伍素质，树立为人师表的良好形象。第六，规范教育收费，将收费标准和投诉电话向社会公示，主动接受学生、家长和社会的监督，增加工作透明度。同时，严格落实教育收费督察制度，对发现的问题及时进行整改，有效防止乱收费。第七，由于黑井外来人口多，要与当地派出所联系，设立黑井派出所黑井中学治安点，加大学校周边环境治理力度，定期开展学校治安环境综合整治行动，创造安全有序的学习环境。

2. 建立稳定的经费投入保障机制

政府是发展义务教育的投入主体。要进一步明确中央、省、县在发展义务教育中的责任。各级财政部门要调整支出结构，优先安排义务教育经费预算，确保义务教育经费及时到位正常发放。中央和省级财政统筹教师的工资福利、学杂费，市、县财政负责学校的基本建设、教学设备的购建和维护。这样主要是基于教育的长远发展考虑，人才资源是全社会的资源，农村劳动力资源除为农业生产提供后备力量以外，更多的是为工业化、城镇化提供人力资源，因此，农村劳动力的培养教育不能单靠农业和农民自己来承担，应该实现城乡统筹，由中央和地方财政共同承担。

实施农村教育扶贫工程，进一步推进帮扶贫困地区农村和帮扶农民家庭困难学生的制度建设。为了尽快解决当前贫困地区农村义务教育经费紧缺的燃眉之急，在教育投入体制未改革之前，现阶段可分别按照教育经费主要支出项目，划分为学校日常运转经费、学生的课本费和教职工工资三部分，采取"县级投入保学校运转、省级投入保发放学生学杂费和对学生的贫困补助，中央投入保教师工资"的措施，分项分级负担，确保税费改革后贫困地区农村义务教育的生存和发展。

中央和省级财政应划拨专项资金，一次性地帮助贫困地区农村解决历史遗留下的"普九"欠账问题。或者发行国家债券，专项用于解决"普九"

债务。其他有经济能力的市、县、乡镇政府，应承担起债务转移的责任，做出计划，采取有力措施，限期偿还。不能让农村学校继续背负沉重的历史包袱。

3. 重点加强薄弱学校建设

通过"普九"达标活动，中小学建设有了很大改善，但从总体上看，标准还比较低，尤其基础设施建设缺乏，更主要是当地政府要尽快解决黑井中学校舍存在的种种安全隐患，防止出现意外重大事故。要通过调整布局，优化教育资源，加大对农村薄弱学校建设资金的支持力度，增加农村中小学建设经费。要采取多种措施对口支援农村薄弱学校建设，争取用几年时间，实现农村中小学办学条件标准化，促进基础教育均衡发展，让广大农民子女充分享受优质教育，最大限度地缩小农村与城市在教育条件上的差距，达到教育的公平化。

第三节　农民教育

黑井对农民综合素质教育一直非常重视，而对农民的教育培训都由黑井镇政府农技中心组织，效果较好。黑井农民教育分为以下几个部分。

一　农村党员素质教育

农村党员、干部是党在农村的路线、方针、政策的主要执行者，是带动农民群众发展生产、增加收入，全面建设小康社会的直接组织者和带头人。广大农村党员、基层干部的素质如何，一定程度上直接影响着党的领导水平和执政水平，影响着党的先进性的体现。因此，全面实施好农村党员"素质教育"工程，不断提高农村党员、基层干部队伍的整体素质，是保持共产党员先进性的有效办法，是实现全面建设小康社会宏伟目标的必然要求。

为创新基层党建工作方式方法，解决基层党组织建设薄弱环节，增强基层党组织的创造力、凝聚力、战斗力，提高党员队伍整体素质，2003 年底，云南省委通过了《关于实施"云岭先锋"工程，大力推进党的基层组织建设的决定》，确定用 5 年时间实现"云岭先锋"工程的总目标：使全省基层党组织和党员做到"五好五带头"，即基层党组织做到领导班子好、队伍素质好、制度建设好、工作业绩好、群众反映好；党员做到带头学习讲政治、带头干事谋发展、带头创新建佳绩、带头服务比奉献、带头自律树形象。"云岭先锋"工程是2004年2月在云南省正式启动实施的。这项统揽全省基层党组织建设的创新工程，目前已深入到云岭大地的千家万户，无论是农民、普通市民或是乡镇干部，都深刻地感受到了这项工程带来的巨大变化。

根据云南省委《关于实施"云岭先锋"工程，大力推进党的基层组织建设的决定》的要求，在县、镇政府的指导下，黑井村党支部精心组织，周密部署，认真实施。目前，全村"云岭先锋"工程实施工作进展顺利，取得明显成效。黑井村党支部把"党员素质教育"作为"云岭先锋"工程中的重头戏来抓，黑井村党员"素质教育"工作由村主任（书记）组织。在村主任认真的组织下，对黑井村党员每年进行评优活动，评得优秀的党员，发给一定的奖励。每年都参加由镇政府组织的专题培训进行集中学习。自"云岭先锋"工程工作开展以来，黑井村一直在整合各方资源，加大实施力度，努力建设一支高素质的农村党员、干部队伍。

二　农业实用技术培训与指导

农技中心每年都对大小春栽种进行指导及科技推广。大春农作物包括：水稻、苞谷、杂粮、烤烟、蔬菜、瓜类、青饲料等；小春农作物包括：小麦、蚕豆、豌豆、大麦、油菜等。每年到大小春的种植季节，农技中心就组织专业的农业技术员到各村讲解当年种植应该注意预防的病、虫、草、鼠害及施肥等工作。农技中心实行包村、包片的制度，指定专人负责各村的农用技术指导，2007年在大小春栽种前在全村开展了测土配方施肥技术服务，指定专人负责在全村范围内共采集有代表性的土壤样点10多个，解决了多年来农民盲目施肥、过量施肥的弊病，为黑井镇今后粮食生产科学施肥和土地的可持续发展打下了良好的基础。

黑井烤烟生产稳步发展。因黑井镇政府未设烟叶站，政府农技中心在抓好本职工作的同时还认真抓好烤烟生产工作，农科人员深入栽烟村社，推广漂浮育苗和移栽，合理利用水资源，按节令移栽和推广地膜覆盖种植，抓好烤烟中后期管理和病虫害防治工作，圆满完成收购任务，平均斤价达 12.35 元，按时将烘烤补贴兑付到栽烟农户手中，积极协助镇政府水管站完成小水窖的基本烟田建设，为今后烤烟生产工作打下了坚实的基础。

在黑井村，村民种植了大片的石榴园和小枣园，这些水果就是他们的经济主要收入，有的家庭种植的小枣，在丰收的年份，可以卖一万多元，是很不错的收入。在每年春天，镇政府会组织关于石榴、小枣的施肥、防病等知识专题讲座。

三　绿色证书培训

为了提高我国广大农民的科技文化素质，加快农业科技进步，促进农村经济发展，使我国农民职业技术教育逐步走向法制化和规范化道路，在借鉴国外农民技术资格证书制度和总结我国几十年农民职业技术教育实践经验的基础上，农业部从 1990 年开始在全国组织实施绿色证书制度试点工作。根据国务院办公厅 1994 年转发农业部《关于实施绿色证书工程的意见》的精神，农业部从 1994 年开始在全国全面组织实施绿色证书工程。

绿色证书是农民技术资格证书的习惯说法，是农民达到从事某项工作岗位要求具备相应基本知识和技能后，经当地政府认可的从业资格凭证。基本特点是：对象是农民，有岗位规范的要求或技术资格标准，取得证书者需要参加学习和培训，经考试、考核合格，由地方政府或授权机关认可并颁发农业部统一印制的证书。

绿色证书制度就是农民技术资格证书制度，是通过立法、行政等手段，把农民的技术资格要求、培训、考核、发证等规定下来，并制定相关配套政策，作为农民从业和培训的规程，确保从业人员的技术素质。绿色证书制度是我国农民科技培训的一项基本制度。绿色证书工程主要是按"工程"的组织形式，对广大农民开展绿色证书培训，逐步建立和完善符合中国国情的绿色证书制度，培养千百万农民技术骨干，并通过他们的示范作用，将农业科技成果辐射到千家万户。

绿色证书工程培训的培训方法有：①面授与多媒体相结合；②集中培训与分散培训、进村入户技术指导相结合；③理论学习与试验学习相结合；

④讲课与发放文字宣传材料相结合，并配以图文并茂的图片；⑤灌输式讲课与学员提问老师解答互动式教学相结合；⑥培训以专业技术内容为主，同时增加一些法律法规常识；⑦利用当地广播、电视台设专题讲座，对农民进行绿色证书专题培训。

目前，"绿色证书工程"已在黑井全面铺开，对黑井农民培训的主要方向是蔬菜、养殖、烤烟、果树、中草药、优质水稻、沼气等方面。涌现出了大批种植、养殖能手和农村致富带头人。2006 年，黑井农技中心共举办绿证培训班 1 期 98 人，培训时间 3 天，培训内容主要是种植业、养殖业、经济林果种植技术以及水肥管理技术、产业结构调整、中央对"三农"的优惠政策等内容。通过培训及现场考试，办证 33 本。通过实施"绿证"工程，对农民进行比较规范的专业知识培训和实践，使农民提高了理论知识和实际操作技能，提高了农民素质和农业生产的科技含量，培养了一支能够起示范带头作用的农民技术骨干队伍，进一步提高了黑井农业科技成果的推广应用水平。在实际生产中，农民施用肥料、使用农药等方面有较大进步，不但节省成本，而且无公害化生产意识增强，使农产品的质量得到较大提高。

黑井在实施"绿色证书"的过程中，也遇到一些问题。主要表现在：第一，本地的农民大多数已转移到城市打工，农民流动性大，给"绿色证书"培训工作增加一定难度；第二，"绿色证书"培训缺乏固定的培训场地和教学设备，培训资金不足，而农民普遍存在免费教育的观念，这些限制了农民教育事业的发展；第三，农民培训教育任务重，投入大，但近几年由于农产品收购价格持续低迷，直接经济效益不甚显著，影响了农民培训的积极性。对做好"绿色证书"培训工作，各级政府应加大对农民教育培训的投入，可在乡（镇）级推广机构设立固定的培训场地，备齐教学设备，建立相对固定的教师队伍。对参加培训的学员除发送教材外，对获证的学员应给予适当补助。培训内容应根据生产实际需要，有针对性地进行农业科技培训。

四 阳光工程培训

"阳光工程"培训指的是对农村外出务工人员举办法律、疾病防治、维护自身利益等有关知识讲座，开展农村劳动力转移培训，是加快农村劳动力转移就业步伐，增加农民收入的好渠道。为了认真贯彻落实好县里"阳光工程"的会议精神，黑井镇安排由镇农技术中心牵头组织，成立领导小组和制订培训计划，主要有以下两个方面工作：

（1）防艾宣传。"阳光工程"采取出专题黑板报，张贴宣传画等方式加大宣传艾滋病防治知识。

（2）就业培训。2006 年 11 月组织动员 118 名有外出就业愿望的 16～40 岁青少年开始为期 7 天的培训，培训采取引导性培训和就近集中培训的方式，分别由县农业局政策法规股干部讲解国家相关法律法规；县农技学校教师讲解城市生活常识和外出务工注意事项；县卫生局领导讲解艾滋病防治知识；县社保局领导讲解求职的技巧、劳动合同维护、劳动工资、劳动安全与工伤知识等方面的知识。在会议结束后，当场就有 15 名适龄青年向县社保局递交了求职登记表。为了加深参训人员对艾滋病防治知识的认识，还进行现场考试，同时还发放了《艾滋病防治知识手册》85 本、宣传单 118 份；种植、养殖专业书 175 本；进城务工基本常识书 85 本。通过县级各部门老师通俗易懂的讲解和散发各种书本，使全体参训人员充分了解进城务工的相关法律法规及其他常识。

第十一章 医疗卫生及健康 水平发展情况

实现"人人享有卫生保健"是全球的共同理想和目标。[①] 我国宪法明确规定，维护全体公民的健康和提高各族人民的健康水平是社会主义建设的重要任务之一。[②] 亘古及今，任何时代和民族无不把健康视为人民的第一需要。黑井村位于历史古镇所在地，在历史上曾经由于制盐行业的国家垄断的特殊性，社会发展水平较高，对外交流频繁，并不是一个落后、封闭的地区。在医疗服务方面，不仅有中医，在清末就有西医开展医疗卫生工作。由于历史条件和自身的特点，与其他地区相比，甚至与东部其他发达地区相比，黑井村在医疗卫生服务方面经常处于领先位置。

第一节 医疗卫生基本状况

一 包含两极的"医学模式"

黑井村位于千年古镇黑井，人们在这里历经了无数的生产实践活动，同时也伴随着与疾病抗争和不断认识自身生命的过程。在所有这些与生命和健康相关的实践，即可以称为医学实践的基础上产生了对医学，或可以

---

① 《阿拉木图宣言》，世界卫生组织，1978。
② 《中华人民共和国宪法》第一章第二十一条，1982 年 12 月 4 日第五届全国人民代表大会第五次会议通过 1982 年 12 月 4 日全国人民代表大会公告公布施行，2004 年 3 月 14 日第十届全国人民代表大会第二次会议通过的《中华人民共和国宪法修正案》修正。

称为健康和疾病的总体认识，即医学模式。这种概括的、抽象的思想观念和思维方法既表现了医学的总体结构特征，又是指导医学实践的基本观点。

从全世界医学发展的历程看，[①] 最早的医学模式是神灵主义的医学模式（spirtualism medical model），是因为人类祖先无法解释疾病、死亡、梦等生理现象，认为人类的生命与健康是神灵所赐，疾病和灾祸是天谴神罚。因此人们对健康的保护和疾病的防治主要依靠求神问卦、祈求神灵的宽恕与保佑。神灵主义的医学模式，在当时社会条件下其职责和文字上都达到了统一，翳（medicine）即巫医（medicine-man）。但是随着生产力的提高，人类终于从主观浑然一体的自然界中脱颖而出，产生了自我意识，成为能认识客体的自主体。无论是古代希腊的哲学思想，还是中医学医理，都把健康、疾病与人类生活的自然环境和社会环境联系起来观察与思考，成为自然哲学的医学模式（nature philosophical medical model）。再后来，随着欧洲文艺复兴、工业革命和实验科学的兴起，在生物科学的基础上，建立了生物医学模式（biomedical model），是一种反映病因、宿主与自然环境之间的变化规律的医学观和方法论。但是，随着疾病谱和死因谱的转变，以及各个科学分支的全面发展，目前被广泛认可的医学模式是生物心理社会医学模式，又称恩格尔模式，健康与环境因素、生活方式及行为因素、生物遗传因素、医疗卫生服务因素等多个系统相关，是一个多层次的概念。

本次研究中发现，黑井村的医疗模式及医疗服务可以说包含了历史发展的两极。一方面，不论是在繁华的集市，还是中心医院的附近，都可以发现多张新近张贴的、从当地非医务人员获得的、用于"解除"幼儿病患的"善意咒符"（见图11－1）。另一方面，在街道醒目的位置可以看到医疗机构各种以人为本的服务和宣传。并且当地主要医疗机构对于一直以来困扰医学的疾病——精神类疾病，或称心因性疾病治疗，在各个专科中一直处于领先地位，并且有一套较为科学、系统的治疗方法，非常符合现代的医学观。

---

① 龚幼龙主编《社会医学》，人民卫生出版社，2000。

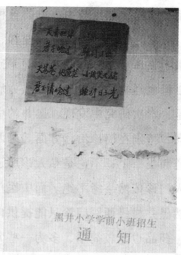

图 11 - 1　小学校门口的学校招生通知上方的深色纸张即为治病"咒符"

图 11 - 2　最有用的"小广告"——"危急孕产妇急救电话×××"

二　传统医疗与现代医疗

　　黑井作为一个普通的、传统的中国农村代表，在肩负人民群众健康方面，同样是中国传统医学（以下简称"中医"）与现代医学（以下简称"西医"）并存。中医是我国劳动人民同疾病作斗争的经验总结，中医的治疗方法丰富而又多样，如由药物组成的各种方剂的不同剂型的内服或外用法，以及针灸、推拿、按摩、拔火罐、捏脊、气功、割治等，在大中城市至今仍广泛地应用于临床。除了中医专科医院，在以西医为主的三甲综合大型医院内，康复科也经常采用中医的方法为病人治疗。

但是，本次研究中发现，黑井的中医与西医各自发展和承担医疗工作量并不相同，特别在门诊治疗方面。以西医为主要治疗方法的门诊处于当地主要的街道和集市上，不论是私人诊所还是当地公立医院，即使保证节假日无休，病人门诊依然络绎不绝。而中医门诊位置较偏僻，多位于居民区。

虽然黑井村级西医门诊只能提供内科一般治疗，主要的有口服药物和静脉注射，药品也比较简单，多为一些常用药。但是，从当地部分群众，特别是居住地较远，例如山区、半坡的村民了解到，人们在遇到疾病时还是偏向于选择西医治疗。村民普遍的一个主观感受为"西医疗效快，中医效果慢，还麻烦"，例如说，在"西医诊所输液后精神很快好起来"，而"看中医，煎熬中药有太多工序"。在黑井不论是公立医疗单位还是私营的诊所内，本次调查均看到了一批又一批前来输液的人。

图 11-3　中医诊所

图 11-4　中心卫生院

三　公立医疗与个体私营医疗

黑井村所在地，虽然历史上曾经是重要的盐业产地，经济比较发达，在清末就应用过西方医疗技术开展医疗卫生工作，但是随着制盐方式和政策的改变，在民国末年黑井村经济已经比较衰败，医疗卫生状况也随着衰落。

黑井村在 1949 年以后，与我国其他地区农村一样，整顿已有的卫生工作队伍，建立基层卫生组织，成立了村卫生所。中华人民共和国成立之时，农村广大地区严重缺医少药，居民健康知识和卫生习惯极为欠缺，人民健康指标属于世界上最低水平的国别组（World Bank，1997）。到 1965 年，公社和生产大队都已建立起医疗卫生机构，形成了较为完善的预防保健网。这些措施使农村缺医少药的局面大为改观，并最终带来人口健康指标的显著提高。

除了村级公立卫生机构，由于黑井所辖区域包括镇政府所在地，所以镇中心卫生院也位于黑井村内。黑井中心卫生院创建于 1950 年，时称盐兴卫生所，1968 年更名为禄丰县黑井医院，1978 年至今为禄丰县中心卫生院，是全县三所中心卫生院之一，占地面积为 3722 平方米，建筑面积 5042 平方米，2004～2006 年卫生院新建了住院大楼及门诊大楼，现有职工 34 人，其中主治医师 1 人，主管医师 1 人，主管药师 1 人，医护人员共计 22 人。该院辐射周边 5 个乡镇约 6 万人口。1970 年创建了精神病科，"设门诊部（含西医门诊、中医门诊、精神病科门诊、儿科门诊、妇科门诊和口腔科门诊）"，住院部有病床 50 张，分为"高干病房和普通病房"，[①] 主要针对内科、外科、儿科、妇产科的常见病进行常规治疗，功能科室还有放射科、检验科，以及心电图室和 B 超室。同时，目前还存在有个体诊所两个，医疗服务人口 4 人。

公立村级卫生机构与全国其他地区一样，因为同样的原因，改革开放以后县乡卫生机构的资金来源中财政拨款所占的份额逐渐下降，这些村级机构的运行越来越多地依赖于收费。农业集体生产组织解体之后，保留村

---

① 资料来源：《黑井中心卫生院简介》，黑井中心卫生院，2007 年 5 月 20 日。

图 11 - 5 黑井中心卫生院

级卫生室所需要的资金来源成了问题。卫生室服务的人群规模不大，服务收费所得几乎不足以维持其正常运行。但是，自 2002 年中央决定建立新型农村合作医疗制度以来，黑井村所属云南省楚雄州禄丰县作为国家试点县，进行了新型农村合作医疗制度的试点工作，建立和完善新型农村合作医疗制度和农村医疗救助制度，目前已经成功运行进入第五年，极大地改善了当地医疗卫生方面的服务状况。

目前，在黑井村的乡村两级医疗机构并存的情况下，同时基于：①乡村两级医疗机构在发挥原有三级医疗预防保健网基础作用的前提下，应不

图 11 - 6 黑井中心卫生院门诊

断从所有制、机构设置、任务功能等方面加强和完善，使乡镇卫生院能更好地监督和指导村级医疗机构，满足农民对基本医疗卫生服务的需求等的要求。②黑井中心卫生院作为全科型，其医疗服务具有一定的规模和水平，是该区域内科室与功能齐全的医疗中心。③大部分地区农民自我保健意识增强、交通条件相对便利。④在黑井镇街道还存在有两个个体诊所的状况，所以黑井村没有实行一村一室的医疗卫生机构布局，并撤销了街区的卫生所，其医务人员安排到较远的卫生室工作。不过，中心卫生院的外设门诊部也同时撤销了。结果，本次研究中发现大量一线或称为社区的门诊病人和工作就集中在私人诊所。

但是，由于市场经济使利益主体显性化，经济的激励作用日益明显。卫生医疗机构在市场经济规则下运作，一方面要适应市场，另一方面要考虑到基层卫生的公共产品问题和农民的卫生服务可及性问题。在乡卫生院公办、村卫生所私办的前提下，乡与村是两个独立的经济利益主体。但由于其收入直接与医疗服务供给和药品销售挂钩，就不再胜任一些具有社会目标的职能。原因在于：他们对利润的追求，既与群体预防和健康教育一类的公共保健活动目标不相容，又与村民对低价高效医疗技术的需求相冲突。必须有一

图 11 –7　设在集市上门庭若市的私人诊所

个有效的制约机制要实现乡对村的监督与指导，同时辅以动力机制。实行乡对村的监督指导，符合我国地域辽阔、卫生行政部门不能全方位监测的实际情况，符合成本效益分析。乡对村的监督指导以有利于农民就医、保证农民的身心健康为原则，以提高村医的服务质量为宗旨，以建立规范有序的农村医疗服务市场为目的。

因此，建议乡镇中心卫生院应该尽量发挥技术力量优势，升入社区为群众服务。例如黑井个体医疗人员与公立医疗人员的比例接近1：10，把社区门诊完全放在个体医疗诊所不仅增加了私立医疗机构的负担，进一步讲，这些个体医生虽然或多或少地都参加过一些培训，但毕竟由于缺少长期专门训练，特别是就业后的继续教育，而难以满足日益复杂多样的基本医疗保健需求。不利于群众得到高质量的医疗救治。把乡镇卫生院也作为一个同等医疗机构来看，收缩自身服务范围也使其失去了大量的患者，影响医院收入。

另外，在黑井村所属部分自然村没有卫生室或个体医疗人员，但是村级公立卫生室如同村庄小学一样，是农村人口获得基本社会服务的一个组织保证，因而有必要保证村级公立卫生室像村庄小学一样有稳定的设置和支持。

图 11-8 公立医院医务人员一览表

四　新型农村合作医疗

合作医疗是由我国农民自己创造的互助共济的医疗保障制度，在保障农民获得基本卫生服务、缓解农民因病致贫和因病返贫方面发挥了重要的作用。它为世界各国，特别是发展中国家所普遍存在的问题提供了一个范本，不仅在国内受到农民群众的欢迎，而且在国际上得到好评。在 1974 年 5 月的第 27 届世界卫生大会上，第三世界国家普遍表示热情关注和极大兴趣。联合国妇女儿童基金会在 1980～1981 年年报中指出，中国的"赤脚医生"制度在落后的农村地区提供了初级护理，为不发达国家提高医疗卫生水平提供了样本。世界银行和世界卫生组织把我国农村的合作医疗称为"发展中国家解决卫生经费的唯一典范"。合作医疗在将近 50 年的发展历程中，先后经历了 20 世纪 40 年代的萌芽阶段、50 年代的初创阶段、60～70 年代的发展与鼎盛阶段、80 年代的解体阶段和 90 年代以来的恢复和发展阶段。

黑井村所在黑井镇是 2003 年云南省作为国务院确定为全国新型农村合作医疗试点省在当年启动的 20 个试点县之一。

图 11－9　部分新型合作医疗的规章制度

面对传统合作医疗中遇到的问题，大量的理论研究和实践经验也已表明，在农村建立新型合作医疗制度势在必行。2002 年 10 月，《中共中央、国务院关于进一步加强农村卫生工作的决定》明确指出：要"逐步建立以大病统筹为主的新型农村合作医疗制度"，"到 2010 年，新型农村合作医疗制度要基本覆盖农村居民"，"从 2003 年起，中央财政对中西部地区除市区以外的参加新型合作医疗的农民每年按人均 10 元安排合作医疗补助资金，地方财政对参加新型合作医疗的农民补助每年不低于人均 10 元"，"农民为参加合作医疗、抵御疾病风险而履行缴费义务不能视为增加农民负担"。

黑井 2003 年参合率为 49.07%，至 2006 年参合率已经上升到 67.09%。近年来，新农合试点工作取得不少成果和经验，有力地推动新型农村合作医疗试点工作深入开展。2007 年初，国务院在西安召开全国新型农村合作医疗工作会议，云南省在大会上作经验交流，宣威市、寻甸县、禄丰县获通报表彰。不过本次研究看到，作为合作医疗中的重要部分——定点医疗和逐级转诊制度在黑井出现了一些特殊情况。由于地理和交通建设的情况，黑井村不仅通公路，还通铁路。每天有两班列车经过黑井，可以乘坐直达省会昆明。

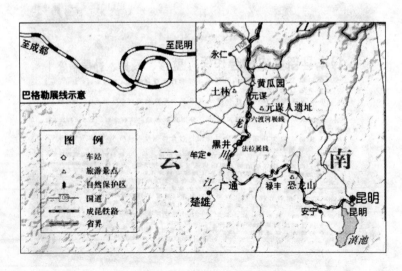

图 11-10 成昆铁路云南段沿线示意图

资料来源：截选自《中国国家地理》2007 年第 1 期。

另外通过公路，黑井到楚雄州首府花费的时间比到禄丰县的时间要少很多，所以群众在选择就医，特别是病情比较紧急的时候，看病就诊有时不是优先选择合作医疗。所以，对于黑井地理位置特殊的地区，为新型农村合作医疗的更加因地制宜和人性化提出了新的要求。

五　医疗卫生服务面临的新挑战

本次研究中通过分层随机抽样调查了黑井 114 户居民，当问到"如果家里人病重住院，您觉得在哪方面最不方便"时，虽然还是集中在"医疗费用贵"——这一世界性的、一直困扰各国医疗卫生服务的问题，但是仔细分析发现对于坝区、半山区和山区来说，对医疗卫生服务的需求和要求存在差别，并且具有统计学意义（$P = 0.000$）。除去"医疗费用贵"这一共有的问题，对于半山区、山区家庭，主要问题是距离医疗点远。而对于交通方便、医院就在身边的坝区居民，对于医生的服务态度提出了更高的要求，认为"如果家里人病重住院，您觉得在哪方面最不方便"，回答的是"医生服务态度不好。"

虽然医疗服务可及性和发展的不平衡使得不同地区的人群对于医疗的要求不同，但是良好的服务态度、精湛的服务质量、医务人员良好的职业形象、合理的收费是减少医患矛盾，提高患者满意度的关键。吴阶平教授指出："高尚的医德、精湛的医术和服务艺术，是一个好医生缺一不可的三项素质，这是提高医疗质量时刻不忘的大事。"虽然我们不能立刻解决医疗卫生服务中的所有问题，但是相对于其他问题而言，转变服务理念，改善服务态度；加强学习与管理，提高服务质量，培养自身素质，提高职业形象，转变过去那种"医生高高在上"的观念，树立"患者第一"，一切以患者为中心的思想，不失为现阶段比较容易开展的措施。古人云：医者仁者心。无论对于医生还是医疗事业，希望"悬壶济世"，"杏林春暖"是使命，也是不变的追求。虽然黑井对医疗服务的要求已经提出了新的挑战，相信有压力才有动力，在这样一个拥有历史积淀又有容纳新事物的奇异之地，医疗服务人员一定能内强素质，外树形象，为本地区医疗技术的发展而奋斗。

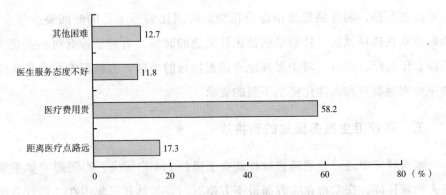

图 11 - 11　黑井村居民对"如果家里人病重住院，
您觉得在哪方面最不方便"的看法

表 11 - 1　不同居住地人群调查结果

如果家里人病重住院,您觉得在哪方面最不方便(单选)	坝区半山区和山区分类				合　计	
	坝　区		半山区		例数	百分比(%)
	例数	百分比(%)	例数	百分比(%)		
A 距离医疗点路远	4	6.3	15	32.6	19	17.3
B 医疗费贵	38	59.4	26	56.5	64	58.2
C 医生服务态度不好	11	17.2	2	4.3	13	11.8
D 其他困难	11	17.2	3	6.5	14	12.7
合　计	64	100.0	46	100.0	110	100.0

第二节　人口和计划生育服务工作

人口和计划生育工作开展基本情况

人口与发展一直是人类社会广泛关注的重大问题。走人口与经济、社会、资源、环境相互协调的可持续发展道路，正成为世界各国的共同选择。中国是世界上人口最多的发展中国家。于 2005 年底开展全国 1% 人口抽样调查工作，2005 年 11 月 1 日零时，全国的总人口为 130628 万人，与 2000 年 11 月 1 日零时第五次全国人口普查的总人口 126583 万人相比，增加了 4045

万人，增长 3.2%；年平均增加 809 万人，年平均增长 0.63%。根据调查数据推算，2005 年年末总人口为 130756 万人。[①]

根据本次调查中，村委会提供的该村人口资料如下——黑井村委会辖区内，居住着州、县、镇所属国家机关、企事业单位 19 个，有自然村 9 个，农业村民小组 11 个，有汉、彝、回等民族。截至 2007 年 3 月 4 日，有 639 户（农业户 471 户），2291 人（非农业人口 441 人）。在总人口中，男性 1090 人，女性 1201 人，但是出生人口性别比本次研究没有获得详细的数据。

自 20 世纪 70 年代以来特别是改革开放以来，中国确立了控制人口增长、提高人口素质的人口政策，全面推行计划生育基本国策，将计划生育与发展经济、消除贫困、保护生态环境、合理利用资源、普及文化教育、发展卫生事业、完善社会保障、提高妇女地位等紧密结合起来。经过近 30 年的努力，中国成功地探索了一条具有本国特色的综合治理人口问题的道路，逐步形成了适应市场经济要求的人口调控体系和计划生育工作管理体制。这一点在我国西南部省份的一个普通农村——黑井村，体现得非常清晰。

黑井村各级计划生育管理系统非常完善，并且充分利用乡村人力资源。整个村的计划生育工作由村妇女主任统一管理，下辖的 4 个街区及 11 个自然村均由村民兼职计生宣传员。虽然黑井村地形包括了河谷坝区、半山区和山区等多种类型，且人口结构相对复杂，但是在这样一个结构清晰、分布严密网络的辐射下，计划生育工作的上报和下达十分通畅，妇女主任对各地的情况也能做到及时掌握。

加强基层基础工作，积极创造条件，把人口与计划生育工作纳入社区基层组织管理体制和综合服务体系，特别是中西部农村的计划生育工作，实现不同地区工作的均衡发展，是我国计划生育工作的一条非常重要经验。这一点在黑井村，同样得到了有效的应用。例如，从对村民的访谈中了解到，即

---

① 《2005 年全国 1% 人口抽样调查主要数据公报》，中华人民共和国国家统计局，http://www.stats.gov.cn/tjgb/rkpcgb/qgrkpcgb/t20060316_402310923.htm，2006 年 3 月 16 日。

使是在距离黑井村委会比较远、医疗机构服务难以辐射到的自然村，产妇在分娩后的也能在第一时间得到计划生育宣传员的探访，及时得到生殖健康、预防保健方面的知识。

另一方面，本次对黑井村的调研中，采用分层随机抽样的方法对黑井村全村委会 669 户村民中的 114 户进行了入户面访调查，从社会经济发展的多个方面对黑井村及村民的情况进行深入了解，内容包括经济生产、日常生活、医疗卫生、社会发展、生态环境、文化娱乐等。在村民对村委会主要管理工作了解程度的调查中，不论是居住在坝区、半山区还是山区的村民，在"催交税费"、"管计划生育"、"管种植和收缴草烟"、"核查和发放低保款"、"栽秧时管水"、"管调解纠纷"，以及其他事情中，印象最深的都是计划生育工作，计划生育工作确实是做到了深入人心。

另外，计划生育工作使社会对人口问题的认识不断深化。在黑井村，不论在坝区还是在山区，不论男性还是女性，人们对人口问题基本已形成了一些共识，人们的婚育、养老观念也发生了深刻变化。早婚早育、多子多福和重男轻女等观念逐渐被晚婚晚育、少生优生、生男生女都一样等科学、文明、进步的观念所取代，越来越多的人自觉实行计划生育。但是，本次研究也发现，对于生活在半山区、山区的居民，由于生产力、生产条件和环境的限制，对于生男生女的认识与坝区存在区别，虽然他们同坝区居民之间的差异没有统计学意义（$P = 0.079$），但是还是可以发现对于劳动力的需求使他们对男孩的希望更大一些。因此，人口和计划生育工作的开展需要整个社会的发展和支持。

表 11 - 2　对于生育的性别偏好的调查结果（按居住区）

如果政策只准生一个孩子，您希望是	坝区半山区和山区分类				合　计	
	坝　区		半山区		例数	百分比（%）
	例数	百分比（%）	例数	百分比（%）		
A 男孩	1	1.5	5	10.6	6	5.3
B 女孩	4	6.0	4	8.5	8	7.0
C 无所谓	62	92.5	38	80.9	100	97.7
合　计	67	100.0	47	100.0	114	100.0

表 11 - 3　对于生育的性别偏好的调查结果（按性别）

如果政策只准生一个孩子，您希望是	性　别				合　计	
	男		女		例数	百分比（%）
	例数	百分比（%）	例数	百分比（%）		
A 男孩	3	4.5	3	6.3	6	5.3
B 女孩	4	6.1	4	8.3	8	7.0
C 无所谓	59	89.4	41	85.4	100	87.7
合　计	66	100.0	47	100.0	114	100.0

第三节　老盐产区的居民膳食结构和公共卫生

一　膳食结构和营养摄入情况

食品的合理组合是营养角度正常饮食的基本要求。人们的一日三餐，很少饮食单一组分的食品，无论从质和量的角度怎样去考虑，食品实际上是一种摄食上有先后次序差别的组合品，也可以认为是一种广义上的组合膳食。一些公认的基本营养原则包括以下几方面。

①每日进食全麦粉制品；

②少吃糖和精细糕点；

③脂肪摄入量要适当；

④植物性脂肪要多于动物性脂肪；

⑤每日进食适量的蛋白质；

⑥动物性蛋白质要多于植物性蛋白质；

⑦每日食用新鲜蔬菜和水果；

⑧变换食品花色品种；

⑨选择最能避免营养成分损失的烹调方法；

⑩限制嗜好品的消费，不滥用药物，等。[1]

---

[1] 《食品的优化组合》，中国营养网，http://www.chinayingyang.cn/，2007 年 12 月 5 日。

本次研究中，虽然无法参照中国疾病预防控制中心等国家级权威机构开展的类似中国营养调查等，系统、准确、定量的研究方式，对黑井村居民的膳食情况进行一个全方位的调查，但是从初步的入户访谈和对黑井村的现场考察，有以下发现。

　　在本次调查中，依然存在部分家庭不能每个星期保证食用肉制品，山区和半山区更为突出。同时，在对位于黑井村的镇中心小学校长的访谈中，该校校长也谈到作为该地区条件比较好的小学，可以保证寄宿学生"每周吃两次肉"。同以往的研究类似，只有改善农村孩子的膳食状况，才能真正提高我国儿童及青少年的整体营养状况和生长发育水平。在 2005 年，由中国学生营养与健康促进会、中国关心下一代工作委员会等单位联合举办的中国学生营养日营养与健康高层论坛上，中国疾病预防控制中心营养与食品安全所翟凤英研究员公布了一项有关我国学生营养状况的调查结果显示，1991 年城市和农村孩子猪肉消费量无明显差别，到 2000 年城市已是农村的近 2.7 倍。①

　　黑井地处河谷地带，山多地少。历史上以制盐为主要产业，农业以传统的副业为主，近年来开始种植经济类作物，例如小枣、石榴等。在本次调查中，当问及"您家里经常有新鲜蔬菜吃吗"还是有部分居民不能保证新鲜蔬菜食用，在山区和半山区甚至占到 1/4。但是，在日常的膳食制作中主要是以水果和蔬菜来提供所需要的各种维生素，维生素对维持人体的正常功能具有非常关键的作用。维生素的缺乏将导致人体抵抗力下降，易患多种疾病。

　　虽然黑井村的膳食结构和食品摄入并不十分理想，但是在这样的一个地区同时可以看到价格不菲的营养保健品在销售，在走访当地住户时也比较容易发现这类保健品摄入并不是偶尔的情况。但是人类的食物是多种多样的，而且各种食物所含的营养成分也不完全相同。除母乳外，任何一种天然食物都不能提供人体所需的全部营养素。平衡膳食必须由多种食物组成，才能满足人体各种营养需要，达到合理营养、促进健康的目的，因而要提倡人们广

---

① 《城市多油农村少奶学生膳食结构城乡差距加大》，中华人民共和国农业部农业信息网，http：//www.agri.gov.cn/ztzl/spaq/yyzs/t20050629_ 404154.htm，2005 年 6 月 29 日。

泛食用多种食物，正常人体应该从食物中摄取所需营养素才是最科学、经济、实惠的饮食方式。

图 11－12 位于村头的营养保健品销售点

二 盐产区的盐饮食文化

黑井村在历史上就以产盐而著名，并且盐中氯化合物的含量较高。而当地特色菜主要辅料就是这类盐制作的各类。但是世界研究公认，吃清淡膳食有利于健康，即不要太油腻，不要太咸。目前，城市居民油脂的摄入量越来越高。我国居民食盐摄入量过多，平均值是世界卫生组织建议值的两倍以上。流行病学调查表明，钠的摄入量与高血压发病呈正相关关系，因而食盐不宜过多。世界卫生组织建议每人每日食盐用量不超过 6 克为宜。[1] 膳食钠的来源除食盐外还包括酱油、咸菜、味精等高钠食品，及含钠的加工食品等。由于本次研究的条件限制，未能就对居民的盐摄入情况及与之相关的健

---

[1] 《中国居民膳食指南》，http：//www. cnsoc. org/asp-bin/GB/？ page = 8&class = 49&id = 159，2007年 12 月 5 日。

康问题进行定量的研究，仅仅只是在访谈当地医疗卫生服务和管理人员中，暂时未发现居民因摄入当地所产食盐而引发的严重健康问题。

图 11－13　黑井盐旅游产品　　　　　图 11－14　黑井的土特产

三　日常生活用水及饮用水供给

黑井村虽然与同名的镇政府和集市街区合处一地，但是当地尚没有自来水厂供应自来水。坝区、半山区和山区都以山泉水为主要饮用水来源，另外还有部分依靠井水和蓄水池的水，在部分街区的旅社还有桶装饮用水供饮用，属于分散式给水。当地居民饮水基本都是烧开后食用，这是一个很好的卫生习惯。但是在这样没有城市化、工业化、人口激增等使区域的水源问题凸显，现代化的双刃剑依然威胁到饮用水的卫生。例如，当地虽然引入了桶装饮用水，但是人们对"桶装水"及桶装水卫生的认识并不是随之一起引入的。在桶装饮用水的存放中，时常暴露于阳光的直射范围内；更有甚者，认为"桶装水"就是把自家水管里的水直接装入相同样子的"桶装水"的塑料水桶里，即"装在桶里的水"。即使是按照规范的操作，据报道，我国桶装饮用水出厂时细菌总数、大肠菌群超标率时常出现，用户桶装饮用水机常温出水的大肠菌群的超标率高到20%～50%，并显示随每桶水使用时间的延长而增加。[①] 那么，这样自制的"桶装饮用水"卫生问题不得不让人担心。

四　室内外空气卫生状况

黑井村周围没有大型工矿企业，目前制盐也不是其主要产业。唯一一家规模较大的制盐厂也于近期关闭，零星分布一些制盐作坊作为生产旅游商品用途。燃烧产物（combustion products）主要是来源于生活燃料，包括灌木、树或其他杂草还有从外地买来的煤。不过本次研究中发现，随着经济的发展，特别是清洁能源和可循环能源的推广，生活燃料来源有包括沼气和电在内。目前，使用电作为居民"烧火煮饭"的能源已经占全部被调查对象的2/3。这不仅节约了一些不可再生的资源，对于居民室内空气污染也起到了很好的控制作用，对于居民呼吸道健康的促进和疾病的控制非常有利。

五　改厕及爱国卫生运动情况

农村改厕一直是爱国卫生运动的一种重点。改厕对提高粪便寄生虫卵的沉降率，降低苍蝇密度，减轻土壤受粪便的污染，减轻生活饮用水水源受粪便污染有明显的效果，提高卫生厕所的覆盖率在改善农村环境卫生质量中起着重要作用。旱式厕所改三类水冲厕所，以及改善社区旱式厕所内外卫生环境，提高旱式厕所管理水平，是改善公共卫生等一种重要内容，也一直是农村公共环境卫生等弱点。对于黑井村，由于旅游业的发展，在这个方面取得了明显的改善。从居民住户方面，不论是坝区还是半山区和山区，都开始推广新式厕所。同时，在坝区由于旅游业的发展，在面积不大的范围内，设置了两个公共厕所并有专人管理和维护，部分家庭因此不必再设置自家厕所。厕所内外环境保持洁净，防蚊蝇设施基本齐全，并能够按要求及时进行药物消杀。不仅解决了外来游客的如厕问题，而且方便了当地居民的使用，更有利于粪便集中管理。

---

① 杨克敌主编《环境卫生学》，人民卫生出版社，2003。

第四节 黑井的艾滋病预防控制

艾滋病对人类健康和社会发展构成了巨大危险，是一个全球性的公共卫生问题和社会问题。"中国已经成为世界上艾滋病病毒侵袭最严重的国家之一！艾滋病的流行将成为国家性灾难！中国艾滋病预防和控制已经到了一个生死存亡的关键时刻！艾滋病防治工作已成为与中华明祖兴亡休戚相关的政治使命"这是我国著名科学家曾毅、钟南山等 22 位两院院士联名向全社会发出的呼吁。面对艾滋危机，吴仪副总理曾说："如果抓住这个关键时期，采取有效措施，切实加强防治工作，我们完全可以遏制艾滋病的传播和流行；如果防治不利或任其发展，失去这个稍纵即逝的时机，后果将十分严重。"①

一 艾滋病预防控制工作开展情况

黑井村所在乡镇，于 2005 年被列入禄丰县防治艾滋病项目扩展点工程的乡镇之一，也是美国福特基金会资助的预防性病宣传项目点。在过去两年多的时间中，黑井村在预防和控制艾滋病做了很多工作，从保存的痕迹资料中，干预内容主要包括以下几方面。

（1）组织宣传教育工作——对党政领导干部的培训，培训率达 100%，合格率 98%；对村委会和村民小组进行《中华人民共和国艾滋病防治条例》和《中国遏制与防治艾滋病五年行动计划（2006~2010 年）》等相关条例和政策的宣传和学习，覆盖率达 100%；对居民和流动人口进行预防艾滋病知识教育，覆盖了辖区 80% 的家庭；利用镇广播电台播放艾滋病相关知识，平均每年 12 期；另外在国际禁毒日、世界艾滋病日、国际献血日等时间，开展艾滋病宣传教育活动，累计发放两万余份，并在村委会所在地书写艾滋病永久性宣传标语；同时还动员妇联、共青团、工会、学校等一起开展预防控制艾滋宣传教育工作。

---

① 张开宁主编《应对艾滋危机的公共管理与公共服务》，中国人口出版社，2005。

图 11-15　防治艾滋病项目办公室

　　（2）行为干预——100%的旅游业和娱乐服务场所摆放安全套或设置安全套发售机构，开展安全套推广使用；落实业主负责制，主要是辖区内所有娱乐服务场所高危人群防治艾滋病知识知晓率达90%以上，业主达100%。

　　（3）净化社会环境及情况干预措施——加强毒品预防教育工作，积极做好"无毒社区"的创建工作等。

　　通过以上努力，据2006年当地的艾滋病项目年终工作报告称：大众艾滋病防治知识知晓率镇居民达90%，农村居民达80%。目前当地人认为影响艾滋病防治的主要问题有：①地理因素的制约，边远山区的一部分群众仍未及时得到宣传教育；②文化和教育程度的制约，使得宣传教育活动与预期的效果有一定差距；③人力资源的限制，使得工作开展受到限制；④缺乏更加丰富的防治艾滋病知识。虽然有国际项目的导入，但是当地医务人员仍然感到所接受的知识太过表浅，不能满足实际工作中的需要。

二　艾滋病预防控制干预效果初探

　　在本次研究开展时，为期两年的美国福特基金会资助的预防性病宣传项

图 11 - 16　各类防治艾滋病资料

目已经结束，地区预防和控制艾滋病的工作也进行了两年多。因此，本次研究使用由中国疾病预防控制中心、全国性病麻风病预防控制中心、云南省性病艾滋病防治领导小组办公室、云南省疾病预防控制中心等、与性病艾滋病干预和督导评估方面有关的权威部门专家编写和审定的《性病艾滋病综合干预督导评估手册》[①] 中的指标，对黑井村艾滋病干预项目结束后的情况进行初步调查。调查对象为 30～60 岁之间的当地居民，男性和女性的人数比例接近 1∶1。研究结果提示，不论是坝区还是半山区和山区，都有接近 1/3 的人没有听说过艾滋病。在听说过艾滋病的人群中，对于"哪些情况可以减少艾滋病传播的危险"，全部回答正确的不足 10%；其中，男性和女性之间差别非常小，不具有统计学意义；坝区正确率比半山区和山区稍好一些，但是情况也不容乐观，他们之间的差异没有统计学意义。另外，家庭中是否有成员外出打工，以及家庭成员的最高学历，对于艾滋病预防知识的影响也没有统计学意义。就减少艾滋病传播的具体知识和认知情况来分析，有接近一半的人错误地认为锻炼身体可以预防艾滋病；同时，在坝区有 1/5、在半山区

---

① 程峰、杨凭、李建华主编《性病艾滋病综合干预督导评估手册》，上海第二军医大学出版社，2002。

和山区有近1/3的人依然错误地认为多吃保健品是可以预防艾滋病。对于预防艾滋病的正确途径，不论是坝区还是半山区和山区，都有超过2/3的人知道"夫妻忠诚"是非常重要的；但是，只有一半的人知道"坚持使用安全套"是可以预防艾滋病的。

以上调查结果提示，预防艾滋病的工作还任重道远，预防与控制艾滋病是一项刻不容缓而又需要长期努力的艰巨任务。虽然当地预防艾滋病工作者感到已有的资料似乎过于简单，不能满足自己进一步学习和日常工作的需求，但是要把这些经过层层挑选的、多次验证非常有效的措施落到实处，为人民群众所接受并发挥作用，却是很不容易的，以上调查结果就是一个很好的例子。另外，虽然在国际上一些专家认为在防治艾滋病的过程中——"传统≠保护"，但是在黑井我们发现，在防制艾滋病的过程中，应该重视一些传统文化习俗所具有的强大影响力，并把一些传统文化习俗中积极的方面很好地融入现代的预防理念中。例如，黑井由于过去盐业的兴盛时，妇女因为贩盐的收入而取得了经济上的部分独立，并有"婆娘盐"一个特殊的名词，因此在两性公平性方面发展要好于其他地区。这个良好的历史积淀可以很好地支持防治艾滋病策略中"男性应该负有更多的责任"，也许这就是在调查中女性对艾滋病的认识并不弱于男性的一个原因。

三　多样环境下的健康未来

在奔流不息的龙川江畔的黑井，又进入了另一个发展的千年。众所周知，环境（包括一定历史时期下的自然、社会环境）是人类生存发展的物质基础，也是与人类健康密切相关的重要条件，人类生命始终处于环境的影响之下。在当今的新世纪中，不同观念、文化、经济发展形式盘根错节地交织在一起，长期流行于全世界的发展口号——"向大自然宣战"、"征服大自然"已经被《寂静的春天》①所揭穿，但是在很多地方四十余年后书中所提许多的情形不仅没有改善，反而变本加厉。人类为了生存发展、提高生活质

① 〔美〕蕾切尔·卡森：《寂静的春天》，吕瑞兰、李长生译，上海译文出版社，2008，第一版，是现代环境保护运动肇始之作。该书初版于1962年为人类用现代科技手段破坏自己的生存环境发出了第一声警报。

量、维护和促进健康，在开发中经常超过所处环境所能承受的限度，而导致人类健康近期和远期的危害。

黑井沉淀了千年的历史，自古以来就有不同力量经常在这里交汇，但是面对现代高科技，它久经沧桑的自然地理及人文环境对健康的保护是十分脆弱的，经不起不同力量一遍遍地反复博弈，对健康的决定没有预演。所幸的是，从上述对黑井村医疗服务、环境卫生与公共健康服务各方面描述和分析，我们可以看到，黑井健康总体是处在一个十字路口上并正面向有利的、可持续发展的一边。但是明天的黑井村、黑井的居民健康会步入一个怎样的"春天"呢，这不是一个单独学科，例如，医学可以回答的问题，我们应该从对自身长远的关怀、结合当地特有的环境条件，从多学科来思考这个问题。

第十二章　方法论及其他：
黑井的他述和自述

作为本书的最末一章，还有些什么调研所得应该记下？黑井村和镇的主要方面已经在我们笔下一一归类，作了介绍和探讨。但细想起来还有些调查所获，由于我们的行文特点或逻辑分类上难免暗含的刚性限制，没能进入到前面各章节中。例如我们多次调研中拍摄下的近千幅黑井图片，限于篇幅，各章节叙述中只选用了很少数量，并且多为风景、场景，另一部分生动的人物和实物图片则被割爱。又如黑井人亲口述说的村庄事件许多细节，也因同样的缘由没能进入我们的转述中。

图 12-1　村镇干部到"脏乱差"的家庭核实低保申请，但图中可见，
有电视机的家庭不能享受低保的规定实际上已经被变通

图 12-2　赶街后将要背筐返家的山区农民

本章试图做一点拾遗补缺，潜藏的制约却也要同时接受，或者说是有趣地绕回去了——若没有一定的叙述逻辑，资料罗列将会是无止境的，并且不一定能使叙述更完整。所以我们来试试，借助一层稍微宽泛的哲学抽象即相互主体性（inter-subjectivity）视角，把作为调查者的我们自己同被调查的黑井同时摆上"台面"，这意味着既对我们课题的调研方法做简略回顾，同时也提示：无论就生动具体的特点而言，还是从尊重村庄的内发主体看问题，经过调研者筛选和概括后的"剩余"资料，都绝不是多余的。村庄自在而自为，而我们只是过客。我们所赋予村庄的"他述"，最终还依托于黑井人的自述。黑井发展的未来，从而既是我们的牵挂所在，又将超出我们的主观预想。

第一节　"多者"关系和我们的选择

一　同一对象多种描述

先看调查采访中的两段录音，它们出自基层干部的角度，叙述的表面一层，显得对黑井的旅游业开发现状和前景，具有较宏观和理性的把握；而其深入一层的意蕴，还能使我们管中窥豹，体会社区治理在村镇现状中的作用和过程。

戴 XX（约 40 岁，现任镇长，2007 年 7 月某日）：
黑井的旅游规划，市场定位主要是工薪阶层、学生、学者，有兴趣来研究历史文化、研究建筑和宗教的人士。广告要在昆明和攀枝花两个城市做，我们正在做的是一部形象片，广告是公司做，形象片是政府做。下一步还打算做英语、日语的宣传。外国人来主要是对古建筑和宗教文化感兴趣。

黑井旅游业从 2001 年正式开发，政府各级到今年先后投资了 1100 多万元，政府的钱有一部分是公司资助，大多数是向上级争取来，主要是从省里要来的，因为县里也困难。现在每年门票收入就只是 10 万（元），餐饮收入 10 多万（元），带来的财政增收并不大，但是带来的农民增收效果相当明显，像蔬菜、水果价格都翻了几倍。开发之前，全镇 2001 年人均纯收入是 898 元，到去年（2006 年）年底是 1912 元，翻了一倍还多。

至于村民的意见，通过村委会反映给我们的，有定期和不定期的。提意见比较集中、比较多的时候是开"两会"时，每年提出四五十件，有人大代表、政协委员，还包括我们邀请的一些特邀人员提的。挑选出现有条件能够解决的，每年大概能落实 30 来件。现在大家尝到了开发旅游业的好处，有些利益关系也敏感起来！有直接来找政府办公室反映的。比如拉客人的马车，几十辆马车又拥挤又不安全、不卫生，镇区居民就来反映要管一管。我们多方考虑，成立了马车协会进行管理。要彻底解决问题，也有人建议搞电瓶车，我们正在跟公司洽谈，准备第一步购进 5 辆，由政府补助愿意投资的人购车款 10%，逐步取缔马车。政府的钱就是直接给他（经营者）了。原来修复镇上房子，也是由政府统一设计，统一请来剑川（外县）工人，政府补助了 40% 的材料款给居民。

现在经营的这家公司考虑，因为黑井历史上是因盐而兴，所以还是要在旅游业中做盐文章，盐文化的文章，正在筹备做"死海"项目，征盐厂一块地，提取卤水后增加盐浓度，搞成盐湖，让游客洗盐浴、抹盐泥，盐水对人体皮肤也有好处，论证过的。最迟明年（2008 年）要动工，投资将近 1 千万元。我们（镇）同他们（公司）签了协议，进来后三年内必须投入达到 3 千万元。收取"大门票"的做法要在 2009 年终止，原来是为了引资，作为给企业的一个卖点才搞的。州里在 2008 年 4 月州五十大庆前要投入各种项目 1 千万元，带动公司也加快投资。"死海"项目现在全国有两家，四川自贡、山西运城，这家公司都去考察过，它们也是靠盐的资源做成的，相当火爆。黑井先就把盐文化历史名镇打出去了，但是现在游客来看了之后感觉娱乐、消费都不行，整个旅游设施还不行，包括星级宾馆。州里、省里现在有些会都放到黑井来开，我们跟公司商议在 2008 年要建宾馆。靠江边的空地要建吊脚楼，像大理的"洋人街"。

调查者注：这位镇长谈话中说到的黑井旅游短途运输，由马车改电瓶车，在两个月后我们再次调查时，发现已经落实到路上，补贴款则落实到了经营者手中。

李 XX（51 岁，镇干部，2007 年 5 月某日）：

我们黑井的旅游发展经过理工大学专家规划，是"一平、两片、三个组团"，包括新区、历史文化古镇风貌保护区、民俗文化旅游度假区。从今年（2007 年）五一大假来看旅游的情况，第一天游客 878 人，第二天 1579 人，3 号一天光自驾车来的游客就有 4 百来人。平时双休日来的人也多。黑井旅店的床位现在说是有 1300 个，据我估计加上隐形的有 1700 个，因为有的店主是"逢人只说三分话"。在黄金周期间，每天有黑井外面来卖菜的 10 多家（小企业），猪肉要卖掉 20 多头猪，有时上 30 头。

搞旅游最早是 1995 年上面布置搞历史文化名镇，州长、省文化厅长等都下来了，材料报上去以后 8 月份得到批准，云南定了第一批一共三个镇。从那时开始做基础工作，我们汇同下来搞社会调查的、搞摄影的人士一起，调查民居、庙宇的状况、产权，一条街一条街地跑。当时的武家大院，下面是酒厂做着烤酒，楼上堆着棺材板，养着猪，满院子娃娃闹，七零八落的。是做了工作才让居民一步一步退还出来的。有些私人栽的树，是给了钱才退出的。

从 20 世纪 90 年代至今，全国和云南省发展模式方面的大趋势，推动着各地有形无形资源的大开发（其中也可能包含某些地方的过快开发）。就是在这种大趋势下，主要由旅游公司和政府机构"合谋"，使得黑井这个传统农业和文化旅游业并存的山村小镇，在近十年里逐渐地有了广告式名声，其边疆省份河谷山区少见的盐业文化史遗迹，以及当下的人文风情，引来了大量的记者、作家、画家、摄影家、会议型旅游者和其他休闲游客。我们自己在国庆节前夕的一次调研，亲身体会了小镇的市场行情怎样准时变化——旅店小老板们神情泰然地告诉我们，待几日之后的"旺季"到来，所有的房价就将连翻几倍。

这些对于山村小镇的"开放"和"发展"，大体是好事。

由此联系到另外的一点，外来者的观感和本乡本土的"本来面貌"，有可能是相互穿插而相互影响着的。早在我们调研之前，介绍和渲染黑井风物的影碟、图册、历史文化资料出版物和网站介绍已经推出了不少，到2007年末，仅在百度网络引擎中作"云南黑井"的简单搜索，就能找到8万多相关条目。这些既能够给我们的调研提供背景资料，同时也向我们暗示：学术性的考察需要在其中找到自身的定位。

说实话，我们感觉到因"学术性"而带来的某些描述上的不便。这是指，若参照全国性的"三农"研究水准，鞭辟入里地说清楚黑井这一村庄个案，有的分析判断便不一定是给村庄和村干部"说好话"，以至"打广告"。而按照总课题先前的一些范本，让"百村调查"的每一个点是"实名制"的，似乎有的分析不便于进行，不像人类学、社会学过去一些范例，如我国老一辈学者的《禄村农田》、《易村手工业》和《玉村农业和商业》等所体现的那样以虚带实，实在学术。我们若做得不好，有可能停留于表层描述，过多依赖村镇机构的统计报表和工作总结式材料，结果既影响第一手实证资料的使用，也影响理论参照的深度。在这个具体的方法问题上，最终我们只能采取折中，对黑井（村、镇），考虑其历史和现状的特殊性，保留实名叙写；而对其中涉及的人物细节则作虚化处理。

另外，考虑村庄调查的需要和我们团队参与者的实际学科构成，我们曾对不同学科理论背景和方法的应用作商议，力图大体把握如下的做法——

社会学：强调村庄社会结构及发展问题；

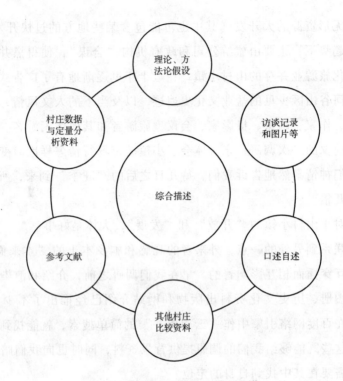

图 12 - 3　黑井村调研和撰写环节

人类学：偏重村庄描述、文化习俗解释；

经济学：体现到盐业、农业及旅游业的分析中；

政治学或管理学：侧重社区治理、旅游开发管理分析；

历史学：历史文献利用；

生态学和医学（公共卫生管理）：从专业角度切入；

哲学：关注调研中隐含的方法论问题。

涉及不同性质的调研资料与环节，我们商定了如图 12 - 3 所示的结构。

当然，无论怎样筹划都是为了最终相对准确地把握我们的村庄对象。在目的与成效之间，似有一种需要关注的抽象——村庄描述中客观存在着"多者"关系，即对黑井村这一对象的多种描述者及其特定视角，不止外来者的艺术、学术及其他形式描述是这样，给我们讲述本地情况的黑井人同样具有多样性。以一种常识来想，出自村、镇机构和干部的文件资料及口头讲述，在叙述层面和角度、语境依赖和特定事实的可靠性等方面，当然有异于出自普通村民的讲述（准确讲，应该是双方各有特定的真实性）。比如，再看下面的几段录音，它们针对黑井旅游开发中的一些细节问题，不乏牢骚、期待和好的点子。

> 黑井籍某老师：
>
> 我家的进士院，有一回省委书记来看了，叫我修一修，我一修用掉几千元钱，别人还以为书记会给我钱。我家门前的那个巷道，我提意见了，说搞旅游嘛，人来人往的，政府是不是修一修？结果答复下来说那只是我家的巷道。他们不听意见啊，像文化站在的那个茶室，我们进去也要收3元（或）5元，（何必呢）不如让我们老头子几个进去聊天，说说评书，或者就给游客讲讲黑井的历史多好！
>
> 黑井籍某画家：
>
> 黑井籍贯的人，心已经被整冷了！我们当初抱着满腔热情，组织了一百多人返乡来开会，可是意见也不听，后来会也没有了。大家就议论说我们老了，领导瞧不起我们了。当时那个镇长……不说了。
>
> 袁XX（60岁，民间文物收藏爱好者）：
>
> 我们黑井的文化资源是多的，但是单靠自己收集整理，得不到政府扶持。

有的群众，出乎我们预想，甚至直接抱怨村委会干部"吃粮不管事"，"只玩虚的"，"只知道收费"。细听下来，当然大多数都同个人或家庭在什么时候受到的委屈有关，同一些公私事务处理上的界线分寸，甚至同历史的旧账缠在一起。反过来，也有的干部不屑于某些意见反映，说："你们别听他的！老上访户了，为他家的事做过多少工作了。"调查走访中的这些见闻，我们知道在任何地方都难免。站在旁听者的角度，当然是希望当事的双方能更好地沟通。

承认和关注多者关系，上升到哲学概念，适于从相互主体性出发，超越孤立静止的求真实陷阱。在村庄调查中，相互主体性更重要还是指向外来调查者与村庄主体的相互关系。我们不够成功的一项调查，恰好可以说明这一点。在调查问卷中我们列入这样一项（见表 12-1）。

表 12 - 1　有关生活意义假设的一项调查

如果面临以下几种情况,什么最使您对自己现在的生活条件不满(单选一项)	频数	百分比	有效百分比	累计百分比
未回答	4	3.5	3.5	3.5
A 在看见电视里那些高楼大厦的时候	9	7.9	7.9	11.4
B 在看见城里人有钱来黑井玩的时候	5	4.4	4.4	15.8
C 在听出门的人回来讲新鲜事的时候	4	3.5	3.5	19.3
D 在家里遭遇天灾人祸的时候	23	20.2	20.2	39.5
E 没有,我从来不觉得对自己现在的生活条件不满	68	59.6	59.6	99.1
F(一人填答为其他)	1	0.9	0.9	100.0
合　　计	114	100.0	100.0	

　　问卷中的这一题,设计时没有预计到调研的难度。到现场一检验,我们团队里的调查者们纷纷诉苦:"问题设计得太深了,问也不好问,叫农民答也不好答。"事后从技巧上回想,这样的问题如果给较适合的人群作书面自填,效果会好一些;此外,许多直率的农民并不习惯以假设的方式想问题,这些都是使调查结果偏离预期的具体原因。不过从表 12 - 1 中看,尽管其中有的选项填答频数过低,不足以保证严格的统计意义结果,但大体的统计分布还是有参考价值的。例如对 D 项的选择表明,多于 20% 的黑井人认为自己只有"在家里遭遇天灾人祸的时候"才会"对自己现在的生活条件不满";而对 E 项的选择表明,接近 60% 的黑井人表示"从来不觉得对自己现在的生活条件不满"。这样的被设定了条件的"自述",似乎能显示黑井村民如寻常观念中那样,具有山村人总体上"老实本分"的特点。

　　我们原来的问卷设计,试图通过这种询问,突破平面化的调查,从一种侧面探究黑井人在"生活意义"方面的观念,假设"对自己现在的生活条件不满"是在某种意义上有利于发展诉求的;还假设如果"电视里那些高楼大厦"引发了太多的不满,那么"后现代"意味的消费主义有可能过分侵蚀了传统乡村。但是面对与研究假设相反的结果,我们又该作何理解呢?这就应该老老实实尊重相互主体性,回归看待客观对象的冷静态度。

二　生活世界的自在面貌：是什么和应该怎样

有一部由中共云南楚雄州委宣传部和深圳电视台等合拍的"大型人文风情片"，上下两集都赫赫然冠名为《看不透的黑井》，开篇一段旁白说的是："就在这石板路，房挨房，街对街，互相点长烟袋锅子的窄长巷，像一根粗线密密麻麻地缝着黑井那些门里门外欣喜忧愁的看不透、也摸不透的故事……"这种描述明显站在外来者的角度，稍稍夸张了这个山村古镇居民的"神秘"，但这种描述角度和感受是值得琢磨的。

参考德国哲学家、社会学家哈贝马斯的说法，"……如果能认识到个体的生活历史和主体间的生活方式共同构成了生活世界，并在其整体结构中占有一席之地，这就足够了。我们生活历史的视野及我们先天就置身其中的生活方式，构成了一种我们所熟悉的透明整体……"① 这里所谓"透明整体"，既强调了生活历史视野和生活方式的整体性，又描述了置身于其中的"我们"好比受到无形的、所谓习惯成自然的制约。"生活世界"，在哈贝马斯所凭借的现象学本义中也指人们的"前意识"意向，接近于人类学研究中时常涉及的不假思索的文化习俗和习惯。而对外来印象来说，"透明整体"就恰恰是"看不透、也摸不透的故事"，原因很简单——不能对话的话，是让双方听不懂的话；不经过反思的事物是难于理解的事物。因而，在共同拥有一个生活世界的意义上，黑井人的环境、行为、言语、观念，仿佛具有相当的自在特征，即浑然一体、闲适因循的外表。他们一代代人做什么、想什么、不满于什么和因循于什么，往往以自成一体的面貌既吸引而又困惑一切外来者。

如果理论显得抽象了，我们来看足够具象的黑井图片——

看黑井小街的门头，处处铭写着继续活跃的传统文化元素。如在新婚喜庆的场合，仍张贴着"守母孝三年已满"的门联。红白喜事同在的景象，活画出传统农业文化中的生活观和家庭家族观念（图 12 - 4）。一家人服丧的结束要昭告全村镇，又足见社区性的文化制约（图 12 - 5）。

---

① 〔德〕哈贝马斯：《后形而上学思想》，曹卫东、付德根译，译林出版社，2001，第 17 页。

图 12－4　婚礼现场一角

图 12－5　一家人的事经过昭告成为社区的事

我们在当地婚礼上看到的盛装歌舞队，来自"黑井左脚舞艺术团"，成员皆为彝族，而他们收费表演的服务对象，即新婚者却是汉族身份。这是不同民族文化并存与交流的生动实例。此外在乡镇节庆仪式的场合，也活跃着这支富有当地彝族传统、由彝族同胞自发组织的营业性团体。进而是这种民间舞蹈普及成了黑井和云南不少地区城镇居民的文体娱乐活动，还成为当地旅游业中自娱自乐的篝火晚会节目。据了解，黑井的这个民间艺术团组织有序，还得到了政府机构扶持（图 12 - 6）。

图 12 - 6　"左脚舞艺术团"团长

　　黑井人的民间信仰和宗教活动相互混杂，并且，与其说它们渗透得深，不如说是渗透得闲适自然，近乎成为日常生活的一部分。闲坐在街边的妇女折叠祭拜用的纸元宝是这样（见图 12 - 7）；中年男性——饭店小老板过自己生日时，请来年轻道士整天念诵道教经文，也是如此（见图 12 - 8）。

　　在黑井镇袁 XX 先生收藏的旧式门窗上，可以清晰地看到儒家文化意味十足的雕刻"义母慧兄友弟恭子，教夫妇有恩，男女有别，子弟有学，乡间有礼，贫穷患难亲戚相救……"（图 12 - 9）。①

---

　　①　原文见（明）范立本辑《明心宝鉴》。

图 12 – 7　街边叠纸元宝的妇女

图 12 – 8　生日念诵的道教《三官经》

　　类似的图片还有很多，但是再多也只代表碰巧被我们现场抓拍到的黑井人生活习俗的只鳞片爪。反过来说，它们的启示却可以是多方面的。其一，文化的核心是价值观，是对人类群体生活意义的生产和维系，乡村文化同样如此。这些图片莫不表明黑井人的日常也在涉及生活的意义？当地民间习俗信仰和佛教、道教、基督教、伊斯兰教等多种宗教的存在，为生老病死和婚丧嫁娶赋予了传统的、乡土文化的意义，只不过他们一般不使用"意义"之类的抽象词，也不习惯让思维停顿下来，反问一下"我们这样生活是为了什么"。其二，图片拍摄的过程和结果，是相互主体性的很好说明。这些图片既是黑井人生活的外在面貌，当然也暗含着我们摄影镜头

图 12 - 9 旧式门窗上的题刻

的选择。村庄的背景提示我们选择什么，我们的主观看到村庄的主角，这就包含了一种主客观反复转换的关系，一种无声的对话。

值得把哈贝马斯的那段话再完整地引述一下，"我们生活历史的视野及我们先天就置身其中的生活方式，构成了一种我们所熟悉的透明整体；但我们只是在反思之前对它熟悉，一旦进入反思，立刻便会觉得陌生。无论从哪个角度看，生活世界的这种整体性都既不言而喻又有待确证，同时也是一种陌生的存在，其中有许多值得重视的问题，如'人是什么'等。因此，生活世界是对我们再熟悉不过的整个世界的基础加以追问的自然源头。"哲学家所说的对"人是什么"之类的反思，正如反问一下"我们这样生活是为了什么"。从乡村抽象开来，每一群体的"我们"都处在生活方式的整体之中，都需要有适合于发展取向的自我认识，于是或多或少、或迟或早都要经历自我陌生化和旁观者化的心路里程（参看前文第六章对小农意识的描述）。在这种意义上，山村黑井的开放有了"哲学依据"，黑井人与一切外来者的相互主体性是值得总体肯定的。简而言之，在山村社区的内部、外部都需要交流，外来者的描述代表着对于村庄既有生活世界的扰动，有时也能构成它

的一种反思成分。黑井人的生活世界怎样与本乡本土之外的世界相沟通，怎样具备分化、反思和变动的动因？广义的外来者和信息，包括媒体宣传、学校教育、来自行政的政策性干预以及外来企业的开发策划，可能正是在这样的哲学意义上起到可以概括而言的一致作用。

第二节　山村小镇怎样述说自己

上面一段涉及了一些理论概念，类似于"反思"的概念有时显得晦涩，但并非从概念到概念——我们从亲身调查得到的启发是，反思并不神秘，任何村民，只要他（她）一开口讲述自己和村庄，就难免有旁观的、评论的、思前想后的立足点，这就化解了哲学家维特根斯坦的"不可说"文化之谜，这就已经在实践着普通常见的反思！此外，黑井人的自述还向我们提示：这个历史上的盐业产地和集散地、多种外来文化的汇聚点，同样饱尝了近代和当代中国经济、政治历程的酸甜苦辣，因而不奇怪，在黑井人内心早就储藏下了多种多样的讲述语境和角度，它们正是观念开放或称反思的基础。

我们由此想到，在这方面，近年来在学界受到一定重视的口述史方法，值得在黑井一试。限于篇幅考虑，以下节录几段这样的口述史式采访录音。

李 X（80 岁，退休小学教师，民间洞经音乐爱好者，书法家，2007年7月某日）：

我叫李 X，1938 年出生于云南省黑井古镇。父亲叫李 XX，是本地文化人士，黑井志上有他的名字。他从小精通古文、诗词、书法，第一次北伐时，曾跟随与朱德同学的朱培德（孙中山警卫营营长）。他回到地方后对振兴教育有贡献，当过盐兴县教育局长。1937 年本地第一次办中学，老父亲联合一些人成立了省立中学。现在一些七八十岁的老人都是他当年的学生。他当中学校长时题下"忠孝仁爱信义和平"八个大字，现在还在。传统思想，忠君爱国。红军长征过黑井的时候，连夜给大家分盐巴，还组织唱滇戏，天亮就走了，父亲当上了"农工理事会"

的会长。1949 年盐业不行了，老父亲代表黑井去找管盐业的张冲说情，张说："你们就是砍伐森林，不准煮盐了！停了！"父亲请求给大家煮一点，对地方的税收也有好处。只有父亲去说，张冲才批准了。回来到半路，被人买通土匪把父亲杀害了。盐厂给他立了纪念碑，还有牌坊，后来被农民撬掉了。

我从小在父亲教育下，从 3 岁起读《三字经》、《百家姓》、《千字文》、《幼学群林》。父亲去听洞经音乐，我也跟去。黑井的洞经音乐，值得发扬光大呢，是黑井历史和民族音乐的组成部分。现在就要失传了！6 年前，中央电视台的 10 台来拍照，让我们演奏洞经音乐，在深圳台播放过。有一年大年初一我们弹唱。州长亲自来听过，说你们黑井的洞经音乐好听嘛，能不能在州上给你们辟一间房子，给你们去演奏？我们说不行了，会的人老了，会乐器的人不够。年轻人也想学，可是他们要正经谋生活，没有时间。我们只是退休的人在一起互相学习，互相传承了。

（调查者问：能不能像云南丽江的做法，组织起来，作收费的演出，开发和维持？）

我们也去看过，丽江的人也来我们这里采访过，我们对他们讲：你们那里是东巴古乐，打着洞经音乐的招牌，不正宗。因为他们不弹那些经书啊！经书是有词的，像老子的道德经一样，道教的《报恩经》、《三官经》是有曲谱的，内容都是祈福延年、保平安，都是人民的一种宗教信仰，以前的人要中状元、要升官发财都要念的经。有时要到寺庙里去演奏。现在的人，求个平安，求娃娃考上大学，还有人死了超度一下，体现孝道，对社会的稳定有好处的。像飞来寺重建，几十万的钱啊，都是昆明的、还有全州各地的人捐钱。（寺庙）给群众有个娱乐的、走的地方，是个精神寄托。信的人，老年的多，中年人还是有。

黑井的宗教文化是三教都有，（早年有）五六十座寺庙。解放前（新中国成立前）基督教也进来了。三合营（回族村）还有个清真寺。过去的风气是夜不闭户，整晚都有馆子开着，吃的人出出进进。那时候黑井办的太平会热闹得很，省上的名人都来。还有正月十五（农历）的唱花灯、唱滇戏。黑井历史的这个盐文化，（贩盐的）山路就是戏路，把外省花灯啊、四川的五洋腔那些都传来，成了云南滇戏的基础。黑井的大龙寺戏台是唱京戏，也弹洞经。

解放后（新中国成立后）那些灶户都评成地主，进士匾都烧了，子孙都散了进城了，房子没收了，大院子分给七八家人住，一失火都烧了。还有错划地主的，人家说可以去告，要回房子，不过算了，看现在几十口人住着院子，维护好或者贡献给旅游业算了。历史的必然，改朝换代，不说了。

图 12-10　李××先生演示洞经音乐

在我们登门采访这位老先生的那天，老人家兴致勃勃，侃侃而谈，还特意准备了自己家庭的文字记载、洞经音乐出版物和手抄本。在另一次交谈中，老先生曾给我们现场演唱洞经音乐具有如何古老、美妙的入声韵。这一次他为我们播放了音乐演奏录音带，还当场演奏了伴奏用的笛子和三弦。或多或少出乎我们预想的是，老先生的叙述用语足够文气，像"宗教信仰"、"精神寄托"、"盐文化"、"历史的必然"等，都是随口道来。更重要的是，以这位老人为代表，我们看到，黑井人的历史记忆绝不是闭塞在山沟里的，由于千年的盐文化，他们的祖辈早已走出大山，经商、求学，参与到中国近代史的一些大事件中。反过来，那些逝去的人物经历，也把域外信息带回和留存在山村小镇。

李XX（63 岁，公路养护段退休工人，2007 年 5 月某日）：

我退休十年了，是黑井道教世家的传人，也不懂宗教了，就是退休后来学学洞经音乐。道教被说是封建迷信文化，我是 1945 年生的人，到我这代道教的家传也就失传了。道教说远一点是（信奉）太上老君，说近一点是江西的张天师，再说近点就是四川的清羊宫那个道教。镇里管宗教的同志说了，黑井的礼真朝斗、朝北斗仪式要赶紧抓一下，不能失传了。

那些经书的词啊，简直好得很啊！像文昌宫里有一副对联，是说"古今圣贤万语千言终是劝人为善"。那些书虽然有迷信的东西，但是曲是好听得很，内容就是劝人咋个做人行善。像好多国家都是，法律不是那么齐，要靠宗教的东西来劝人，来补充来梳理法律的不足，这个国家才治理得好。我细细地回想，以前的政策就是失误了啊，这个宗教的有些词好，就是劝人为善。我做工的时候到过南也门、北也门，埃塞俄比亚，路边上的摩托车摆十天半月没人去偷，人家就是有一种信念。黑井的这套宗教，我现在接触了，虽然有些迷信的东西，但是它能教育人。就我这个岁数来说，迷信的东西我是不相信的，但是你比方说老人不在了，去超度一下，取得心理平衡，现在经济条件上也做得了。现在的关键是仪式的传承。现在的洞经不叫洞经了，就是几个人拉拉曲子玩。洞经将近有 60 个曲牌的啊。我们老了，就是要个精神寄托。

上面谈话的这位老先生，反复说到"那些经书的词啊，简直好得很啊！"这时候你看他简单是一付眉飞色舞的模样！他的叙述水平同样显得超乎一般的退休职工，像有关法律和"宗教"（原义或指道德伦理）互补的观点，有关"迷信"起到"心理平衡"作用的说法，俨然是一位民间理论家呢。黑井村和镇的这些老先生有一个特点，就是退休后返乡养老，避开城市嘈杂，享受他们津津乐道的乡间好空气和淳朴风俗。即使是新中国成立后参加工作的，像这位老先生，也有他走南闯北、乃至在国外的阅历。但除了这些，还有一种像是精神底蕴的素养，支撑着他们相对开阔的眼界，是什么呢？让我们再琢磨。

刘 X（退休职工，78 岁，被称为"黑井民间文化名人"，2007 年 7 月某日）：

解放后（新中国成立后，下同），道教佛教都不准搞了。洞经音乐呢，现在也是越来越不可能恢复，就是两三个人搞着玩玩。作旅游项目搞，前两年提倡过一下，演过几台，后来政府也没继续扶持。单靠个人的力量是达不到的。真正在解放前（新中国成立前）弹过洞经的都死光了，只剩我一个了。我也买来丽江演奏的磁带，我说它只有几只曲牌是，还通过专家提升过。真正的洞经音乐要吹打念唱的。现在有的地方娃娃周岁、大人过生日、老人死亡，请我们去演奏一天，以前不兴付费，现在么少量付一点。

图 12 - 11 刘 X 先生坐在儒雅气息的堂屋里

解放前（新中国成立前，下同）佛儒道三教，现在么，儒家不列为宗教，洞经音乐属于儒教。在电视上我看过，四川有地方搞文昌地君仪式，以前是算儒教。解放前从我记事起年年都要祭孔，参加的人是政界、学界，县长、科长、学生老师集中在文庙，主祭是县长，主持是洞经先生，一开始是弹大洞经，所以才称洞经。现在活跃的还是佛教和道教。

（调查者问：这些宗教对黑井地方风气，比如人跟人的关系有些什么影响？）

有影响的。佛经难解释些，是讲一些道理。道教呢是中国土生土长的，儒教更不必说，很好解释。大不了是劝人尽忠尽孝、为国为民，所以我们黑井直到现在都是民风比较淳朴，没有白吃白拿的，为人要诚信，治安方面是要好管理一点。可以这样说，从解放到现在，没听说杀人放火啊图财害命的。不忠不孝的，也不能说没有，反正很少。礼仪往来，结婚、办丧事、娃娃满月、过生日都要送，不过钱数不大，因为经济基础问题啊。镇上的人同山上村子的人也来往，村子的人更重情谊。我家老妈妈（老婆）在60年代当过村子的购销员，到现在过去40多年了，还有熟人朋友来往，有什么瓜菜还从山上送点来。

"文革"的坏影响么（当然有），反正那时候宗教都已经被取消了，庙都被砸了，那些佛像、文庙里那座大钟都可惜了，那座钟从顶到底占满一房子，昆明金殿的大钟也比不上它的大、声音的洪亮。被铁道兵拿一台"东方红"收音机就换走了，搬不走就用氧焊割开，成废铜了。

过去，用全国来比，没有哪里这么小的地盘有这么丰富的宗教文化！宗教文化的发展也离不开其他的发展。现在黑井的年轻人也还是信这些教的，只是不出家，但是从他们去寺庙专心一意地磕头就看得出态度嘛。山上村子的人，信宗教也诚，每个月的初一、十五都有进庙的。回族的清真寺解放前就有了，山上的彝族信基督教的多，彝族村子的庙是供猪神牛神。在黑井，回族、苗族、彝族和汉族的关系从来都融洽的，这些（少数）民族我们感觉都是直道的，不狡猾，不难处，赶街天有的还来家里坐坐。

宗教嘛，我认为国家有国家的政策，电视上不宣传宗教，也是国家的大政方针，我是理解的。但是黑井（镇政府）做得有点偏。以前黑井所有寺庙只有两座是佛寺，其他都是道教的。但是现在真正道教的只有一处了，（上级的）理由是楚雄州没有道教（管理机构）。在黑井还是对宗教有压力。盖飞来寺，本来是群众集资，但是（政府）动不动要想去拆，十年前就想拆。有一次镇上召集了一个会议，也通知我去参加，大约一两百人参加会，除了几个干部，有退休职工、老人、信教的参加，主要议题就是要拆飞来寺。一开始主持会议的说要拆，又说不出更多理由，想看看大家的意见，结果参加会的这些人鸦雀无声，没有人搭腔，后来有一个不是宗教人士的人带头发言，说：哎呀，三元、五元、十元、八元是拿群众的钱盖的寺，黑井嘛又没有其他走走处（休闲处），盖也盖起来了，留着给黑井人去走走去玩玩吧。这个人发言后大家就附和说，是啊不该拆。会议就这样结束了。结果现在飞来寺成了旅游景点！后来还发生过要拆真武山（道观），政府也不听意见了，事先已经做出决定，派出所的人把手铐都带了去，规定所有镇上干部都必须去参加拆，不去的要罚款。

这些事是各人的信仰，而且给老人一点精神上的安慰，有个娱乐的地点，也可以说是老有所养。我觉得只要不违反国家政策，何必管？真武山到现在都不准开放，连文字的理由都没有一个。听说两个月前镇上又向上打了报告，不知道这回行不行。

以上的采访录音片断，主要内容都涉及黑井的传统文化，特别是宗教。但有一点是容易说明的，什么人在讲述中使用那么多"宗教"、"宗教文化"概念，这样的人往往就不是狭义而言的宗教界人士，而恰恰是能够站在一定的旁观角度的人。此外，传统中国的"见庙就烧香"的民间混沌信仰特点，也在黑井人身上显露无余，用这位刘老先生的话说是"几种宗教从前在黑井团结得很，有时仪式都在一起搞"；还有位老者则自信地对着我们调查访问者这样说："也不管是什么教，反正我们是算有信仰的人，有信仰就好啦！"

上面这位刘老先生的口述，有个特点是反复提到了他自己对来自电视传播信息的关注，以及他对国家宗教政策的理解。这些显然都是重要的因素，由此才能促成这些黑井老人叙述语言中的"理性"特征，才能解释他们的话里话外的时空范围较开阔的比较和思考。至于我们上文提到的，"一种像是精神底蕴的素养，支撑着他们相对开阔的眼界"，在仔细听取了这些口述之后，我们也才容易理解，传统文化在乡土生根，确实是黑井这个山村小镇的显著特质，而乡土文化的自信，恰恰有可能支撑人们既有守成又不至偏狭的精神涵养。

第三节　和谐小康的黑井——有关
村庄共识的一种展望

一　相互叙述所标志的多元面貌

上文提到的那位刘老先生的口述，从一种角度谈到了地方政府在一定时期执行宗教文化政策的偏差。对此我们的理解是，口述式的采访不能回避出自叙述者个人的事件评判，反而还要对这种资料信息善加利用。就学术认识而言，相互主体性的理念在一定学派中衍生出"相互文本性"（inter-textuality）或语境（context）的概念，具体到我们的村庄采访中，聆听不同群体属性、不同社会角色的人们怎样相互叙述——有时是群众对干部或政府机构，有时反过来；有时则是对本乡本土的事件、过程、原因和结果的不同看法，这是其一；在单一的叙述中也能"听出"多元主体和及其对话的存在，则更加吻合相互文本性的本义。

例如有关黑井盐业在历史上的最终衰落，牵连到黑井森林植被的破坏原因，当地有的干部和群众的回忆，与一些官史记载就存在出入，抑或是相互补充的关系。有人这样说：

> 黑井盐业的衰落，准确说是在解放初。"一划三改造"，好多灶户就逃跑了，有些是改名换姓。到 1951 年，盐场并灶，还有职工 1800 多人，可想而知那种规模！52（1952 年）还是 53 年（1953 年）第一回停产，是工业下放，人都赶去开田。1958 年大炼钢铁又第二次停产，全部人去炼钢，连盐洞都堵掉。
>
> 我们黑井煮盐的燃料，其实森林在历史上好多时候还是管得紧的，在民国时候也有森林管理，镇子周围方圆十五里不准乱砍，那时的山是私人的，也没有人敢随便砍。
>
> 据我晓得的，对森林破坏最严重是建国后 1958 年，另一个是 80 年代实行"两山"政策分给私人的时候。80 年代黑井砍光了一些山，像

红石岩那边。70年代也砍过，几天之内就把集体的树砍光。80年代人的概念是"分给我家的就赶快砍"，连有的干部也说：家家都砍完了，就要来砍我家的，不如我也砍。

以前煮盐砍林也是事实，但是解放后国家号召又种了好多，搞过植树造林。问题是政策变得太快了。搞旅游以来也做过植树造林，工程造林，不过话说回来政府办事也难，不像私人，政府办事只管头不管尾。当时是分单位栽的树，春天栽活了，到干旱天又被晒死了。管理的问题。后来不见成效，又收绿化费，由林业站去造。现在山都卖给私人了，卖50年吧。我的观点是，卖了就绿了，像一个老板买去的，按树都成材了。私人所有的，看见放羊的都敢管，要是公家的呢，看见了，面子上过不去，总是不好管。

有关部分村民对干部的意见，一位任职多年的女干部间接回应说：

我们村委会人少，管的事情太多，今年换届还又减了一人。要说过去收农业税的时候，一般群众还是按时交的，少数有困难，但没有出现过干部上门拿东西作抵押的事。收取"三提五统"的时候，村上给大家垫过好多钱的！

再说现在都不收费了，只收一项水亩费了，是为了管理，是收给水库上发工资的。栽秧时候安排一家跟着一家放水。免得争水。在村组解决不了的矛盾，村委会还帮助调解。镇上旧房子翻修，也要按规划管理，比如外观要修旧如旧。要做多少事呢！

另一位行政干部对于干群关系和村民自治，作了如下解释：

2000年村改，办事处变成村委会，村民选举到今年是第三届。第一、第二届村民的民主意识还不强，到这一届第三届，竞争就相当激烈了。经过6年实践以后，老百姓的自我保护、自我发展、民主的意识增加了，村民10人以上提名的，有的村多到100多（人），少的也有三四十（人），出发点还是看能不能为村民办实事，能不能把困难反映给上级。按家族式的同姓来选人的情况，也有存在。村干部呢，很多（人）都不愿意来当，每个月就是那么5百来元，干的都是得罪人的事，不像沿海发达地区，一个村资产几千万，出钱买选票的都有。我们这里集体经济是一点都没有，办公经费都是财政拨，一个月经费最多才1千多点。

再一位干部的长篇谈话，更坦率、更多面地描述了他所熟悉的村镇干部——做得好的和不好的，属于工作技巧的或有苦衷的——

搞合作医疗，对实在交不出钱的，连10元钱都交不出来的，村干部为了完成60%或70%的指标，只好自己垫钱。几个村委会的干部都垫过。对外出的，打电话、写信想尽办法。经济条件好的村不难，可是有的村每个人10元是真的难收！有的群众是想不通。像X族有的人那种观念，他就不交钱，病也多就拖着，说"人老了，就像熟透的果子，等着掉喽"，还说自己老了不能（交钱）拖累娃娃，"我们的风俗，有生就有死，老了就等死"。那种观念，有病了是正常现象，拖过了就好了，就不愿意参加合作医疗。

（调查者问：有一段时间学术界对你们农村基层干部有不好的议论，说你们态度粗暴，强收税费，收不到的时候，把人家的鸡、猪、电视机也抢走，你说你们这样干过没有？）干过的，我就干过，指挥着干过。像落实计划生育，有指标的，一大帮人上门，工作做不通，（老百姓家）不结扎就抱电视机走，把牛拖走。牛赶来村委会关着，做了手术才还他（她）。不做手术的就等于是罚款，把牛给你卖掉。哭爹叫娘的，想着么也寒心。计生办的人也有被报复，被打的。就是这两三年过来情况才好点。收税费我倒是没有这么干过。其实农村那时候最难的就是收税费，村委会一半的工作都是那个，三提五统原来连村民组长的补贴都要从那里面提，后来才是国家补了。

我们做基层工作，不能一进老百姓家就通知人家什么，要坐下来，打声招呼，问问你家这两天整哪样，拉家常先沟通，问他忙不忙，一般都不好说"忙"，要他做什么事也就好开口了。有时候，用土话说是"一口砂糖一口屎"，好的坏的都要说。像听见有人不到年龄要结婚，男方、女方各个村委会派人去堵自己这边的人，一直到天亮守在那里，什么话都说尽。说他家姑娘漂亮，说办喜事不该在晚上躲着办，把人捧得高高的，再说政策。现在的干部就是这个样，又苦，想着又好笑。今年我有个熟人家讨媳妇，我去到了才晓得，姑娘才16岁，我只好跟他家说明难处，这顿饭我是不吃，不是不给你面子。我回来了就算没有我的事了，那个村的主任、书记、计生员也在堵那家人，铁路警察各管一段，我算回避（笑）。做工作啊，难呢！

干部的任命，表面是正常的，其实暗箱操作的还是有。互相间的送礼，或者其他不正常关系，是有的，躲着点。有的教育水平不高，但是叫做"活动能力强"。原来有个出事的干部，就是互相串着，后来查出了贪污、挪用公款，开除党籍保留职务以后，我劝他收敛，他却说"别人戳了我鼻子，我要戳他眼睛！"把有的人整得三年晋级不了工资，又在拍卖上搞名堂整人，利用权力，把老教师的职务撤掉，把一个普通教师一下提拔为镇上干部，他用的人把社会上一套都混进去，最后倒了，被调走了。当然，我自己在这里，不确实的事也不说，还有"吃"得多的人，也听说过的。

现在的干部作风，我觉得比起以前变味了，说么是说得好听，有的领导平时不去农村，随便去一下回来就大讲特讲，只讲不做，下去得也少了。我自己觉得下去不能给人添负担，所以下去就要扎实干点工作。县上的有些干部开玩笑说，过去下到村，一般至少要在一晚上的，这阵子倒反习惯了，大领导下去都是走马观花的，都是漂汤油一样……像我们下去还要干些工作，有的（领导）车子一路下去，吃吃讲讲，电视台跟着报道一下，就走了。现在有车方便了，搞得我们都是这种意识，下村以后尽可能都要一干完事就返回，这种风气不是短时间形成的。

倾听这种第一人称的自述，是不是别有一番亲切、恳切的意味呢？

按我们理解，并非任何琐碎的"有问必答"都符合口述史方法，这一方法在村庄调查中的应用，主要应体现为创造条件让叙述者较"长篇"地自由发挥，从中获取个人、家庭和村庄历史与复杂事件的资料。这样的口述，当然也免不了掺杂我们调查者的插话和提示等影响，但只要我们在实际过程中注意适当技巧，让对话者尽量自由地表达，其结果更趋近于自述。对现场口述的记录，我们只在篇幅上作了裁减，具体叙述则基本保留原貌。口述者的思路跳跃，话题变换快，有时讲述得笼统，有时又纠缠于细节，这些都显而易见。然而，如果我们理解相互主体性的方法论意义，正如生活本身的主体间博弈和矛盾运动，所谓客观事实在这种意义上无非"主观＋主观"。于是容易肯定，正是这些未经"整理"的口述，一方面能够流露叙述者出于一定角色身份的主观感受，另一方面则能够揭示在正规文本或场合中往往被遮蔽的人物和事件。

这些口述让我们了解到更为多面的黑井，同时也更易于把这样一个村庄个案放到全国农村基层的背景上去作比较和思考，从中获得更多的调研收益。

二　文化复兴与村庄共识

本章开始时说，黑井发展的未来，既是我们的牵挂所在，又将超出我们的主观预想——就具体的发展项目和方向而论，这是肯定的。但我们能否在相对抽象的、学术逻辑的意义上做出某种发展展望呢，如果能做到，我们调研所谋求的学术意义，也许损失了具体到一个山村的实用价值（例如不像一份旅游业开发方案，供人照葫芦画瓢），但是却可能在更广范围起到举一反三的比较鉴别作用。

为达此目的，我们当然不能自说自话，而是需要在讨论得广泛和热烈的学界，寻找一些思路新鲜的借鉴。

就目前来看，国内尤其是知识界比较有影响的新乡村建设的提倡者、推动者和实践者当推温铁军、贺雪峰、何慧丽等，他们基于对中国国情的共同判断，即小农经济将长期存在，9亿农民不可能顺利地从农村转移出去，他们将长期过着温饱有余、小康不足的生活，提出并实践了新乡村建设的主张和理念，他们组织农民合作社、成立老年人协会并组织农民开展各种文娱活动，接过梁漱溟、晏阳初等诸先生手中的乡建大旗，掀起了一场同样轰轰烈烈的新乡村建设运动……

进行乡村文化建设，提高农民精神层面的收益，即提高农民的主观福利，在贺雪峰教授看来是当前新乡村建设中最有意义也是最有事情可做的领域，梁漱溟先生也是主张从文化入手进行乡村建设的，他是文化守成主义的代表，他所主张的现代化是以中国传统文化为本位的现代化，他所倡导的实际上是儒家所主张的生命理念和生活方式，是迥然不同于西方文明的。

新乡村建设的核心应是文化建设，而非经济建设……①

以上的引述，反映了国内一些学者和社会活动家正在进行的"农村文化复兴"的实践。借助我们考察所得的黑井资料来思考它，我们仿佛有理由完全支持它，因为传统文化的深厚，无论是作为经济开发的资源，还是农民群体生活的纽带，在我们这个个案中都显现得如此多姿多彩；还因为，我们的亲身考察也能证实文化复兴论者们的潜台词——过密化的中国农业在整体上难以改观。

然而悉心思考之，我们对狭义的乡村文化建设却是有保留的。理由如下。

其一，从概念到实践的问题。学者申端锋文章里反复列举的"组织农民合作社、成立老年人协会并组织农民开展各种文娱活动"，"腰鼓队、健美操队以及其他文艺表演小组"，"老年人活动中心的日常性活动有看电视、下棋、打牌等"，当然都很好，但都基本属于文艺活动含义的小文化概念。这样想事情和做事情，好处的确是容易入手，可操作性强。但这些事做好了，真能够替代经济建设吗？如果回答说像组织农民合作社那样的事已经不局限于狭义的文化，也对，那就要涉及广义而言的"经济文化"和"政治文

---

① 申端锋：《中国新乡村建设的几个基本问题》，中国农村研究网，2007 年 2 月 21 日。

化"，如现在主流宣传所说的精神文明、政治文明建设了。广义的文化概念当然是学术界常识，按人类学、社会学等学科的研究传统，"文化"涵盖人类的物质、精神和制度各方面创造，具体涉及一地、一群体的生产、生活和群体凝聚方式，形态上包含观念性的内隐成分和物化形式的外显成分，而所有这些又以一定群体的价值观为核心，以历史性的承袭、断裂和更新为常态。从这种理解出发，我们看到的是在黑井多元多样地存在着传统文化、当代中国的新形式政治文化、由大众传媒和其他途径带来的消费主义文化、老辈人心向往之的文化和青年一代逃出山外的文化（心理），还有从社会性别视角不难看出的——农村妇女继续承受得多的不平等性别文化，如此等等。就在这样的多元局面下，使我们困惑的是：文化建设究竟怎样成为乡村建设的核心，是要对多元有所弃取、有所偏向，还是怎么办？

图 12 – 12　黑井电视机普及率高达 80%，新华书店却因亏损而撤销，学生的课外读物都买不到

再说其二，有关逻辑还原或保留相互主体性概念的实际选择。按一部分学者的意思，乡村文化建设或许更多地瞄准"和谐社会"目标，而较少指向"全面建设小康社会"的发展问题。我们赞同的是，这样的取向同样属于论点鲜明，信息量大和操作性强。但是这其中是否隐含着还原论意识，既然发展不易，那就求个和谐；既然经济一时无着，而经济的最终目的不过是人本意义的幸福，所以就退回到幸福经济学也无妨。对此，我们的观点仍然从黑井考察中来。在上一节和本书的其他章节，我们不断提到黑井人、黑井经济和黑井文化的多元面貌，如果我们真正深入地体会到这种现状——农民要供自己孩子把书念好，商人要谋盈利，官员要争政绩，退休老人要精神寄托，农家子弟要"鲤鱼跳龙门"……以人为本的本义是个体主义的，人们的目标是不能被轻易整合的，理论家的逻辑还原又到哪里去寻找支点？在这种意义上，我们只能赞同主流宣传的"协调发展"、"统筹兼顾"，因为黑井村的现实让人无从考虑片面取舍。

图 12－13　黑井的孩子也将看着电脑游戏长大

一方面，这里的传统文化氛围与和谐社会最为相符，颐养天年的老人岂不是坐在那儿优哉乐哉，直呼儒道释之精妙吗？另一方面，也是他们反复念叨："年轻人出去的都不愿意再回来。回来就说没有玩处，空间小，在不住。受电视的影响是大的。包括打工回来过节的都忙着走。"

一方面，这里的文化旅游开发初步显现了发展前景，另一方面从农民、市民、商人到政府官员，还远没有形成自为自觉的利益共同体。我们已经听到，是把宗教文化当意识形态强加管束，还是当旅游资源去保护，新形式的政治文化本身还在转变和适应过程中。而这政治文化的民主化设计和运作，正如全国许多的村庄，还存在诸多形式主义的、待完善的做法。再说，"村民代表的代表性不足，不是因为村民没有授权给村民代表，而是因为区域发展的不平衡难以形成可以代表的共识"（参看本书第九章），这一推演，问题又回到了经济发展、尤其是我国西部欠发达地区农村的发展。农户经济的组织化不足，农民的集体话语权也就不足。

经过这些思考，我们仍倾向于在村庄实际中也应该体现的相互主体性理念。为了把问题说得简明扼要，还是延伸一下哈贝马斯的思路。在这位学者看来，"审美主义"的文化药方是不足以济世的，近些年来炒得很热的社会博弈论也显得商场气息浓了，所以众所周知他的理想是"商谈伦理学"，是在法律共识的基础上扩展社会交往，也可以说是从生活世界的原始共识走向反思理性的社会共识。此类理论尽管抽象，或许也能用于我们对村庄未来的展望。

既有传统和谐的资源，又有了完全可以作为发展契机来正面看待的利益分化，黑井村内外的主体们就需要有相互对话。对话的国家社会大环境，对话的经济基础，对话的行政机制，对话的民主进程，有可能与对话获得的共识互为因果。村庄的共识，就算送给我们黑井老乡的祝福吧！

附录 抽样调查方案

试调查结果，由于样本少，覆盖范围不足，致使标准差（Std.）过大，无法用作近似的总体方差。即无法套用确定样本量公式 $n = \dfrac{t^2 \times \sigma^2}{e^2}$，故按公式 $n = \dfrac{t^2 \times p\ (1-p)}{e^2}$ 进行计算。除去全家外出的户数，黑井镇区城市户口居民为 77 户，约占全村委会 548 户的 0.14；抽样误差控制为 7%，则有：

$$\frac{1.96^2 \times 0.14 \times (1 - 0.14)}{0.07^2} \approx 94（户）$$

完成调查回收问卷的比率按 80% 计，乘以一个 1.2 的因子，即样本量确定为 113（户）。

相对严格地按各层人数比例（而不按村组数）分层随机抽样，镇区城市户口居民需抽取 16 户（约占总户数 0.14），其余村民抽取 97 户（约占总户数 0.86）。

按两阶段分层抽样办法共抽取 113 户：

（1）分层抽样，分为街区（镇）——坝区——山区共 3 层；

（2）按户口记录等距抽样，在镇区随机抽取 16 户；

（3）石龙、板桥 4 个村民组、红石岩村、河沙坝村等坝区居民，斗把石村、赵家山村、乌沙箐村、丁家山村、寇家山村等山区居民，按各村户数比例配比，仍以户口记录等距抽样，随机抽取 97 户。

（4）调查者每人或每组，务必在当地手工填写答题码表，同时检查问卷合格率，最低需要保证总数 97 户合格问卷，相当于每人调查中缺失的对象或无效的问卷，不能多于 1，否则立即在当地灵活选择对象补充调查；

（5）调查中可由村干部带路或联系对象，调查时最好请干部回避；

（6）分组：113 份问卷/18 人 ≈6.3 份/人，街区、坝区和半山区每人适当多承担，山区以 2 人为一组灵活行动。

后 记

黑井村调研团队，集合了云南省社会科学院、云南大学和昆明医学院的一部分科研人员、教师和研究生。调研经费得到昆明医学院健康研究所和台盟云南省委的赞助，成果出版除了得到"百村调查"总课题组资助外，还得到云南省社会科学院院长基金的补助。

本书撰著的分工是：

范刚，第一章、第十章；秦伟，第二章；周睿，第三章；李明华，第四章；欧阳洁，第五章；谢蕴秋，第六章、第七章；温曼，第八章、第九章；周洁，第十一章；郑凡，导论、第十二章、附录。全书统稿：郑凡。全书所用图片，除少量注明了取自黑井镇《古盐坊》展览的之外，基本为每一章著者实地拍摄。

参加调研的还有：

董晓依教授、郝虹玮副教授，以及在读硕士研究生（排名不分先后）：康成、朱龙、谭思、徐裴、詹亚娟、Fanny（曾绮琳）、甘燕、邓莉莉、沈敏轶、莫琪、莫善更、孙瑾等。

谨对上述单位和个人，对中国社会科学院社会学研究所、中国社会科学文献出版社、云南省楚雄州禄丰县黑井镇人民政府、黑井村委会致以衷心感谢！

二〇〇八年二月

社会科学文献出版社网站

www.ssap.com.cn

1. 查询最新图书   2. 分类查询各学科图书
3. 查询新闻发布会、学术研讨会的相关消息
4. 注册会员，网上购书

　　本社网站是一个交流的平台，"读者俱乐部"、"书评书摘"、"论坛"、"在线咨询"等为广大读者、媒体、经销商、作者提供了最充分的交流空间。

　　"读者俱乐部"实行会员制管理，不同级别会员享受不同的购书优惠（最低 7.5 折），会员购书同时还享受积分赠送、购书免邮费等待遇。"读者俱乐部"将不定期从注册的会员或者反馈信息的读者中抽出一部分幸运读者，免费赠送我社出版的新书或者光盘数据库等产品。

　　"在线商城"的商品覆盖图书、软件、数据库、点卡等多种形式，为读者提供最权威、最全面的产品出版资讯。商城将不定期推出部分特惠产品。

咨询/邮购电话：010-65285539　　　邮箱：duzhe@ssap.cn

网站支持（销售）联系电话：010-65269967　　QQ：168316188　　　邮箱：service@ssap.cn

邮购地址：北京市东城区先晓胡同 10 号　社科文献出版社市场部　邮编：100005

银行户名：社会科学文献出版社发行部　　　开户银行：工商银行北京东四南支行　　　账号：0200001009066109151

图书在版编目（CIP）数据

沧桑小镇黑井村/郑凡主编.—北京:社会科学文献出版社,2008.10
（中国百村调查丛书·黑井村）
ISBN 978 - 7 - 5097 - 0336 - 6

Ⅰ.沧...　Ⅱ.郑...　Ⅲ.乡村－社会调查－禄丰县
Ⅳ.D668

中国版本图书馆 CIP 数据核字（2008）第 134889 号

沧桑小镇黑井村　　　　　·中国百村调查丛书·黑井村·

主　　编／郑　凡
副 主 编／谢蕴秋　温　曼

出 版 人／谢寿光
总 编 辑／邹东涛
出 版 者／社会科学文献出版社
地　　址／北京市东城区先晓胡同 10 号
邮政编码／100005
网　　址／http：//www.ssap.com.cn
网站支持／（010）65269967
责任部门／皮书出版中心　（010）85117872
电子信箱／pishubu@ssap.cn
项目负责人／邓泳红
责任编辑／丁　凡
责任校对／李　慧
责任印制／岳　阳

总 经 销／社会科学文献出版社发行部
　　　　　（010）65139961　65139963
经　　销／各地书店
读者服务／市场部　（010）65285539
整体设计／孙元明
排　　版／北京中文天地文化艺术有限公司
印　　刷／北京季蜂印刷有限公司

开　　本／787×1092 毫米　1/16
印　　张／19.75
插图印张／0.25
字　　数／304 千字
版　　次／2008 年 10 月第 1 版
印　　次／2008 年 10 月第 1 次印刷

书　　号／ISBN 978 - 7 - 5097 - 0336 - 6/D·0136
定　　价／49.00 元

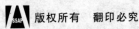